insel taschenbuch 3609
Regina Bucher
Mit Hermann Hesse
durchs Tessin

Parco Scherrer, Morcote

Mit Hermann Hesse durchs Tessin

Ein Reisebegleiter von Regina Bucher
Mit zahlreichen Abbildungen
und Fotografien von
Roberto Mucchiut
Insel Verlag

Umschlagfoto: Roland Gerth/Prisma/Premium

insel taschenbuch 3609
Erste Auflage 2010
© Insel Verlag Berlin 2010
Vertrieb durch den Suhrkamp Taschenbuch Verlag
Umschlag: Michael Hagemann
Satz: Hümmer GmbH, Waldbüttelbrunn
Druck: Druckhaus Nomos, Sinzheim
Printed in Germany
ISBN 978-3-458-35309-6

1 2 3 4 5 6 – 15 14 13 12 11 10

Inhalt

Mit Hermann Hesse durchs Tessin

Hermann Hesse in Montagnola, 1937.

»Auf der richtigen Seite der Berge«
Hermann Hesse im Tessin

Hermann Hesse nahm das Tessin zum ersten Mal wahr, als er 1901 mit dem Zug durch die Schweiz fuhr, auf dem Weg nach Italien, wo er unter anderem Mailand, Genua, Florenz und Venedig besuchte. Bis 1914 unternahm er weitere sieben Italienreisen, die zum Teil mehrere Wochen dauerten. Seine Begeisterung für dieses Land, seine Liebe zu Landschaft und Kultur, trugen wesentlich dazu bei, daß er 1919 das Tessin zu seiner neuen Heimat machte.

Hermann Hesses erster Aufenthalt im Tessin fand allerdings schon 1907 statt, als er eine vierwöchige Kur auf dem Monte Verità in Ascona absolvierte. Auch die Erholungsaufenthalte in den folgenden Jahren führten ihn in diese Gegend, meist nach Minusio und Locarno-Monti.

Als er sich 1919 in Bern von seiner psychisch kranken Frau Mia Bernoulli und seinen drei Söhnen, von denen der jüngste gerade einmal sieben Jahre alt war, trennte, lag eine leidvolle Zeit hinter ihm. Nicht nur, daß sich in den vorangegangenen Jahren bereits die Eheprobleme bemerkbar gemacht hatten, auch um die berufliche Situation war es aufgrund der politischen Entwicklung in Deutschland nicht gut bestellt. Hermann Hesse hatte sich, nach anfänglicher Kriegsbefürwortung, deutlich gegen den Ersten Weltkrieg geäußert und wurde daraufhin von der deutschen Presse als »Drückeberger« und »vaterlandsloser Gesell«[1] beschimpft. Auch die Psychoanalyse, der er sich seit 1916 unterzog, ging nicht spurlos an ihm vorüber und trug dazu bei, daß er sich innerlich aufgewühlt fühlte.[2] Hinzu

Hermann Hesse, »Blick auf die Casa Camuzzi«,
Aquarell auf Papier, 1927.

kam eine miserable finanzielle Situation, mußte er doch einen großen Teil seines Geldes für die Kriegsgefangenenfürsorge sowie für die Versorgung der Ehefrau und die Unterbringung der Kinder aufbringen. Hermann Hesse war zunächst unschlüssig, wohin er ziehen sollte. Er entschied sich für das Tessin, ein für ihn idealer Zufluchtsort: einerseits weit genug entfernt von der deutschen Schweiz und Deutschland, geographisch durch die Alpen klar von dem Bisherigen getrennt, andererseits eine Kultur und ein Ambiente, das ihm von den Reisen in sein geliebtes Italien und ins Tessin vertraut war. Er wählte das Luganese im Sottoceneri als neuen Lebensort und fand zunächst Unterkunft auf einem Bauernhof in Sorengo. Zwei Wochen später bezog er eine Wohnung in der Casa Camuzzi in Montagnola.

Dieses Dorf, zunächst als vorübergehende Zuflucht gedacht, blieb bis zu Hesses Tod 1962 sein Wohnsitz. Von hier aus unternahm er in den ersten Jahren ungezählte Spaziergänge in die nähere Umgebung, machte sich zu Fuß auf, Freunde zu besuchen, oder erkundete die Collina d'Oro, mit Staffelei und Malstuhl versehen, auf der Suche nach Motiven für seine Landschaftsaquarelle.

Mit zunehmendem Alter und nach seiner Umsiedlung in die komfortable Casa Rossa wurden die langen Spaziergänge seltener, und Ausflüge unternahm man immer öfter im eigenen Auto, das Hesses dritte Ehefrau Ninon zu fahren gelernt hatte.

Exkurs: Tessin
»Das Märchentessin unsrer guten Zeiten
ist nicht mehr da«

Das Tessin, nur knapp 3000 km² groß und seit 1803 Schweizer Kanton, ist weitgehend von Italien umgeben. Die gut 300 000 Einwohner sprechen italienisch, die älteren Leute auch Tessiner Dialekt, wo »man nicht Lugano, sondern ›Lügang‹, nicht Pazzallo, sondern ›Paschall‹, nicht Tedesco, sondern ›Tedeschg‹« sagt.³ Nach Norden bilden die Alpen eine natürliche Grenze, welche bis zum Bau des Gotthard-Bahntunnels 1882 nur mit Mühe überwunden werden konnte. Nach Nordosten schließt sich der Kanton Graubünden mit dem San Bernardino-Massiv an. Der Monte Ceneri teilt den Kanton Tessin in zwei Regionen. Das Sopraceneri umfaßt das Gebiet zwischen Gotthard und dem Lago Maggiore, zum Sottoceneri, welches sich Richtung Po-Ebene öffnet, gehören das Luganese und das Mendrisiotto. Das Tessin war von jeher ein armer Kanton. Zunächst unter wechselnder Herrschaft italienischer Machthaber, später als Untertanengebiet der Schweizerischen Urkantone, fristeten die Bauern und Handwerker ein karges Leben und waren sogar oft gezwungen, ihr Glück im Ausland zu finden.

Schon ab Ende des 19. Jahrhunderts übte das Tessin auf viele Künstler eine große Faszination aus. Das südliche Klima, die unverdorbene Natur, die abwechslungsreiche Berg- und Seenlandschaft boten die ideale Umgebung für kreatives Schaffen. Hinzu kamen die fremde Sprache und die südliche, von Italien beeinflußte Lebensart, kombiniert mit der schweizerischen, gut funktionierenden Infrastruktur. Zu diesen Schriftstellern und Malern, Philosophen und Wissenschaftlern gesellten sich wohlhabende Gäste aus ganz Europa, die um die Jahrhundertwende das Tessin als Handelsplatz und Erholungsgebiet entdeckten. Man reiste in Limousinen, logierte im Grandhotel und ließ es sich gutgehen.

Mit dem allgemeinen Wirtschaftsaufschwung Mitte der 50er Jahre wurden im Tessin die Verkehrswege ausgebaut und die Infrastruktur verbessert. Damit ging ein Zuwachs des Tourismus einher, der schließlich dazu führte, daß nicht wenige Touristen sich im Tessin zu damals noch günstigen Grundstückspreisen einen Zweitwohnsitz zulegten. Hermann Hesse war darüber nicht sehr glücklich: »Das Märchentessin unsrer guten Zeiten ist nicht mehr da. [...] mit der Neuzeit und dem ›Aufschwung‹ [ist] natürlich auch die Korruption gekommen, die Bauern um Montagnola haben ihr Land bis zu 35 und 40 Franken pro Meter hinauf taxiert, Spekulanten kaufen es und parzellieren und bauen ganze Siedlungen [...].«[4] Gut, daß er die heutigen Preise, die häufig bei über tausend Schweizer Franken pro Quadratmeter liegen, nicht mehr erlebt hat.

Es hätte ihn dagegen sicherlich gefreut, daß sich trotz dieser Entwicklung, die sich nach seinem Tod fortsetzte, bis heute viele unberührte Gegenden erhalten haben.

Das Tessin ist daher immer noch ein empfehlenswertes Reiseziel für alle, die gern Spaziergänge unternehmen, wandern und die beeindruckende, reizvolle Landschaft genießen möchten.

Blick vom »Sasso delle parole«, Agra.

Exkurs: Montagnola und die Collina d'Oro
»Montagnola war damals ein Dörfchen . . .«

Es versteht sich von selbst, daß sich auch Hermann Hesses Wahlheimat in den letzten Jahrzehnten verändert hat und mit seinem Wohnort, wie er ihn 1919 erlebte, kaum mehr vergleichbar ist.

Seit 2004 ist Montagnola, wie auch die ehemals eigenständigen Nachbardörfer Agra und Gentilino, ein Ortsteil der Gemeinde Collina d'Oro, die knapp 4500 Einwohner hat. Der Name Collina d'Oro (deutsch: Goldhügel) ist seit Ende des 19. Jahrhunderts überliefert und soll ursprünglich aufgrund der reizvollen Landschaft und Vegetation entstanden sein.[5] Heute wird »Gold« häufig spöttisch mit »Geld« gleichgesetzt, da mittlerweile zahlreiche vermögende Anwohner zugezogen sind. Die Gemeinde erstreckt sich weitläufig auf einer Fläche von 6,5 km² und ist in über zwanzig Ortsteile (italienisch: frazioni) gegliedert. Der niedrigste Punkt liegt auf Seeniveau bei ca. 270 Metern, die höchste Erhebung ist der Monte Croce oberhalb von Agra mit 654 Metern. Montagnola befindet sich im Herzen der Collina d'Oro und war in seiner Geschichte von Landwirtschaft, vor allem von Viehwirtschaft sowie Wein- und Getreideanbau geprägt. Aufgrund der starken Nachfrage nach Baugrundstücken in den 60er Jahren kam es zu einer starken Zunahme der Bevölkerung und einem Rückgang der Landwirtschaft. Viele Bauern hatten es nun nicht mehr nötig, den harten Alltag eines Landwirtes zu ertragen, waren sie doch durch Landverkäufe zu schnellem Wohlstand gekommen. Montagnola lockt damals wie heute mit seiner lieblichen Wald-, Hügel- und Seenlandschaft zahlreiche Menschen an, die ruhig und doch nahe bei Lugano wohnen wollen. Hermann Hesse konstatierte wenige Jahre vor seinem Tod die Veränderungen in seiner Wahlheimat und ahnte vielleicht die weitere Entwicklung voraus: »Montagnola war damals ein Dörfchen, zwar kein ärmliches und geducktes wie manches andere in der Gegend, aber doch ein bescheidenes, kleines und stilles, in dem es ein paar herrschaftliche Häuser aus älterer Zeit und zwei, drei neuere Landhäuser gab, das aber einen vorwiegend bäuerlichen Anblick bot. – Montagnola ist [heute] kein Dorf und macht keinen bäuerlichen Eindruck mehr, es ist ein Vorstädtchen mit etwa viermal so vielen Einwohnern, mit einem stattlichen Postamt und Konsumladen, einem Café und einem Zeitungskiosk [...].«[6]

Und doch bietet die Collina d'Oro nach wie vor wunderbare Spaziergänge und idyllische Waldpfade, alte Tessiner Architektur und lauschige Grotti unter Kastanienbäumen, wie sie schon Hermann Hesse besungen hat: »Die Tessiner Landschaft [...] hat mich stets wie eine vorbestimmte Heimat oder doch wie ein ersehntes Asyl angezogen und empfangen. [...] Sie ist mir zur Heimat geworden. [...] Der nackte steinerne Tisch bei der steinernen Bank unterm Kirschlorbeer oder Buchsbaum, der Krug und die tönerne Schale voll Rotwein im Kastanienschatten, das Brot und der Ziegenkäse dazu – das alles ist zur Zeit des Horaz auch nicht anders gewesen als heute.«[7]

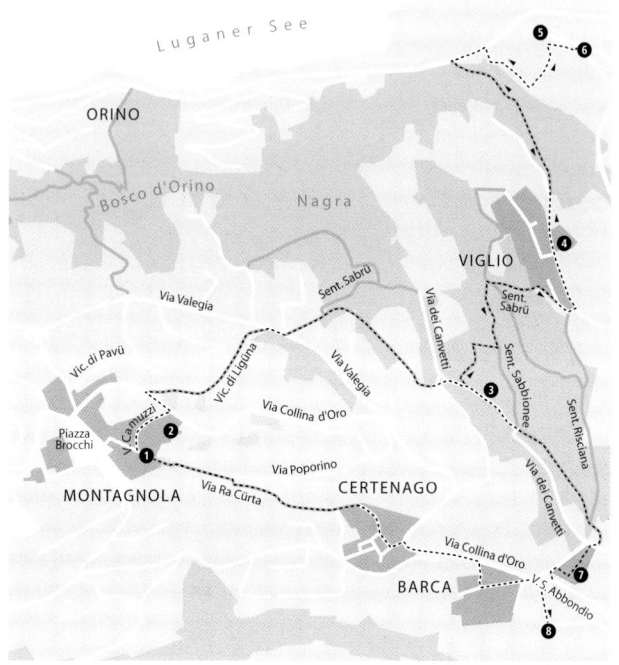

[1] Casa Camuzzi [2] Kapelle des San Nazzaro [3] Grotti im Wald [4] Viglio mit Kapelle des San Giovanni Evangelista [5] Agnuzzo, ehemaliges Wohnhaus von Emmy Ball-Hennings und Hugo Ball [6] Kirche Sant'Andrea (zurück bis zu den Grotti wie Hinweg) [7] Friedhof Sant'Abbondio mit Grab von Ninon und Hermann Hesse [8] Kirche Sant' Abbondio

Erster Spaziergang:

Zu Besuch bei Balls

Von »Klingsors Schlößchen«
ins »Paradies Agnuzzo«

Ausgangspunkt der Wanderung ist die im alten Dorfkern Montagnolas gelegene Casa Camuzzi, wo Hermann Hesse von 1919 bis 1931 wohnte, vom Dorfplatz in zwei Minuten zu Fuß zu erreichen. Das Haus ist aufgrund seines ganz besonderen Baustils sofort zu erkennen: Verwinkelt, mit Erkern, Türmchen und fratzenhaften Masken an der Fassade hebt sich dieser Palazzo von der typischen Tessiner Architektur deutlich ab. Wie damals beschatten hohe Platanen den Vorplatz, und durch das Fenster am Eingangsportal ist der märchenhafte Garten zu erahnen.

Diesen Spaziergang nach Agnuzzo hat Hesse zwischen 1920 und 1927 viele Male unternommen, denn dort lebten Hugo Ball (1886-1927) und seine Ehefrau Emmy Ball-Hennings (1885-1948) ab August 1920, mit Unterbrechungen, bis kurz vor Hugo Balls Tod im Jahre 1927. Später wohnte seine Witwe zeitweise wieder in Agnuzzo. Auf dem Weg dorthin kam Hermann Hesse an den Häusern einiger seiner Freunde und Bekannten vorbei, die in diesem Kapitel ebenfalls vorgestellt werden.

Exkurs: Hugo Ball und
Emmy Ball-Hennings

Hugo Ball wuchs in der süddeutschen Stadt Pirmasens in einem katholischen Elternhaus auf. Nach einem Studium der Germanistik, Geschichte und Philosophie, welches er nicht abschloß, wurde Ball Schauspielschüler am Deutschen Theater Berlin und arbeitete ab 1912 als Dramaturg bei den Münchner Kammerspielen. 1914 kehrte er nach Berlin zurück, wo er sich für expressionistische Kunst und die literarische Avantgarde engagierte und in mehreren Zeitschriften veröffentlichte. Ein Jahr später emigrierte er mit Emmy Hennings, die er in München kennengelernt hatte, nach Zürich. Emmy Hennings hatte eine wechselvolle Geschichte hinter sich: In Flensburg geboren und aufgewachsen, verdingte sie sich zunächst als Dienstmädchen. Nach einer gescheiterten Ehe, aus der die Tochter Annemarie (1906-1987) hervorging, arbeitete sie als Theater-Schauspielerin, Diseuse, Animiermädchen, Hausiererin und Prostituierte. Ab 1910 war Emmy Hennings für zahlreiche Künstler Muse, Geliebte und Modell; gleichzeitig begann sie, Morphium und Opium zu konsumieren. 1911 konvertierte sie zum katholischen Glauben und fing an, als Diseuse in der Münchner Künstlerkneipe »Simplicissimus« zu arbeiten. Zwei Jahre später wurde ihr erster Gedichtband *Die letzte Freude* veröffentlicht, und kurz darauf verbrachte sie wegen kleinerer Vergehen zweimal mehrere Wochen im Gefängnis. Auch nach dem Umzug mit Hugo Ball nach Zürich änderte sich zunächst nichts an diesem Alltag aus Armut, Prostitution, Drogensucht und Tingeltangel. 1916 gründeten Emmy Hennings und Hugo Ball das »Cabaret Voltaire«, welches sich zum Ausgangspunkt der dadaistischen Bewegung entwikkelte. Ein Jahr später organisierte Ball zusammen mit Tristan Tzara die »Galerie Dada«, in der Künstler wie Paul Klee, Wassily Kandinsky, Hans Arp und August Macke ausstellten. Emmy Hennings und Hugo Ball traten im Cabaret Voltaire auf und bestritten auch Soireen in der Galerie Dada. 1918 und 1919 erschienen Hugo Balls Romane *Flametti oder Vom Dandysmus der Armen* und *Kritik der deutschen Intelligenz*, Emmy Hennings veröffentlichte *Gefängnis* (1919) und *Das Brandmal* (1920). Immer wieder unternahmen die beiden Künstler von Zürich aus Reisen ins Tessin. 1920 heirateten sie in Bern und zogen im August nach Agnuzzo, nachdem Hugo Ball sich endgültig und radikal dem Katholizismus zugewandt hatte. Im Tessin waren beide weiter schriftstellerisch tätig und publizierten verschiedene Werke, darunter *Byzantinisches Christentum. Drei Heiligenleben* (1923) und *Die Flucht aus der Zeit* (1927) von Hugo Ball und *Der Gang zur Liebe* (1926) und *Hugo Balls Weg zu Gott* (1931) von Emmy Ball-Hennings. Hugo Ball starb 1927 an einer Krebserkrankung. Seine Witwe lebte bis zu ihrem Tod 1948 in verschiedenen Dörfern im Tessin, unter anderem auch in Agnuzzo.

Die Casa Camuzzi

1919 fand Hermann Hesse in der Casa Camuzzi eine Wohnung im ersten Stock des Nordflügels, bestehend aus vier Zimmern und einer Sonnenterrasse. Die Besitzerin Margherita Camuzzi vermietete die Wohnung, die sich in schlechtem Zustand befand, recht günstig. Ein Glücksfall für den mittellosen Hermann Hesse. In diesem Haus schrieb er nicht nur die Werke *Klein und Wagner*, *Klingsors letzter*

Gartenseite der Casa Camuzzi, um 1900.

Sommer, *Siddhartha* und *Narziß und Goldmund*, sondern auch zahlreiche Betrachtungen und Gedichte.

Hesse hatte schon ab 1916 im Rahmen einer Psychotherapie zu malen und zu zeichnen begonnen, und widmete sich nun in dieser Umgebung von intensiver Schönheit ernsthaft dem Aquarellieren. Jahre später erinnerte er sich an seinen ersten Sommer in diesem Haus: »[...] als Gnade vom Himmel kam hinzu ein Sommer, wie ich nur sehr wenige erlebt habe, von einer Kraft und Glut, einer Lockung und Strahlung, die mich mitnahm und durchdrang wie starker Wein. Das war Klingsors Sommer. Die glühenden Tage wanderte ich durch die Dörfer und Kastanienwälder, saß auf dem Klappstühlchen und versuchte, mit Wasserfarben etwas von dem flutenden Zauber aufzubewahren; die warmen Nächte saß ich bis zu später Stunde bei offenen Türen und Fenstern in Klingsors Schlößchen und versuchte, etwas erfahrener und besonnener, als ich es mit dem Pinsel konnte, mit Worten das Lied dieses unerhörten Sommers zu singen.«[1]

Der größte Raum der Wohnung verfügte über einen Balkon, der über einem wunderschönen, halb verwilderten, terrassierten Garten schwebte, und war als einziger mit einem Kamin, der allerdings schlecht funktionierte, beheizbar. Im Herbst wurde dies mit den sinkenden Temperaturen zum Problem. Ab Oktober 1919 stand Hesse glücklicherweise, dank der Spende seines Gönners Georg Reinhart aus Winterthur, ein kleiner Ofen zur Verfügung, von ihm liebevoll »Francolino«[2] genannt: »[...] mehrmalige neue Versuche mit dem Kamin machten mir stets nur die Bude voll Rauch, der Maurer kam zum Reinigen und blieb darin stecken, man mußte die Mauer aufbrechen. Nun aber habe ich endlich Heizmöglichkeit, keinen eigentlichen Ofen, sondern etwas zwischen Ofen und Kamin, was man hier drolligerweise ›Franklin‹ heißt. Er braucht lächerlich viel Holz, und das Holz ist lächerlich teuer – aber schließlich bezahlt man Wärme und Arbeitsmöglichkeit nie zu teuer.«[3]

Für Hermann Hesse wurde dieses »schöne, wunderliche Haus«[4] die nächsten zwölf Jahre sein neues Zuhause, ein Ort der Inspiration, das von all seinen Wohnstätten am meisten geliebte Haus: »Mein Palazzo, Imitation eines Barock-Jagdschlosses, der Laune eines Tessiner Architekten vor etwa fünfundsiebzig Jahren entsprungen, hat außer mir noch eine ganze Reihe von Mietern gehabt, aber keiner ist so lange geblieben wie ich. Aus einer ungewöhnlich üppigen und munteren Baulust entstanden, im lustvollen Überwinden großer Terrainschwierigkeiten, hat dieser halb feierliche, halb drollige Palazzo ganz verschiedene Ansichten. Vom Portal des Hauses führt pompös und theatralisch eine fürstliche Treppe hinab in den Garten, der in vielen Terrassen mit Treppen, Böschungen und Mauern sich bis in eine Schlucht hinab verliert und in dem alle südlichen Bäume in alten, großen Prachtexemplaren vorkommen, ineinander verwachsen, von Glyzinen und Clematis überwuchert. Für das Dorf selbst liegt das Haus fast ganz verborgen. Aus dem Tale unten sieht es, mit seinen Treppengiebeln und Türmchen über stillen Waldrücken hervorschauend, ganz wie das ländliche Schloß einer Eichendorff-Novelle aus. […] hier hatte ich viele Jahre der tief-

Hermann Hesse
und Ninon Dolbin vor der
Casa Camuzzi, 1929.

sten Einsamkeit genossen, und auch an ihr gelitten, hatte viele Dichtungen und Malereien gemacht, tröstende Seifenblasen, und war mit allem so verwachsen, wie ich es seit der Jugend mit keiner andern Umgebung gewesen war.«[5]

Der Architekt hieß Agostino Camuzzi (1808-1870) und gehörte zu den zahlreichen Tessinern, die als Baumeister oder Stukkateure im 19. Jahrhundert ihren Kanton verließen, um im Ausland, vorwiegend in Rußland, zu wirken. Nach mehr als 25 Jahren kehrte Camuzzi in sein Heimatdorf Montagnola zurück und baute seine aus dem 17. Jahrhundert stammende Familienresidenz zu dem heutigen Palazzo um, der vor allem durch seine bizarren Formen, die unterschiedlichen Fenster und die auffälligen Verzierungen hervorsticht.

Zu den anderen Bewohnern der Casa Camuzzi gehörten der Maler, Grafiker und Illustrator Gunter Böhmer, der Maler Hans Purrmann sowie der Schriftsteller, Dramaturg und Maler Peter Weiss, die jedoch erst nach Hermann Hesses Umzug in die Casa Rossa nach Montagnola kamen.

Exkurs: Gunter Böhmer

Gunter Böhmer kam 1933, im Alter von 22 Jahren, auf Einladung von Hermann Hesse nach Montagnola. Der junge Böhmer bezog im Südflügel der Casa Camuzzi eine Wohnung im ersten Stock und richtete sich im zweiten Stock sein Atelier ein, welches, rundum mit großen runden Fenstern versehen, heute noch von außen zu bewundern ist. Hesse verhalf dem Künstler zu Illustrationsaufträgen beim Suhrkamp Verlag, unter anderem auch für seine eigenen Werke *Hermann Lauscher*, *Klingsors letzter Sommer* und

Innenhof der Casa Camuzzi mit Blick auf den Garten.

Exkurs: Maria Geroe-Tobler

Gegenüber der Casa Camuzzi stehen zwei weitere auffäl-
lige Häuser: Links erhebt sich die Casa Lombarda, ein im-
posanter Backsteinbau, der ebenfalls zum Besitz der Familie Camuzzi gehörte, bis er Mitte der 90er Jahre, halb
verfallen, verkauft wurde. Die neuen Besitzer renovierten
das Haus sehr aufwendig und versetzten es in den ursprünglichen Zustand zurück. Hesse blickte von seiner Wohnung
auf das Haus und hielt es 1931 in einer detailgetreuen Federzeichnung fest.[10] Rechts daneben steht ein schmales,
turmförmiges Häuschen, in welchem die aus St. Gallen
stammende Teppichweberin Maria Geroe-Tobler ab 1926
wohnte, nachdem sie zuvor für ca. ein Jahr Mieterin in der
Casa Lombarda gewesen war. Von ihrem Turmhaus blickte sie praktisch auf die Terrasse Hermann Hesses, zu dem
sich schon bald eine Bekanntschaft entwickelte. 1928 ging
die Künstlerin als Schülerin von Wassily Kandinsky, Paul
Klee, Josef Albers und Oskar Schlemmer an das Bauhaus
in Dessau, wo sie an einem ihrer schönsten Werke, dem
»Liebespaar II-Teppich«, zu arbeiten begann.[11] Jahre später erwarb Hesse das Kunstwerk als Hochzeitsgeschenk
für seine dritte Frau Ninon und schrieb eine kleine Betrachtung über diesen Gobelin, ein »Paradies voll schöner und
liebenswerter Gestaltungen«.[12]

   Nach der Machtergreifung Hitlers kehrte Maria Geroe-
Tobler nach Montagnola zurück und gehörte dort zu den
engsten Bekannten um Hermann und Ninon Hesse, Gunter
Böhmer und Emmy Ball-Hennings. Später entwickelte sich
eine enge Beziehung zu Hans Purrmann.

   Hermann Hesse unterstützte die unter finanziellen Sorgen leidende Künstlerin, die 1936 in ein größeres Haus in

Montagnola gezogen war und dort bis zu ihrem Tod 1963 lebte.

Versteckte Kapellen, lokale Prominenz und Bürgerpflichten

Wenn man einige Schritte an der Casa Lombarda vorbei die Via dei Camuzzi hochgeht, stößt man direkt hinter dem Haus rechts auf ein kleines Treppchen, die Scarinada S. Nazee, die wie ein Privatweg anmutet, jedoch öffentlich ist und nach wenigen Metern zum Vorplatz der – leider abgeschlossenen – Kapelle San Nazzaro führt, erstmals erwähnt 1421. Über dem Eingang der Kapelle sieht man das Marmorwappen der Familie Brocchi, das einen Strauch, »brocco« oder »broccolo« genannt, darstellt. Die Familie Brocchi ist eine der ältesten Familien der Collina d'Oro und besaß auch das Patronatsrecht der Kapelle.[13]

1925 wurde die Kirche nach einer Restauration wiedereröffnet, wie Hermann Hesse an Emmy Ball-Hennings berichtet: »Hier werden wir dieser Tage auch ein kleines Kirchenfest haben, denn der Eifer des Pfarrers von Gentilino hat es fertig gebracht, die alte verfallene Kapelle von San Nazzaro hier in Montagnola wieder einzuweihen, das wird am Sonntag gefeiert [...].«[14] Vom Vorplatz der kleinen Kirche hat man einen schönen Blick auf die Casa Camuzzi und auf ihr Dach-Türmchen.

Wieder zurück und die Via dei Camuzzi weiter hinauf, fällt der Blick links auf eine weiß gestrichene Villa mit auffälligen Gips-Skulpturen neueren Datums auf dem Dach, die sich über das Dorf erhebt. Hier lebte der legendäre Bürgermeister von Montagnola, Alessandro Gilardi (1873-1953), genannt »der Kaiser«, welcher 44 Jahre das Dorf regierte und als imposante und durchsetzungsstarke Persönlichkeit in Erinnerung geblieben ist. Nach seinem Tod wechselte die Villa häufig die Besitzer, bis der Ex-Beatle George Harrison (1943-2001) das Haus Anfang 2001 erwarb, um sich von seiner Krebsbehandlung zu erholen. Harrison starb noch im November des gleichen Jahres in einer Klinik in Los Angeles.

Direkt an der Straße Via dei Camuzzi, ebenfalls auf der linken Seite unterhalb der Harrison-Villa, befindet sich der Seniorentreffpunkt mit dazugehörigem schattigem Garten und einer Boccia-Bahn. Bis Anfang der 60er Jahre war hier das Rathaus untergebracht, Mittelpunkt des Dorflebens. In diesem Haus heirateten Hermann Hesse und Ninon Ausländer (1895-1966) im November 1931, und hier war es auch, wo Hermann Hesse wählte und an den Volksabstimmungen, wie sie heute noch praktiziert werden, teilnahm. Giulio Petrini, geboren 1913 und über Jahrzehnte Leiter des Postbüros in Montagnola, der Hermann Hesse im Laufe der Zeit gut kennenlernte, erinnerte sich 2001 in diesem Zusammenhang an eine Anekdote: »Als er [Hermann Hesse] das neue Haus bezog, das ihm geschenkt wurde [Casa Rossa], hatte er viel mit dem Baumeister Ferdinando Brocchi zu tun, der für den Bau zuständig war. Brocchi war zu der Zeit auch Bürgermeister, und ich glaube, Hesse und er hatten eine enge Beziehung. Ich erinnere mich, dass einmal wichtige Wahlen bevorstanden; der Bürgermeister bat Hesse, doch wählen zu kommen, und dieser sagte, er käme selbstverständlich. Er kam, nahm seinen Wahlzettel und ging in die Kabine. Nach einiger Zeit kam er heraus und verlangte einen neuen Wahlzettel. Es verging wieder einige Zeit, dann stürmte Hesse aus der Kabine, ohne zu wählen und ohne sich zu verabschieden. Vermutlich war ihm das Ausfüllen zu kompliziert. Ansonsten beteiligte er sich jedoch immer an den Gemeindewahlen, meistens konnte man die Wahlzettel ja zu Hause ausfüllen.«[15]

Das Hotel Bellevue

An der Hauptstraße angekommen, erhebt sich rechts das Hotel-Restaurant Bellevue, mit dem Hermann Hesse eng verbunden war, ging er doch hierher oft zum Essen mit seinen zahlreichen Besuchern und brachte hin und wieder Gäste im Hotel unter. Unter anderem übernachteten hier Thomas Mann, der Maler Louis Moilliet und auch Hesses zweite Ehefrau Ruth Wenger (1897-1994), wenn sie nach einem abendlichen Besuch bei Hesse nicht mehr den weiten Weg nach Carona zurücklegen wollte. »Wenn ich komme, möchte ich die erste Nacht im Bellevue schlafen, damit wir einen Abend für uns haben, ohne an den Heimweg denken zu müssen, gelt?«[16] schrieb sie im Februar 1923 an Hermann Hesse. Ab 1938 übernahm die Familie Ceccarelli das Haus. Deren Tochter führt heute noch das Hotel und besitzt einige gewidmete Privatdrucke, Karten und Briefe, welche Hermann Hesse an ihre Mutter Maria Ceccarelli sandte und die von dem herzlichen und regelmäßigen Kontakt zwischen ihm und den Hotelbesitzern zeugen.

Der Vicolo di Ligüna

Ein kleines Stück links die Hauptstraße hinunter biegt man rechts in den Fußweg Vicolo di Ligüna ein, den kürzesten Weg, um hinunter zu den Grotti und nach Agnuzzo zu kommen. Als Hesse ihn Anfang der 20er Jahre abwärts wanderte, war dies ein schmaler Pfad durch Wald und Rebberge, und im Gegensatz zu heute noch nicht von Villen gesäumt. Aber schon 1927 hatte die unberührte Idylle anscheinend ein Ende, da die ersten Baugrundstücke in Besitz genommen wurden, wie Hesse wehmütig beschrieb: »Ach, und niemals mehr werde ich über Liguno [Ligüna] an dem herrlichen Waldrand sitzen, meinem liebsten Malplatz: ein Fremder hat Wald und Wiese gekauft und mit Draht eingezäunt, und wo die paar schönen Eschen standen, wird jetzt seine Garage gebaut. Dagegen grünen die Grasstreifen unter den Reben in der alten Frische, und unter den welken Blättern hervor rascheln wie immer die blaugrünen Smaragdeidechsen, der Wald ist blau und weiß von Immergrün, Anemonen und Erdbeerblüte, und durch den junggrünen Wald schimmert kühl und sanft der See herauf.«[17]

Exkurs: Hans Purrmann

Im Vicolo di Ligüna wo sich heute die Station 7 des Hermann-Hesse-Wanderweges[18] mit einer roten Bank befindet, hatte von 1944 bis 1959 Hans Purrmann, der bis an sein Lebensende 1966 in Montagnola wohnte, sein Atelier.

Der aus Speyer stammende Maler siedelte nach dem Besuch der Kunstschulen in Karlsruhe und München 1905 nach Paris über, wo er schon bald ein enger Freund von Henri Matisse wurde. Im Ersten Weltkrieg verlor er in Paris Wohnung, Atelier und viele seiner Kunstwerke. Nach dem Krieg ließ er sich in Langenargen am Bodensee nieder, verbrachte jedoch häufig die Wintermonate in Italien oder

Frankreich. 1935 übernahm er in Florenz die Leitung der deutschen Künstler-Stiftung »Villa Romana«.

Von den Nationalsozialisten als »entarteter Künstler« verfemt, mußte Purrmann 1943 von dort in die Schweiz fliehen und kam zunächst in Castagnola bei Lugano unter. 1944 zog er nach Montagnola in das Hotel Bellevue, »wo ihm die Besitzer des Hotels, Herr und Frau Ceccarelli, den Aufenthalt so angenehm wie möglich machten«,[19] und bezog später eine Erdgeschoßwohnung in der Casa Camuzzi. Sein unterhalb des Hotels gelegenes Atelier im Vicolo di Ligüna behielt er bis 1959: »Nach Süden hin [...] lag das Atelier, dessen großes Fenster sich gegen den Hügelhang, den See und die jenseitige Bergkette in immer anderem Licht öffnet. Auch hier bot sich eine unerschöpfliche Zahl von Motiven des Malerauges«, schwärmte Hans Purrmann anläßlich einer Ausstellung in München.[20] Ab 1960 malte Hans Purrmann, durch eine schwere Krankheit an den Rollstuhl gefesselt, in einem Atelier in der Ra Cürta in unmittelbarer Nähe der Casa Camuzzi.

Die Grotti im Wald

Es empfiehlt sich, im Vicolo di Ligüna eine kleine Ruhepause zu machen und die gegenüberliegende Bergkette zu bewundern, die vom linken Gipfel Monte Lema bis rechts zum Monte Tamaro führt, davor erhebt sich auf einem niedrigeren Hügel die Kirche Santa Maria d'Iseo.

Nach der Überquerung der Via Valegia und weiter dem ausgeschilderten Hesse-Wanderweg folgend, kommt man an einer Waldwiese vorbei, wo sich früher die Felsenkeller zur Lagerung des Weines befanden, und erreicht schließlich die Via dei Canvetti. Rechter Hand liegen hier die Grotti Cavicc und Circolo Sociale, die Hermann Hesse häufig und gern besucht und in vielen Betrachtungen und Gedichten besungen hat. Oft ging er hierher, allein oder mit Freunden, um die Balls zu treffen, welche von Agnuzzo hochkamen, und mit ihnen zusammen ein einfaches Abendessen zu genießen. In seinem Gedicht »Sommerabend vor einem Tessiner Weinkeller« faßt Hermann Hesse 1929 die Stimmung in den Grotti in Worte:

> »Hier atmet Waldlaub und Gestein,
> Weht Unschuld klösterlich und Feierabend,
> Den Bissen Brot, die kühle Schale Wein
> Mit holder Zaubertraumkraft fromm begabend.
>
> Farnkraut am Wege duftet scharf und strenge,
> Schon wird im Holz der Siebenschläfer wach,
> Die erste Fledermaus jagt durchs Gestänge
> Gekreuzter Äste ihrem Raube nach.
> Und nun stirbt Laut um Laut und Licht um Licht
> Der Tag dahin, und aus den Bäumen quillt,
> Wie Harz und Honig duftend, schwer und dicht
> Herab die Nacht, die mütterlich uns stillt.
> [...]
> Wie selig duftet doch Vergänglichkeit!
> Wie sehnt sich Geist nach Blut, und Tag nach Nacht!«[21]

Früher bestand ein Grotto (wörtlich: Grotte) aus einem Felsenkeller, in dem der Wein gelagert wurde. Im Laufe der Zeit fing man an, ein Gläschen Wein an interessierte Weinkäufer auszuschenken, dazu reichte man ein Stück Brot oder einen eingelegten Käse, den »Formaggino«. So wur-

**Hermann Hesse, Ninon Dolbin und unbekannter Mann
vor dem Grotto Circolo Sociale, 1929.**

den die Grotti allmählich zu einfachen Schenken im schattigen Wald, mit karierten Tischtüchern auf Holztischen und Steinbänken, in denen man heute auch warme Gerichte bekommen kann.

In einer Betrachtung beschrieb Hesse die Grotti, wie er sie zu Beginn der 20er Jahre erlebt hat: »Im Wald, an der Schattenseite des Berges, liegen die Grotti, die Weinkeller des Dorfes, ein kleines, zwerghaft phantastisches Märchendorf im Walde, lauter Stirnseiten kleiner steinerner Giebelhäuser, die keine Rückseite haben, denn Dach und Haus verliert sich im Boden, und tief in den Berg hinein sind Felsenkeller gebohrt. Da liegt der Wein in grauen Fässern. Wein vom vorigen Herbst und auch noch vom vorvorigen, älteren gibt es nicht. Es ist ein sanfter, sehr leichter, traubiger Wein, von roter Farbe, er schmeckt kühl und sauer nach Fruchtsaft und dicken Traubenschalen. [...] Ungeheuer steigen die Stämme der Bäume empor, alte riesige Bäume, Kastanie, Platane, Akazie. Sie streben hoch hinan, durch ihr Gezweige blickt wenig Himmel, oft bin ich bei fallendem Regen hier gesessen, im Freien, im Walde, stundenlang, und bin von keinem Tropfen berührt worden. Wir sitzen im Dunkel, schweigend, ein paar fremde Künstler, die hier wohnen. In kleinen irdenen Tassen, weiß und blau gestreift, steht der rosige Wein. Unter unserer kleinen Terrasseninsel, senkrecht unter uns, schimmert rötliches Licht in der Vorhalle des Kellers.«[22]

Seit 1909 ist das Grotto Circolo Sociale ein Genossenschaftsbetrieb, doch die Inschrift »Wer diesen Tempel gebaut hat, hat ihn Bacchus geweiht im Jahre Christi 1863, 4770 Jahre nach der Zeit Noahs« beweist, daß das Haus schon seit Mitte des 19. Jahrhunderts besteht. Der früher offene Portikus, über dem der Spruch an die Fassade gemalt ist, ist neuerdings verglast, so daß ihn nur lesen kann, wer den Vorbau betritt. Die Felsenkeller liegen heute hinter der Küche und sind somit für Gäste nicht zu sehen. Wenn man jedoch den Wirt in einem ruhigen Moment darum bittet, kann man Glück haben, und er zeigt diese alten, gut erhaltenen Gewölbe, die untereinander verbunden sind und sommers wie winters durch ein einzigartiges Belüftungssystem eine konstante Temperatur halten.

Der Weg nach Viglio

Gegenüber dem Grotto Cavicc befindet sich heute ein Sportgelände. Den Weg jedoch, den Hermann Hesse gegangen ist, um von den Grotti weiter hinunter zu seinen Freunden

Hugo Ball und dessen Frau nach Agnuzzo zu laufen, gibt es heute noch. Vom Parkplatz des Sportgeländes weist ein gelbes Wanderweg-Schild in den Sabrü-Weg bergabwärts durch den Wald.

Der Spaziergang führt nun steil durch den Kastanienwald am Tennisplatz vorbei bis zu einem kleinen Bach, an dem man von den drei möglichen Richtungen den ganz rechten, wieder gelb beschilderten Weg am Bach und am Hang entlang bis nach Viglio spaziert. Im Ort angekommen, biegt man hinter dem Bauernhof links in die Via Campagna di Viglio und folgt ihr bis zum Dorfkern, der Piazza S. Giovanni, an der die schlichte Kapelle des San Giovanni Evangelista, erbaut um 1600, steht.

An der Nordseite des Platzes befindet sich ein sehr markanter Komplex aus drei Häusern, die zwischen dem 17. und 18. Jahrhundert errichtet wurden und Zeugnis der herrschaftlichen Wohnkultur im Tessin sind. Sehr romantisch ist das kleine Plätzchen, das man durch die Via in Pasquee von der Piazza aus erreichen kann, denn hier gibt es noch eine einfache, bäuerliche Architektur einschließlich einer alten Weinpresse zu bewundern.

Wieder zurück auf der Hauptstraße, die nun Via Cantonetto heißt, führt der Spaziergang weiter ortsauswärts durch Viglio, welches mit der Mischung aus guterhaltenen alten Häusern, halb verfallenen Bauernhöfen und den zum Teil verwilderten Vorgärten eines gewissen Charmes nicht entbehrt. Rechts fällt der Blick auf einen Hügel mit dem Dorf Biogno und, etwas unterhalb, Muzzano. Biogno, das heute zu Lugano gehört, mit seiner schönen Kirche S. Ambrogio aus dem 15. Jahrhundert war auch Ziel von Hermann Hesse, wenn er längere Malausflüge unternahm. So berichtete der älteste Sohn Bruno von einer Wanderung mit sei-

Gasse in Agnuzzo.

nem Vater und dem elfjährigen Bruder Martin am 21. Juni 1922: »Dann zogen wir zu dritt aus, den Waldweg bei den Grotti vorbei nach Capella hinab, nach Muzzano und Biogno und zur Kirche von Biogno hinauf. Es war ein herrlich sonniger Tag, der längste Tag. Zur Mittagsrast setzten wir uns auf das Mäuerchen, das von der Sonne ganz heiss war.«[23] Dieser Spaziergang begnügt sich mit der Aussicht auf Biogno, um nicht zu anstrengend und zu lang zu werden.

Der Strand von Agnuzzo

Die asphaltierte Straße am Ortsende von Viglio geht schon bald in einen unbefestigten Weg über, der an einem Bauernhof vorbei zunächst leicht abfallend rechts hinunter nach Agnuzzo führt, welches nach fünf Minuten Waldspaziergangs durch die Bäume zu erkennen ist. Der Abhang ist jedoch so steil, daß eine Abkürzung querfeldein nicht zu empfehlen ist, statt dessen sollte man dem Weg folgend bis hinunter zur Kantonsstraße gehen. Ein Stück rechts oberhalb der Straße sieht man die schöne, geschlossene Häuserfassade von Agnuzzo, das bereits 819 erstmals erwähnt wurde. Ganz links erblickt man ein altrosa gestrichenes und von einer Gartenmauer umgebenes Haus, die ehemalige Wohnstätte von Hugo Ball und Emmy Ball-Hennings. Bei gutem Wetter kann man sogar die gartenseitige Haustür mit dem Treppchen davor wahrnehmen.

Der erste Besuch Hermann Hesses bei Balls fand am 4. Dezember 1920 statt und dauerte über 12 Stunden.[24] Ab da besuchten die Balls Hesse in der Casa Camuzzi oder er ging hinunter nach Agnuzzo, oftmals traf man sich jedoch auf halbem Wege in den Grotti.

Badeausflug zum »Agno-Strand«, 1921.
Von links nach rechts: Eva Oppenheim, Ruth Wenger,
Erich Oppenheim und Hermann Hesse.

Am Seegrundstück auf der anderen Straßenseite befand
sich Anfang der 20er Jahre eine Badestelle, die vor allem
von Nudisten bevorzugt wurde, und eine Viertelstunde Fußweg am See entlang kam man zu einer weiteren Badestelle
in der Ebene vor dem Dorf Agno, wo sich heute die Piste
des Flughafens befindet. Beide Strände liegen im Golf von
Agno am Luganer See. Aus den Briefen läßt sich schließen,
daß die Freunde sich vorwiegend direkt am Strand des
Dorfes Agnuzzo aufgehalten haben, auch wenn Hesse diesen Strand häufig Agno-Strand nannte (»Wie schön muß
es jetzt am Agno-Strand sein!«[25]). Hermann Hesse und
die Balls haben sich oft gemeinsam im Wasser vergnügt,
wie Hesse 1921 in der Betrachtung *Strand* beschrieb: »Die-

ser Sommer ist von indischer Glut. Auch der See ist längst nicht mehr kühl, aber am Spätnachmittag weht jeden Tag ein Wind gegen unsern Strand, dann ist es Erfrischung, in den Wellen zu baden und nackt im Winde zu stehen. Um diese Zeit steige ich häufig den Berg hinab zum Strand. Manchmal nehme ich Zeichenblock und Wasserfarben mit und Proviant und eine Zigarre, um den ganzen Abend da zu bleiben.«[26] Gelegentlich waren die Badenden in Gesellschaft von Freunden, oder Hermann Hesses Kinder begleiteten ihren Vater, wenn sie ihn im Tessin besuchten. »Wie geht es Ihren Kindern, lieber Herr Hesse? Ich denke oft an das Jüngere, wie es auf der Anhöhe von Agnuzzo stand, um den Sonnenuntergang einzufangen. Die Bilder flogen ihm schnell, und wie das Wasser tanzte, wenn wir wettschwammen«, schrieb Emmy Ball-Hennings 1922 aus München.[27] Und in einem anderen Brief erinnerte sie sich wehmütig: »Riefen wir nicht an einem Sommertag ›Ev viva‹? Und lagen wir nicht doch am See, und lagen und sangen? Und tranken wir nicht Wein und kamen überein, daß es nur gütigen Wein, daß es gar keinen schlechten Wein gäbe, nur besseren Wein?«[28] Dieses Badegrundstück gelangte ab 1930 zu lokaler Bekanntheit, als es der bekannte Zürcher Kunstsammler Han Coray (1880-1974) erwarb und dort eine richtige Badeanstalt einrichtete. Ab 1931 erbaute er auf dem Grundstück auch eine Pension und betrieb ein Restaurant. Sein Wohnhaus hatte er im Dorf Agnuzzo, wo er bis zu seinem Tode lebte. Han Coray kannte Emmy Ball-Hennings schon seit 1917 und empfing in späteren Jahren auch Hans Purrmann in Agnuzzo.[29] Hermann Hesse traf vermutlich nicht mit Coray zusammen, da er mittlerweile mit Ninon in der Casa Rossa ein eher bürgerliches Leben führte, zu dem ausgelassenes Baden im See nicht mehr recht paßte, und nach dem Tod Hugo Balls kaum noch in Agnuzzo war.

Ein Hinweisschild »Lido di Agnuzzo« erinnert heute noch an die Badeanstalt Corays.

»Das Paradies: Agnuzzo«

Unterhalb von Agnuzzo zweigt die Contrada di Lago von der Straße rechts ab, man geht ein Stück am Bach entlang und steigt dann links eine Treppe mit Granitstufen ins Dorf hoch, das »kleinste und friedlichste Tessiner Dörfchen«, wie Hugo Ball es nannte.[30] Die Stufen führen zwischen idyllischen Gärten in Südlage, in denen schon im Februar die Narzissen blühen und sich kleine Weinberge erstrecken, und schönen alten, aneinandergebauten Häusern mit Loggien hindurch. Die Treppe mündet in eine enge Gasse, in der die Zeit stehengeblieben zu sein scheint. Die Dächer der einander gegenüberliegenden Häuser stoßen fast zusammen, die wenigen Neubauten sind in dem Gefüge der alten Fassaden kaum wahrzunehmen. Links vor einem Tordurchgang führt ein kleiner Fußweg wenige Meter hinauf, zur Piazza Roncorino, an deren Nr. 3 sich der Eingang zum Haus der Balls befindet, welches sie im Herbst 1920 bezogen. Es ist kaum zu glauben, daß diese schmale Vorderfassade nach hinten zu einem relativ großzügigen Haus mit Garten führt. »Das verborgene Leben abseits der großen Heerstraße. Das Paradies: Agnuzzo. Unsere Fenster waren dem Garten, dem See und den Bergen zugewandt und insofern auch unsere Augen. Von unserem Haus aus sahen wir weder Menschen noch Häuser, es war, als wären wir allein auf der Welt. Die kostbarste Einsamkeit, die man sich nur denken kann«, beschrieb Emmy Ball-Hennings die Idylle.[31]

Insbesondere zwischen Hermann Hesse und Hugo Ball hatte sich eine starke Freundschaft entwickelt, die von großer Nähe geprägt war. »Die beiden Männer disputierten oft bis in die späte Nacht; sie konnten über ein interessantes literarisches Thema die Zeit völlig vergessen, obwohl Hermann Hesse wohl eine gute Stunde von uns entfernt wohnte und einen langen Weg durch den dunklen Wald allein zu Fuß machen mußte«, erinnerte sich Emmy Ball-Hennings.[32] Die Idylle, so schön sie war, besaß jedoch auch so manche Unannehmlichkeit im alltäglichen Leben, wie Hesse an Ruth Wenger berichtete: »[...] bei ihnen ist es so komisch-rührend-elend, weißt du, zum Beispiel brennt kein Kamin richtig, sondern alle beide rauchen wie Vesuve, und brennen nur, wenn man die Türe offen stehen läßt!«.[33] Will man Hermann Hesse glauben, so waren Balls, die bisher vorwiegend ein städtisches Leben geführt hatten, anscheinend recht unerfahren in der Betreuung des ziemlich großen Gartens und in der Umsetzung dessen, was sie unter Landleben verstanden: »Balls pflanzen jetzt heftig in ihrem Garten und reden viel vom Ernten und Einmachen. Sie haben auf einen Sitz so wahnsinnig viel Erbsen gesät, daß sie bald daran ersticken werden, und glauben mir noch nicht recht, daß es klüger wäre nur alle 14 Tage ein kleines Beet zu säen.«[34] Insgesamt waren die gemeinsam verbrachten Tage mit Gesprächen und Baden im See, Picknick und langen Spaziergängen ausgefüllt. Hin und wieder entzog sich Hermann Hesse der Gesellschaft und verschwand für einige Stunden zum Malen: »Hesse kommt jetzt öfters mit Malzeug und Staffelei. Wir trinken dann eine Tasse Kaffee zusammen. Einmal gehen wir baden, einmal geht er malen. Er sitzt dann irgendwo an der Wiese und man kann ihn kaum sehen, weil die Sonne blendet. Vögel zwitschern um ihn herum und Zikaden surren.«[35] Nach einem längeren Aufenthalt in Italien konnten die Balls im Sommer 1926 zu ihrem größten Bedauern nicht mehr in das alte Haus in Agnuzzo zurückkehren, bezogen zunächst eine Wohnung in Sorengo und dann, im April 1927, ein anderes, turmartiges Haus in Agnuzzo, das sie »sonnengelb, grün, weiß«[36] strichen und das ziemlich klein war, wie Hugo Ball Hermann Hesse berichtete: »Das Häuschen, das wir ergattert haben, ist nicht, was ich eigentlich haben wollte, aber nun, es wird schon gehen. Es hat den Vorteil, daß Du mir von Viglio aus ins Zimmer rufen und winken kannst, wenn wir wollen baden gehen. Der Turm ist ein wenig eng und ich bleibe überall hängen oder stoße mit Armen und Beinen an«.[37] Wo sich dieses turmartiges Haus befindet, ob es überhaupt noch steht, konnte leider nicht herausgefunden werden.

Hermann Hesse hatte Hugo Ball autorisiert, seine Biographie zu schreiben, die kurz vor Hesses 50. Geburtstag im Juni 1927 tatsächlich erschien.[38] Doch dieses Ereignis war bereits überschattet von der schweren Krebskrankheit Hugo Balls, der er am 14. September 1927 erlag. Hugo Ball und Emmy Ball-Hennings waren von Zürich, wo Ball operiert worden war, nicht mehr in den engen Turm nach Agnuzzo zurückgekehrt, sondern bezogen ein Haus neben der Kirche Sant'Abbondio in Gentilino, wo der Todkranke besser gepflegt werden konnte und sie Hermann Hesse außerdem in der Nähe wußten.

Nach Hugo Balls Tod, den Hesse als »unersetzlichen Verlust« wahrnahm, denn »Ball war der einzige, den ich ganz ernst nahm, der Einzige, mit dem ich sprechen konnte und mit dem volles gegenseitiges Verstehen mich verband«,[39] verließ Emmy Ball-Hennings zunächst das Tessin. Erst Mitte Oktober kehrte sie in das mit Erinnerungen behaftete Haus nach Agnuzzo zurück. Von nun an reiste sie viel und gab das Haus schließlich auf, um sich statt dessen in Cassina d'Agno einzumieten, wo sie bis 1938 lebte. Nach dem Tod Hugo Balls war es vorbei mit den unbekümmerten Badetagen am Seeufer in Agnuzzo und mit den häufigen Besuchen. Jedoch blieben Hesse und Emmy Ball-Hennings brieflich in engem Kontakt, und als dieser seine spätere dritte Frau Ninon kennengelernt hatte, entwickelte sich schnell eine Freundschaft zwischen den beiden Frauen. Der soziale Unterschied zwischen Hesses, die mittlerweile in der komfortablen Casa Rossa wohnten, und Emmy Ball-Hennings, die zeitlebens für das Notwendige zum Überleben kämpfen mußte, vergrößerte sich jedoch immer mehr. 1938 gelang es ihr, wieder in das erste Haus in Agnuzzo mit dem schönen Blick auf den See zu ziehen. Sie vermietete Zimmer an Feriengäste und mußte ab 1939 auch einquartierte Schweizer Truppen beherbergen, manchmal bis zu sechzig Soldaten gleichzeitig, die sie zum Teil auch zu versorgen hatte.

1942 wurde das Haus verkauft, und Emmy Ball-Hennings war gezwungen, Agnuzzo endgültig zu verlassen und nach Magliaso umzuziehen, wo sie sich bis zu ihrem Tod 1948 unter anderem als Fabrikarbeiterin und auf einer Tabakplantage durchschlug. Ihrer Tochter Annemarie schrieb Hesse in seinem Beileidsbrief: »Ein Stück meines Lebens ist mit ihrem Weggang verstummt und hat keinen Zeugen und Kameraden mehr.«[40]

In diesem kleinen und idyllischen Dorf haben Hugo Ball und Emmy Ball-Hennings also ihre schönsten Jahre und Momente voller Tragik erlebt. Als strenggläubige Katholiken schätzten die beiden es, nur wenige Schritte von ihrem Haus entfernt die Dorfkirche Sant'Andrea besuchen zu können. »Das erste, was ich hier unternahm, war, daß ich mich in die Acta Sanctorum vertiefte und mich mit Heiligenleben umgab. Nun kann kommen, was da mag: ich werde einen unverwirrbaren Standort haben. [...] In dieser unserer Dorfkapelle habe ich auch die Lösung der Schuldfrage gefunden. Mea culpa, mea maxima culpa«, notierte Hugo Ball 1920 in sein Tagebuch.[41] Die Kirche Sant' Andrea wurde Anfang des 13. Jahrhunderts errichtet, im Laufe der Jahrhunderte mehrfach umgebaut und 2004 bis 2006 vollständig restauriert. Auch als Balls hier wohnten, erfolgte ein großer Eingriff: 1922 wurde die Treppe, die zum Eingang führt, aufgrund einer Absenkung des davor liegenden Platzes neu errichtet. Hier auf der Bank vor der Kirche kann man noch einmal die ruhige und verwunschene Atmosphäre dieses kleinen Dörfchens genießen, in dem bis heute keine Autos fahren dürfen.

Der Rückweg bis zu den Grotti

Nach Einbruch der Dunkelheit nahmen Hesse und die Balls manchmal den kleinen Umweg über Sorengo, um nach Montagnola hinaufzukommen.

Allerdings führte dieser Weg damals entlang einer schmalen, wenig befahrenen Straße und nicht – wie heute – neben einer vierspurigen Schnellstraße, die nicht einmal durchgängig über einen Fußweg verfügt.

Deshalb folgt dieser Spaziergang wieder dem gleichen Weg zurück bis zu den Grotti. Es ist beeindruckend, sich vorzustellen, daß sowohl die Balls als auch Hermann Hesse diesen Weg mehrfach im Dunkeln hinaufgestiegen sind, ohne Beleuchtung und vermutlich auch ohne das Licht einer Taschenlampe: »Liebling, ich bin doch noch bei Hesse gewesen und schreibe Dir jetzt, nachdem ich zu Hause bin. Es war schon recht dunkel, als ich mich auf den Weg machte, und sehr vorsichtig mußte ich gehen, weil Glitschwetter war und ich ein Glas von meiner selbstverfertigten Feigenkonfitüre für ihn unterm Arm trug«, schrieb Hugo Ball Ende Oktober 1923 an seine Frau.[42] Oft ging Hesse diesen Weg, manchmal bei »Regen und Dreck«, ohne in Agnuzzo jemanden anzutreffen, so daß er unverrichteter Dinge wieder nach Hause zurückkehren mußte.[43]

In *Klingsors letzter Sommer* beschrieb Hesse die Stelle bei den Grotti, wie sie sich, in der Abenddämmerung von Viglio kommend, dem Betrachter zeigt. Auch wenn der Autor die Ortsnamen leicht veränderte (aus Viglio wird Veglia, aus Muzzano wird Manuzzo), ist der zauberhafte Platz, wo dieser Waldweg auf die Grotti trifft, auch heute noch zu erkennen: »Im sinkenden Abend kam Klingsor – er hatte den Nachmittag in Sonne und Wind bei Manuzzo und Veglia gemalt – sehr müde im Wald über Veglia zu einem kleinen, schlafenden Canvetto. [...] Es war die spätgoldene Stunde, noch glühte Licht des Tages überall, doch gewann der Mond schon Schimmer, und erste Fledermäuse schwammen in der grünen Flimmerluft. Ein Waldrand stand sanft im letzten Licht, helle Kastanienstämme vor schwarzen Schatten, eine gelbe Hütte strahlte leise das eingesogene Tageslicht von sich, sanftglühend wie ein gelber Topas, rosenrot und violett führten die kleinen Wege durch Wiesen,

Reben und Wald, da und dort schon ein gelber Akazien-
zweig, der Westhimmel golden und grün über sammetblau-
en Bergen.«[44]

Sant'Abbondio

Von den Grotti ging Hermann Hesse in der Dunkelheit
nicht den steilen Weg direkt ins Dorf hinauf, sondern nahm
den bequemeren kleinen Umweg Richtung Friedhof Sant'
Abbondio, auf dem auch dieser Spaziergang weiterführt.
Dazu folgt man dem ausgeschilderten Hesse-Wanderweg
und biegt gegenüber dem Grotto Circolo Sociale in den Sentiero Canvetti ein, den Hermann Hesse in seiner Betrachtung *Sommers Ende* eindrucksvoll beschrieb: »Wie doch
gestern nacht, als ich vom Waldkeller nach Hause ging, dort
bei der Mündung des Hohlweges gegen den Friedhof von
Sant'Abbondio mir die feuchte Kühle der Wiesen und des
Seetals entgegenschlug! Wie die wohlige Wärme zurück-
blieb und sich scheu unter den Akazien, Kastanien und
Erlen verkroch! [...] Schon auch hat der Wald das Grün
von gestern nicht mehr, und die Rebenblätter beginnen
gelber zu scheinen, unter ihnen werden die Beeren schon
blau und purpurn. Und die Berge haben gegen Abend das
Violett, und der Himmel die smaragdenen Töne, die zum
Herbst hinüberführen. Was dann? Dann wird es wieder
zu Ende sein mit den Abenden im Grotto, und zu Ende
mit den Badenachmittagen am See von Agno, und zu Ende
mit dem Draußensitzen und Malen unter den Kastanienbäumen. [...] Einstweilen warten wir noch auf das Reif-
werden der Trauben, auf das Fallen der Kastanien, und hoffen, den nächsten Vollmond noch zu genießen, und werden

Die Kirche Sant'Abbondio in Gentilino.

zwar zusehends alt, sehen aber den Tod doch noch recht weit in der Ferne stehen.«[45]

Im Frühjahr und Winter, wenn die Kastanienbäume kein Laub tragen, erblickt man linker Hand den Lago di Muzzano, und im Herbst kann man auf diesem Pfad wunderbar Kastanien sammeln und sie später über dem Feuer rösten, wie es auch Hermann Hesse im Rückblick auf seine ersten Jahre in Montagnola schilderte. »[I]ch war jetzt ein kleiner abgebrannter Literat, ein abgerissener und etwas verdächtiger Fremder, der von Milch und Reis und Makkaroni lebte, seine alten Anzüge bis zum Ausfransen auftrug und im Herbst sein Abendessen in Form von Kastanien aus dem Walde heimbrachte.«[46]

Der Sentiero dei Canvetti endet an der Rückseite des Friedhofs, wo ein kleines Tor hineinführt. Hier findet man die letzte Ruhestätte von Hermann und Ninon Hesse und seinen Freunden Hugo Ball, Emmy Ball-Hennings, Maria Geroe-Tobler und Gunter Böhmer sowie vom Komponisten Bruno Walter (1876-1962), der auf der Flucht vor den Nationalsozialisten Ende der 30er Jahre einige Zeit in Sorengo verbracht hatte. Die Tafel am Haupteingang verzeichnet die Lage der Gräber und erleichtert das Auffinden. Auf diesem Friedhof kann man Stunden damit verbringen, nicht nur die Stätten der prominenten Dorfbewohner zu betrachten, sondern auch die sorgfältig gepflegten, zum Teil sehr aufwendig angelegten Gräber der einheimischen Familien anzuschauen. In der Nähe des Eingangs auf der linken Seite am Grab der Familie Boffa fällt die Skulptur »Das Gebet« des berühmten Schweizer Bildhauers Vincenzo Vela (1820-1891) ins Auge, in dessen Atelier in Ligornetto in der Nähe von Mendrisio ein Museum eingerichtet ist.

Hinten rechts führen einige Stufen zu der bescheidenen

Die Beerdigung von Hermann Hesse auf dem Friedhof von Sant'Abbondio am 11. August 1962.

Ruhestätte von Hermann Hesse und seiner dritten Frau Ninon Dolbin-Ausländer. Im Frühjahr 2009 wurde das Grab im Auftrag der Nachkommen neu gestaltet. Gemessen an vielen anderen Grabstätten nimmt sich die letzte Ruhestätte bescheiden aus: ein schlichter stehender Granitstein für den Künstler und eine liegende Platte für seine vier Jahre später verstorbene Gattin. Der Grabstein Hesses wurde von dem Schweizer Bildhauer Hans Jakob Meyer (1903-1981) gestaltet. Ein steinernes Vogelbad, einige immergrüne Pflanzen und oftmals Blumengaben von Besuchern fügen sich ins stille Bild. Hesse selbst hatte sich die Grabstätte in den 50er Jahren gekauft: »Heute [...] bin ich kein Mann in guten oder besten Jahren mehr, sondern einer von den gebrechlichen und etwas komischen Gemeinde-Greisen, ... der sein Grundstück kaum mehr verläßt und drunten auf dem Friedhof von St. Abbondio einen hübschen kleinen Platz gekauft hat. [...] in diesen paar Jahrzehnten habe ich in Montagnola viel Gutes, ja Wunderbares erlebt, von Klingsors flackerndem Sommer bis heute, und habe dem Dorf und seiner Landschaft viel zu danken. [...] und so hoffe ich, wenn ich auch kein Tessiner geworden bin, die Erde von St. Abbondio werde mich freundlich beherbergen, wie es Klingsors Palazzo und das rote Haus am Hügel so lange Zeit getan haben.«[47] Als Hesse diese Worte 1959 schrieb, konnte er noch nicht wissen, daß ihm zwei Jahre später die Ehrenbürgerschaft der Gemeinde Montagnola verliehen werden sollte, durch die er in die Gemeinschaft der Tessiner aufgenommen wurde.

Direkt rechts neben Hermann Hesses Grab befindet sich die letzte Ruhestätte von Hilda (1893-1963) und Charles Brown (1863-1924) und ihrem im Alter von siebzehn Jahren verstorbenen Sohn Robin (1917-1934), der von Hugo Ball unterrichtet worden war. Auch Hermann Hesse war mit dieser Industriellenfamilie – Charles Brown war Inhaber der Firma Brown-Boveri –, an deren Villa dieser Spaziergang später noch vorbeiführen wird, bekannt. Die Frauenstatue auf dem Grab hat eine gute Bekannte von Hilda Brown, die Künstlerin Margherita Osswald-Toppi (1897-1971), geschaffen, die ebenfalls Anfang der 20er Jahre zum engeren Freundeskreis Hermann Hesses gehört hatte und als »Ersilia« in *Klingsors letzter Sommer* Eingang in sein Werk gefunden hat. Folgt man dem kleinen Weg vor Hesses Grab, so sieht man an der gegenüberliegenden Wand Urnengräber, unter denen man auch die Namen von Gunter und Ursula Böhmer sowie von Maria Geroe-Tobler findet.

Links vom Haupteingang des Friedhofs erhebt sich beeindruckend die Kirche Sant'Abbondio mit ihren zwei Zypressenalleen, eine von Gentilino kommend und die zweite für die Kirchgänger aus Montagnola angelegt, vor dem Tal.

Zu Hermann Hesses Zeit gab es zwar die beiden Zugangswege schon, die Zypressen darauf wurden jedoch erst in den 60er Jahren gepflanzt. Nur die drei Bäume auf dem Vorplatz erhielt die Kirche schon 1908 von der »Tessiner Gesellschaft für die Erhaltung der Natur- und Kunstschönheiten« als Geschenk.

Es lohnt sich, durch die Allee bis zur Kirche zu gehen, die Mitte des 17. Jahrhunderts an der Stelle entstand, wo sich schon im Mittelalter ein dreischiffiges Gotteshaus befand und im Laufe der folgenden Jahrhunderte mehrfach aus- und umgebaut wurde. Der Kirchturm mit Uhr datiert von 1570, der Glockenstuhl wurde 1850 vom Architekten Agostino Camuzzi wieder aufgebaut und um ein Stockwerk erhöht, nachdem 1780 ein Blitz eingeschlagen hatte. Auf dem Kirchenvorplatz befand sich bis 1843 der Friedhof, bevor er an den heutigen Platz verlegt wurde. Das aus dem 18. Jahrhundert stammende Beinhaus mit Fresken des berühmten Bildhauers Giuseppe Antonio Petrini (1677-1755) aus Carona auf den Innenwänden ist auf dem Platz geblieben.[48] Ein Kreuzweg mit vierzehn Stationen führt um das Gebäude herum. Hinter der Kirche blickt man auf Montagnola, auf dessen Hügeln oben deutlich ein weißes Haus zu erkennen ist, die ehemalige Casa Rossa, in der Hermann Hesse 31 Jahre lang wohnte. Das Tal mit dem Dorf Grancia, zu Hesses Zeiten trotz einiger kleiner Fabriken noch idyllisch und grün, präsentiert sich heute häßlich und laut mit Autobahn und einem großangelegten Industriegebiet. Nur der San Salvatore auf dem gegenüberliegenden Hügelzug ist majestätisch wie eh und je.

An der Südfassade der Kirche befinden sich zwei Sonnenuhren aus dem 18. Jahrhundert. Das Pfarrhaus wurde 1975 erneuert. Zu Hesses Zeiten stand dort noch das alte Haus

aus dem 16. Jahrhundert, welches ursprünglich zwei Kammern hatte und im 17. Jahrhundert um vier weitere Räume und einen Weinkeller erweitert wurde.

Im Innenraum der Kirche stößt man auf bemerkenswerte Kunstwerke, wie zum Beispiel die Fresken von Giuseppe Antonio Petrini an der linken und rechten Rückwand und das schön geschnitzte Holzkreuz am Altar aus dem 16. Jahrhundert. Seit 2001 existiert auch eine kleine Ausstellung mit wertvollen Kunstgegenständen und Sakralobjekten, die nach Voranmeldung beim Museum Hermann Hesse besichtigt werden kann.

Hermann Hesse, erzogen in einem streng pietistischen Elternhaus und allen Dogmen und kirchlichen Institutionen gegenüber mißtrauisch, zeigte sich dem katholischen Glauben im Tessin, mit seinen farbigen und naiv anmutenden Ritualen, gegenüber aufgeschlossen und fühlte sich zeitweise sogar von ihm angezogen. So nahm er 1921 an der katholischen Feier zu Allerseelen Anfang November teil: »Bei dem sonnigen Wetter, und da es dies Jahr so viel Blumen gibt, war unser großer Friedhof von St Abbondio an Allerseelen wunderschön. Auch ich ging gegen Abend hin und feierte den Totentag, und ging durch den Wald wieder heim.«[49] Oft nahm er im März begeistert an der alljährlichen Prozession von Sant'Abbondio teil[50] und wurde 1922 sogar vom Pfarrer in der Casa Camuzzi beehrt, wie er amüsiert Ruth Wenger berichtete: »Auf meiner Schulter glänzt noch ein Tropfen Weihwasser. Soeben war nämlich der Pfarrer bei mir (ich konnte grad noch schnell einen Kragen anlegen), es ist der Tag, wo jedes Haus der Gemeinde geweiht wird, und er fragte, ob auch meine Wohnung geweiht werden solle. Natürlich bat ich darum, er sprach lange Gebete, ein Ministrant respondierte, ich stand mit gefalteten Händen dabei, dann wurde meine Stube mit Weihwasser besprengt.«[51]

Links von der Kirche steht ein gelbgestrichener Palazzo mit beigefarbenen Läden, in dem Hugo Ball, gepflegt von Emmy Ball-Hennings, die letzten Wochen vor seinem Tod verbrachte. »Das Haus, das früher ein Kloster gewesen sein soll, machte mit seinen langen und hohen Deckengewölben und Vorhallen einen mystischen Eindruck. Das schönste, größte und sonnigste Zimmer mit Aussicht über die herrliche Tessiner Landschaft, über Berge und Seen hinweg, bekam Hugo zum Wohnen«,[52] schrieb Emmy Ball-Hennings später. Auch Hermann Hesse verabschiedete sich hier 1927 von seinem besten Freund, der im September des gleichen Jahres auf dem Friedhof von Sant'Abbondio zu Grabe getragen wurde. Ab 1933 lebte in diesem Haus der Arzt und Philosoph Max Picard (1888-1965).

Die Ortsteile Barca und Certenago

Der Spaziergang führt nun in den ruhigen Ortsteil Barca, indem man von der Kantonsstraße oberhalb der Kirche in die Via dei Barchetta einbiegt. Diese stößt wieder auf die Hauptstraße, der man ein kleines Stück leicht bergan bis zum Ortsteil Certenago folgt. Hier ist der Eingang von »The American School in Switzerland« (TASIS), deren Gebäude leicht an der historischen und dekorativen Fassadenbemalung zu erkennen sind. Dieses Internat wurde 1956 gegründet und nimmt auch Tagesschüler auf. Es hat sich in den letzten Jahrzehnten immer weiter vergrößert und wird deshalb von vielen Dorfbewohnern nicht eben wohlwollend betrachtet. Schüler aus aller Welt bewegen sich in kleinen Gruppen durch das Institut und unterhalten sich meist auf englisch. Inzwischen hat die Schule auch Gebäude in Gentilino gekauft und ihr Angebot um eine Grundschule erweitert. Für das Dorfleben könnten diese jungen Menschen mit internationalem Hintergrund eine Bereicherung sein, doch leider gibt es wenig Austausch zwischen Einheimischen und Schülern. Nur hin und wieder sind die Studenten in Restaurants zu Gast oder in Gruppen beim Jogging durch den Wald zu beobachten. Die TASIS organisiert jeweils im Mai Tage der »offenen Tür« mit kulturellen Veranstaltungen, um mehr Austausch zwischen der Schule und den Dorfbewohnern anzuregen.

Inmitten der Schule verläuft die Via dei Berra, die in die Piazza Sapell mündet, ein kleines, friedliches Örtchen, welches linker Hand durch einen gemauerten Torbogen hindurch mit einem schönen Aussichtspunkt mit Blick auf die Kirche S. Abbondio und den See Richtung Porlezza verbunden ist. Zurück in der Via dei Berra biegt man nach links in die Ra Cürta ein. Gleich an ihrem Anfang sollte man links einige Schritte in die Via San Mattia gehen und die alten, zum Teil schön renovierten Steinhäuser bewundern. Der Fußweg Ra Cürta führt nun am Hang auf das Dorf Montagnola zu, links schaut man auf das Tal und den San Salvatore, auf dessen Rücken sich Carona versteckt, rechts wechseln neue und alte Villen mit noch unbebauten Grundstücken ab.

Die Familien Brown und Müller

Oberhalb der Ra Cürta fällt ein rotgestrichenes Haus auf, die »Villa Roccolo«, die auf der Hügelkuppe thront und von einem großen Grundstück mit einem Roccolo umge-

Das Haus der Familie Brown in Montagnola.

ben ist. Hier wohnten Charles und Hilda Brown mit ihren Söhnen Robin und Oswin. Hermann Hesse hielt das Haus in zahlreichen Aquarellen fest und war hin und wieder zu Gast bei der Familie: »Heut will ich mir einmal den kleinen Buben von Brown (aus dem roten Haus hier) ansehen, der ist ein reizender, begabter, etwas wunderlicher Bub, sehr musikalisch, 5 oder 6 Jahre alt, [...] und soll immer seltsamer in seinen Neigungen, Aversionen etc. geworden sein [...]. Das Kinderfräulein will ihn mir zeigen, weil sie mir einmal in der Verlegenheit von ihm erzählt und wegen Erziehungsfragen um Rat gefragt hat.«[53] Hermann Hesse gelang es, seinem Freund Hugo Ball im Oktober 1922 eine Stelle im Haus der Browns zu beschaffen, die darin bestand, die Klavierkompositionen des erst fünfjährigen Wunderkindes Robin schriftlich in Noten umzusetzen. Anscheinend gefiel Ball das Arbeiten mit dem Kind: »Nach Montagnola gehe ich pünktlich jeden Dienstag früh um 9, um dem kleinen Buddha zuzuhören. Wir lieben einander sehr, wir ›schaffen gut mit einander‹. So oft ich komme, sind drei, vier neue Stückli da. Der Meister ist um Einfälle nicht verlegen, und unbekümmert genug.«[54]

Einige Schritte weiter den Pfad entlang sieht man rechts oben eine Jugendstil-Villa, vor der sich ein verwunschener, friedlicher Garten mit Wildblumen, Sträuchern und Bäumen verschiedenster Art erstreckt, eine Oase der Wildnis inmitten der üblichen parkähnlichen Anlagen. Hier wohnte der Arzt und Zahnarzt Fritz Müller mit seiner Frau Anna, die über Jahrzehnte zum engsten Freundeskreis Hermann Hesses gehörten.[55] Zugleich war Müller der behandelnde Arzt und Zahnarzt von Hermann Hesse. »Der Doktor Müller erwartet mich heute zu einer Zahnsitzung, ich muß bald hinübergehen, ins neue, poliklinische Atelier in

Montagnola, wo die Schulkinder behandelt werden«, berichtete Hesse im April 1922 Hugo Ball,[56] und »heut Abend hab' ich Turnen bei Dr. Müller«, hieß es in einem Brief an Ruth Wenger 1923.[57] Sie erkundigte sich in einem späteren Schreiben nach einem Zahnarztbesuch Hesses: »Hat Dir der abscheuliche Dr. Müller weh getan? Du, ich möchte doch nicht so einen Beruf haben, mit lauter Menschen, die ungern zu einem kommen. Da hat es doch eine Dirne besser!«[58] Bereits seit 1921 nahmen die Müllers und Hermann Hesse an gemeinsamen Wanderungen teil, und der Kontakt wurde in den folgenden Jahren immer intensiver. 1925 entschlossen sich die Müllers, nach Massagno bei Lugano zu ziehen; »ich habe damit den einzigen erreichbaren Nachbar und Freund verloren«, beklagte sich Hesse.[59] Dennoch blieb er sein Patient, mußte jedoch nun den weiten Weg nach Lugano auf sich nehmen. Müllers kehrten Anfang der 30er Jahre nach Montagnola zurück. In Müllers Haus fand auch Peter Weiss Zuflucht, der ab Mai 1938 in Carabietta wohnte und auf Vermittlung von Hermann Hesse oft bei der Familie Müller zu Gast war, mit dessen halbwüchsiger Tochter Lore malte und sich bei den »feinen, lieben Menschen« sehr wohl fühlte. Sogar Heiligabend verbrachte Weiss bei ihnen.[60] In der Casa Rossa war Müller ein gerngesehener Gast, bis ein Unfall 1944 seiner Tätigkeit als Arzt jäh ein Ende setzte, wie Hermann Hesse Peter Weiss berichtete: »Etwas Schlimmes ist dieser Tage bei uns passiert. Der einzige Freund, den ich hier hatte und der mich häufig besuchte, der Dr. Müller, war neulich wieder bei mir. Er ging abends in der Dunkelheit weg, fiel auf der Straße nah beim Haus über die steile Böschung und über eine hohe Mauer hinab, und liegt jetzt im Spital, eine Schulter samt Oberarm ist zerschmettert, und es besteht die

Gefahr, daß er seinen Beruf nicht mehr wird ausüben können.«[61]

Zurück zur Casa Camuzzi

Von hier, wo das rote Bänkchen bei der Tafel 2 des Hesse-
Wanderweges steht, eröffnet sich, trotz der durchs Tal führenden Autobahn und zunehmender Bebauung, ein zauberhafter Blick auf den Luganer See, über dem sich nach
Nordosten der Monte Bré und der Monte Boglia mit seiner abgeflachten Kuppe und nach Südosten der Monte San
Salvatore erheben. In der Bucht liegt Lugano, in der Ferne
erkennt man am linken Ufer Gandria und dahinter die
charakteristische spitze Pyramidenform des Monte dei Pizzoni; dies ist der sogenannte »Hesse-Blick«, den man von
zahlreichen Fotografien und Hesse-Aquarellen kennt. Zwischen Gandria und dem Monte dei Pizzoni verläuft die
Grenze zu Italien.

Schräg gegenüber dem Müllerschen Anwesen, in der Ra
Cürta Nr. 8, befindet sich der Eingang zum ehemaligen Atelier Hans Purrmanns, in welchem er, wie anfangs erwähnt,
bis zu seinem Tod arbeitete. Neben dem Purrmann-Atelier
sieht man oben links die von kleinen gemauerten Türmchen begrenzte Terrasse der ehemaligen Hesse-Wohnung
und den Torbogen, der auf den Vorplatz der Casa Camuzzi
führt. Auf der Terrasse hat sich der Schriftsteller oft aufgehalten und soll sogar nackt Sonnenbäder genommen haben, wie Gerüchte im Dorf heute noch behaupten. Kinder,
die sich zu Besuch in der Casa Camuzzi aufhielten, hätten
sich auf dem Dach versteckt, um den sonnenbadenden
Hesse mit Steinchen zu bewerfen – ohne jemals von ihm
erwischt zu werden.[62]

Hermann Hesse hatte von seiner Terrasse und vom Balkon aus diese wunderbare Aussicht auf See und Berge, er zeichnete, malte und beschrieb diese Schönheit, insbesondere als feststand, daß er bald umziehen würde in ein neues Haus, welches zwar auch über eine gute Aussicht verfügen, jedoch nicht mit dem Charme des Palazzo Camuzzi und seines wilden Terrassengartens gepaart sein würde: »Ich bin sonst nicht eben eifrig im Besitzen, ich trenne mich leicht und gebe leicht weg, aber jetzt plagt mich ein Eifer des Festhaltenwollens, über den ich zuweilen selber lächeln muß. Im Garten, auf der Terrasse, auf dem Türmchen unter der Wetterfahne setze ich mich Tag für Tag stundenlang fest, plötzlich unheimlich fleißig geworden, und mit Bleistift und Feder, mit Pinsel und Farben versuche ich dies und jenes von dem blühenden und schwindenden Reichtum beiseite zu bringen. Ich zeichne mühsam die morgendlichen Schatten auf der Gartentreppe nach und die Windungen der dicken Glyzinienschlangen und versuche die fernen, gläsernen Farben der Abendberge nachzuahmen, die so dünn wie ein Hauch und doch so strahlend wie Juwelen sind.«[63]

Zweiter Spaziergang:

»Gib uns Spinat, der nie in Blüten schösse«
Von der Gartenarbeit und Wanderungen nach Bigogno und Agra

Von der Piazza Brocchi im Zentrum Montagnolas führt dieser Spaziergang zunächst in die Via Hermann Hesse, die hinter dem 1978 von dem bekannten Tessiner Architekten Livio Vacchini (1933-2007) errichteten Schulgebäude an der Piazza Brocchi verläuft, zum Wohnhaus von Hermann Hesse, der Casa Rossa.

Exkurs: Die Officina Bodoni

Links von der Schule beginnt der schmale und kurze Vicolo delle Scuole, der in einen Parkplatz mündet, wo man sich ein wenig Zeit nehmen und das zweigeschossige Haus Nr. 7 links an der nördlichen Seite des Platzes betrachten sollte. Selbst nur wenige Einheimische wissen, daß hier die später weltberühmte Officina Bodoni ihren Anfang nahm. Der deutsche Jurist und Kunsthistoriker Hans Mardersteig (1892-1977) richtete diese Handdruckpresse, die ausschließlich kostbare, von Hand gefertigte Bücher in geringer Auflage druckte, im Dezember 1922 in Montagnola ein. Im März 1923 erschien bereits die erste Ausgabe, Angelo Polizianos *Orphei tragedia*. Im Restaurant Bellevue in Montagnola hatte Hermann Hesse zu dieser Zeit den jungen, neuen Mitarbeiter der Druckerei, den aus Zürich stammenden Fritz Spiess (1904-1982), kennengelernt, der verzwei-

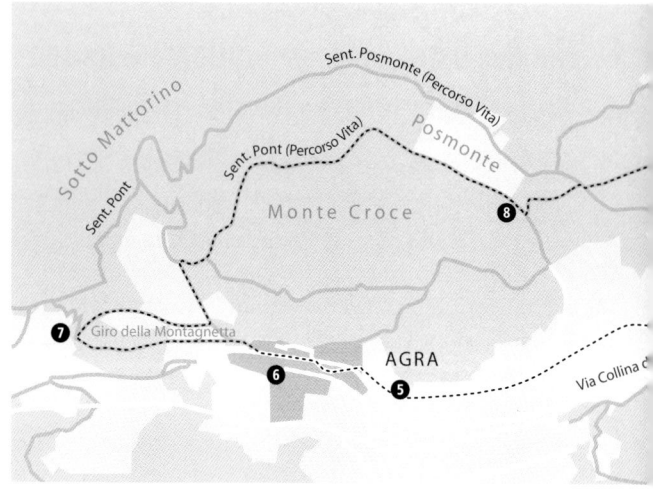

[1] Officina Bodoni [2] Eingang zur Casa Rossa [3] Kapelle der Beata Vergine Bigogno [4] Casa Adamini, Bigogno [5] Kirche S. Tommaso, Agra [6] Palazzo Poncini, Agra [7] Ehemaliges Sanatorium Agra [8] Posmonte-Wiese mit ehemaligem Grotto [9] Der »Nachtigallenturm« von Peter Weiss [10] Piazza Brocchi Montagnola

felt auf der Suche nach einer Unterkunft war. Hesse vermittelte dem jungen Kunststudenten ein Zimmer in der Casa Camuzzi und interessierte sich sofort sehr für diese neue Einrichtung im Dorf, die zudem nur wenige Schritte von seiner Wohnung in der Casa Camuzzi entfernt war. Noch im gleichen Jahr veröffentlichte er in der *Neuen Zürcher Zeitung* einen Essay, in dem er die Arbeitsweise der Officina Bodoni und ihren berühmten Namensgeber fast ehrfürchtig beschrieb und die Qualität der Druckerzeugnisse in höchsten Tönen lobte: »Für die kleine Zahl der kultivier-

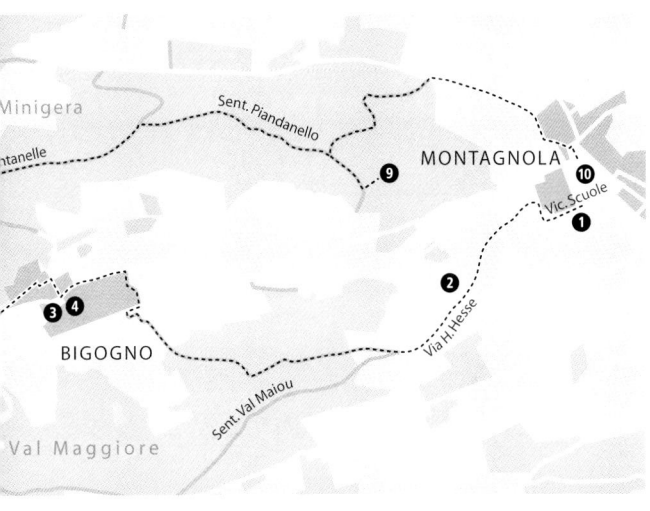

ten Freunde des Vollkommenen auf dem Gebiet des Buchdrucks wird es eine Freude sein, zu hören, daß seit einigen
Monaten eine neue Buchpresse existiert, wo Qualitätsarbeit
von erstem Range geleistet wird. Es ist die Bodonipresse in
Montagnola bei Lugano. [...] Was in einer großen, fabrikmäßig arbeitenden Druckerei in Stunden und Tagen gearbeitet wird, das erfordert hier Wochen und Monate sorgfältigster Handarbeit. [...] Der Name stammt von einem
der größten Drucker aller Zeiten, von Giambattista Bodoni,
der zu Ende des 18. Jahrhunderts in Parma gearbeitet, und
der [...] eine nicht mehr genau zählbare Menge von Schriften in seinem regen, klugen Kopf entworfen und mit seiner Künstlerhand geschnitten hat [...]. Dieser Mann hat
mit dem Mittel der Buchstabenformen gesungen, geflötet,
getanzt und gebaut! [...] Nach diesem prachtvollen Bodoni nun nennt sich die neue Presse, aber nicht bloß um

den alten Bodoni zu ehren oder sich eine bessere Folie zu geben, sondern aus dem denkbar besten und erfreulichsten Grunde. Die Offizina Bodoni nämlich hat von der italienischen Regierung das alleinige Recht erhalten, die Originalschriften zu verwenden. [...] Es handelt sich hier [...] nicht um eine Spielerei, sondern um das, was uns auf jedem Gebiete, in jeder Kunst und jedem Handwerk zur liebevollen Anerkennung nötigt: um die Hingabe an ein Ideal, um ein redliches und erfolgreiches Streben nach Vollkommenheit.«[1] Sicherlich bedauerte Hesse Mardersteigs Entschluß, die Druckerei 1927 nach Verona zu verlegen. Hier gelangte das Unternehmen zu großer Berühmtheit, unter anderem wurden das Gesamtwerk Gabriele d'Annunzios gedruckt und wertvolle, bibliophile Ausgaben für Kunden in aller Welt angefertigt. Heute erzielen Erzeugnisse der Bodoni-Presse auf internationalen Auktionen astronomische Preise.

Nach dem Wegzug der Druckerei behielt Mardersteig sein Wohnhaus in Montagnola als Feriendomizil. Es liegt direkt neben dem Grundstück, auf dem Hermann Hesse und seine dritte Frau Ninon 1931 die Casa Rossa errichten werden. Aus späteren Briefen geht hervor, daß Hesse die Arbeit Mardersteigs weiter verfolgte und ihr wohlwollend gegenüberstand, über einen weiteren persönlichen Kontakt ist nichts verzeichnet. Er hat jedoch Mardersteigs Haus 1924 in einem sehr schönen Aquarell festgehalten.[2]

Das rosafarbene Haus der Officina Bodoni wird Hesse viele Jahre später wieder betreten, um die Teppichweberin Maria Geroe-Tobler zu besuchen. Sie war 1936 hierhergezogen und stand bis zu ihrem Tod in engem Kontakt mit Hermann und Ninon Hesse.

Hermann Hesse, Die Casa Rossa vom Wald aus gesehen,
Aquarell auf Papier, 13. September 1931.

Mit Ninon in der Casa Rossa

Weiter an der Außenmauer der Schule entlang, dem schmalen Fußweg folgend, vorbei am 1923 vom Industriellen Charles Brown gestifteten Schulgebäude, gelangt man zur Via Hermann Hesse. Bei der Tafel Nr. 10 des ausgeschilderten Spazierweges erinnert eine Granitplatte mit einer Sitzbank davor an den 100. Geburtstag des Dichters, 1977 aufgestellt von der Gemeinde Montagnola im Rahmen eines großen Festaktes.

Gegenüber, bei der Hausnummer 12, fällt eine imposante Auffahrt, deren Tor von den Skulpturen Castor und Pollux eingerahmt ist, ins Auge. Sie führt zu der von hier aus nicht sichtbaren Casa Rossa, in der Hermann Hesse vom November 1931 bis zu seinem Tod 1962 mit seiner Frau Ninon wohnte. Der jetzige Besitzer hat das Haus weiß streichen und einige Umbauten vornehmen lassen, auch das sehr gepflegte, parkähnliche große Grundstück und die asphaltierte Auffahrt haben wenig Ähnlichkeit mit dem ursprünglichen Garten und dem unbefestigten Zufahrtsweg zu Hermann Hesses Zeiten. Statt des Schildes »Bitte keine Besuche«, welches Hesse Anfang der 50er Jahre angesichts der vielen, oft unangemeldeten Besucher anbringen ließ, steht heute »Privatbesitz, Zugang verboten« am Tor. 1931 befand sich Hesses Haus fast allein auf dem Hügel und praktisch außerhalb des Dorfes.

Eigentlich hatte Hermann Hesse 1919 nicht nur die Trennung von der Familie in Bern beschlossen, sondern auch beabsichtigt, sich von einer normalen bürgerlichen Existenz zu verabschieden, sich nicht mehr mit Besitz zu belasten, seine »literarische Arbeit allem andern voranzustellen, nur noch in ihr zu leben und weder den Zusammenbruch der

Hermann Hesse bei der Gartenarbeit, Anfang der 50er-Jahre.

ration wurde. Hesse hatte auf dem großen Grundstück neben den Weinreben auch Gemüse und Blumen gepflanzt, die es zu versorgen galt. Er verbrachte meist die Vormittage mit Gießen und Jäten, dabei hatte er oft ein Feuerchen brennen. Zeitzeugen, die 2003 im Rahmen einer Ausstellung in Montagnola zu Hermann Hesse befragt wurden, beschrieben zuallererst dieses Bild: der Künstler mit Hut, Tragkorb und Feuer im Garten.[6] In seiner Dichtung *Stunden im Garten*, die Hermann Hesse im Sommer 1935 verfaßte, brachte er die geistige Anregung und die meditative Wirkung der Gartenarbeit zum Ausdruck:

»Ruhend, doch nie ganz müßig, knie ich am Boden
        und fülle
Sanft mit den Händen das schön gerundete Sieb mit
        der Asche,
Die noch von früheren Feuern stammt, und mische Erde
        dazwischen,
Alte, warmfeuchte, vom Grund des Haufens, durchzogen
Leise von Gärung und Moder, und schüttle das lockre
        Gemische
Sachte, daß unter dem Siebe ein kleiner Kegel heranwächst
Feinster aschiger Erde. Und ohne zu wollen, verfall ich
So beim Schütteln in feste, einander gleichende Takte.
Aus dem Takt wiederum erschafft die nie müde Erinnrung
Eine Musik, ich summe sie mit, noch ohne mit Namen
Sie und mit Autor zu kennen, dann weiß ich es plötzlich:
        von Mozart
Ist's ein Quartett mit Oboe ... Und nun beginnt im
        Gemüt mir
Ein Gedankenspiel, dessen ich mich schon seit Jahren
        befleiße,

Glasperlenspiel genannt, eine hübsche Erfindung,
Deren Gerüst die Musik und deren Grund Meditation ist.
[...]
Während der Kegel sich türmt und vom Siebe das Erdmehl
                                        herabrinnt,
Während mechanisch dazwischen, sobald es nötig,
                                    die Rechte
Meinen rauchenden Meiler bedient oder neu mit Erde
                                    das Sieb füllt,
Während vom Stall her die großen Blumensonnen mich
                                    anschaun
Und hinterm Rebengezweig die Ferne mittagsblau duftet,
Hör ich Musik und sehe vergangne und künftige Menschen,
Sehe Weise und Dichter und Forscher und Künstler
                                    einmütig
Bauen am hunderttorigen Dom des Geistes [...]«[7]

Bei der Gartenarbeit stand ihm oft der Gärtner Lorenzo
zur Seite, und natürlich Ninon, die nicht nur für den Haus-
halt zuständig war, sondern auch im Garten und bei der
Weinlese mithalf. Ihr widmete er im Juli 1933 ein Gedicht,
in dem er augenzwinkernd über die Mühen der Arbeit erzählt:

Gärtner träumt

Was hat die Traumfee in der Wunderbüchse?
Vor allem ein Gebirg von bestem Mist!
Dann einen Weg, auf dem kein Unkraut wüchse,
Ein Katzenpaar, das keinen Vogel frißt.

Ein Pulver auch, mit dem bestreut, alsbald
Blattläuse sich in Rosenflor verwandeln,

Robinien jedoch zum Palmenwald,
Mit dessen Ernte wir gewinnreich handeln.

O Fee, und mache daß uns Wasser flösse
An jedem Ort, den wir bepflanzt, besät;
Gib uns Spinat, der nie in Blüten schösse
Und einen Schubkarrn, der von selber geht!

Und eines noch: ein sicheres Mäusegift,
Den Wetterzauber gegen Hageltücken,
Vom Stall zum Hause einen kleinen Lift,
Und jeden Abend einen neuen Rücken.[8]

Korrespondenz und Besuche

Die Annahme, Hermann Hesse habe sich immer stillver-
gnügt der Gartenarbeit und dem Dichten widmen können,
ist falsch. Er litt zunehmend unter körperlichen Beschwer-
den wie Gicht und Rheuma; chronische Augenschmerzen
erschwerten das Lesen und Schreiben. Es kamen unzählige
Besucher, die betreut werden wollten, und vor allem viele
Briefe, die zu beantworten waren. 1937 beklagte sich Hesse:
»Wir hatten einen höchst anstrengenden, überfüllten und
unruhigen Sommer, der mir für Arbeit und Gedankenleben
ganz verlorenging, zum Teil hing es mit dem 60. Geburtstag zusammen; allein das Lesen der mehr als 1000 Briefe,
Widmungen etc. brauchte etwa 6 Wochen, außerdem waren wir die ganze Zeit nie allein, wir hatten stets 1 bis 2
bis 3 Wohngäste, teils Verwandte, teils Freunde, teils Emigranten etc. etc., und außerdem kamen und kommen Tag
für Tag Besuche, und wenn man auch manche abweist, blei-

ben doch hunderte übrig, die man glaubt empfangen zu müssen, viele sind natürlich auch willkommen und interessant.«[9] Vor allem für die Emigranten, darunter jüdische Verwandte und Freunde von Ninon, die es auf der Flucht vor dem Nationalsozialismus nach Montagnola verschlug, leisteten Hesses unschätzbare Hilfe. Sie kümmerten sich um die Beschaffung von Visa und Unterkunft und boten menschlichen Beistand durch Gespräche und Gedankenaustausch. Eine Überlebende des Konzentrationslagers Theresienstadt, die sich nach der Befreiung nach Montagnola durchschlug, beschrieb ihre Erlebnisse bei Hesses in einem 1973 erschienenen Aufsatz: »Wenn ich heute wieder ein normales Leben führe und die Schreckenszeit überwunden – wenn auch nicht vergessen – habe, so verdanke ich dies zum großen Teil Hesses. Sie haben mich mit überlegener Einfühlung zum Wiedereinordnen in die menschliche Gesellschaft geleitet.«[10]

Preise und Ehrungen

Die Verleihung des Literaturnobelpreises im November 1946 ließ die ohnehin schon hohe Zahl an Besuchern und Briefen schlagartig ein nicht mehr zu bewältigendes Maß annehmen und den Schriftsteller in die Kurorte Marin bei Neuchâtel und Baden bei Zürich fliehen. Der damalige Leiter des Postbüros, Giulio Petrini, erinnert sich noch heute, wie im Postamt von Montagnola die vielen Telegramme eingingen, die damals noch fernmündlich aus Lugano durchgegeben wurden. Um die Flut an Briefen, Postkarten und Paketen in die Casa Rossa zu schaffen, mußte ein neuer Leiterwagen angeschafft werden. Hesse bedankte sich zu Weihnachten 1946 mit den folgenden Zeilen, denen er Geld und zwei Originalaquarelle beilegte: »Nehmen Sie von meiner Frau und mir die besten Wünsche für die Feiertage und das neue Jahr. Daß Sie durch den Nobelpreis so sehr viel vermehrte Arbeit hatten, habe ich sehr bedauert. Erlauben Sie mir, dafür Ihnen und Ihren braven Gehilfen das Beiliegende zu senden.«[11]

Am 1. Juli 1962 erhielt Hermann Hesse die Ehrenbürgerschaft der Gemeinde Montagnola. Diesmal zog er sich nicht zurück, sondern ließ sich feiern und hielt sogar eine kleine Dankesrede in italienischer Sprache, in der er unter anderem auch Giulio Petrini für seine hervorragenden Dienste dankte.[12] Es ist eigentlich erstaunlich, daß Hesse, fast 85 Jahre alt und recht gebrechlich, sich auf diesen Trubel einließ. »Montagnola hat mir das Ehrenbürgerrecht verliehen, aus diesem Anlaß waren zwei Empfänge mit Musik, Reden, Bewirtung etc. vorgesehen, auf die wir uns etwas fürchteten, da wir beide krank und beide an Stille gewöhnt sind. Es lief aber alles ganz hübsch und heiter ab, der Arzt stand mir mit Spritzen bei, und meine Frau hatte für einige Tage eine Verwandte zur Hilfe. Am Samstag erschien also die Musik, eine Bläserkapelle von etwa 22 Mann, stellte sich vor dem Haus auf und spielte, von Pausen mit Weintrinken unterbrochen, etwa eine Stunde lang ihre Stücke, naive Musik, aber tadellos ausgeführt. Ich hörte etwa die Hälfte mit an, sprach mit manchen Musikanten, hielt eine kurze italienische Dankesrede und zog mich zurück. In der Garage war eine Bank aufgebaut mit Gläsern, die wir vom Hotel entlehnten, und vielen Flaschen Wein, die grade knapp ausreichten. – Sonntag Vormittag ging es dann feierlicher zu: Überreichung der Urkunde durch Bürgermeister, Gemeinderat, Vertreter von Behörden, Vereinen etc., Reden,

Bewirtung mit Wein und Brötchen, in der Bibliothek. Alles kam dann abends auch im Radio.«[13] Nur wenige Wochen später, in der Nacht vom 8. auf den 9. August, starb Hesse an einem Hirnschlag.

Von der Casa Rossa nach Bigogno

Wenn man sich einen Moment Zeit nimmt, und sich auf eine der grünen Bänke gegenüber dem Hauseingang der Casa Rossa setzt, kann man den Blick genießen, den Hermann Hesse über Jahrzehnte von seinem Haus hatte. Man sieht am See die Stadt Lugano, dahinter erheben sich der Monte Brè und der Monte Boglia. Am linken Seeufer ist das Dorf Gandria zu erkennen, und gleich dahinter beginnt das italienische Seeufer. Besonders schön ist diese Aussicht bei klarem Wetter, wenn die Häuser von Montagnola in der Sonne liegen und sich die Berge in der Ferne verlieren. Auch als Hesse noch in der Casa Camuzzi wohnte, ging er hierher, um zu malen oder einen Spaziergang zu machen. »Ich ging denn also am Spätnachmittag aus, den Rucksack mit dem Malzeug auf dem Rücken, den kleinen Klappstuhl in der Hand, und suchte den Platz auf, den ich mir schon am Nachmittag gemerkt hatte. [...] Von hier aus sah man die Ostseite unseres Dorfes. [...] Jenseits die großen blauen Bergzüge, tiefes Ultramarin, rechts unten ein Stückchen Luganersee, fern und winzig ein paar schimmernde Dorfchen.«[14]
    Man folgt nun der Via Hermann Hesse weiter hinunter, am Grundstück der Casa Rossa entlang, das durch eine hohe Tujahecke gut abgeschirmt ist. Auf halbem Weg sieht man hinter Bäumen das heute weiße Haus, mit einer riesi-

gen Buche davor, durchschimmern. Das schmale Gebäude am unteren Rand des Grundstücks war zu Hesses Zeiten ein Schuppen und diente dem Unterstellen der Gartengeräte. Das Waldtor am Ende des Grundstückes gibt es immer noch, auch wenn jetzt »Attenti ai cani« (»Vorsicht Hunde«) darauf steht. Hesse gab dem Tor einen besonderen

Namen, wie der Sohn Bruno Hesse berichtete: »Das Gartentor unten im Garten, beim Stall, heißt ›2000 Jahre‹ (Vater hatte gewünscht, daß das Tor abgeschlossen werde könne. Der Schreiner hat daraufhin ein kleines Anhängeschloß angebracht. Vater betrachtete dies mißbilligend und sagte: ›Da hat die Menschheit nun 2000 Jahre lang Technik studiert, und das ist das Resultat‹).«[15]

Von hier aus konnte Hermann Hesse, ungesehen von eventuell vor dem Haupttor wartenden Besuchern, in den Wald zu einem Spaziergang ent-

Dorfplatz von Bigogno, 1952.

wischen oder sich auf den Weg nach Agra machen. Die letzten Jahre verließ er allerdings nur selten das Grundstück, selbst ins Dorf ging er kaum.

Auch schon früher, von der Casa Camuzzi aus, war dieser Waldpfad der kürzeste Weg, um nach Bigogno und Agra zu gelangen.

Am Waldrand, dort wo die Tafel 11 des Hesse-Wanderwegs steht, gibt ein Schild Auskunft, daß es bis Bigogno 15 Minuten zu laufen sind. Der Weg steigt leicht an, unter hohen Bäumen hindurch. Nach ungefähr zehn Minuten teilt er sich, man geht rechts, überquert eine Wiese und die

Kantonsstraße und erreicht über eine kleine Treppe, zwischen Steinmauern hindurch die Via Cappelletta, in die man links einbiegt. Weiter geht es in den Dorfkern von Bigogno, ein kleines, verschlafenes Dörfchen mit guterhaltenen Häusern. Hier lebte Anfang der 20er Jahre Maria Theresia Holzleitner (1884-1964). Die Malerin war 1920 ins Tessin gekommen und wohnte mit ihrem Lebensgefährten, dem Ingenieur und Astrologen Joseph Englert (1874-1957), zunächst in Cassarate bei Lugano, bis sie im Januar 1921 nach Bigogno zog. Sie wurde schnell Teil des Freundeskreises um Hermann Hesse, Hugo Ball und Emmy Ball-Hennings und setzte sich ernsthaft mit der Malerei Hesses auseinander, wie aus einem ihrer Briefe an den Maler Carl Hofer hervorgeht, in dem sie Hesses Art der Aquarellmalerei verteidigte.[16] In Bigogno lebte sie die meiste Zeit allein, da Englert eine Arbeitsstelle in Zug angenommen hatte. Her-

Ninon und Hermann Hesse auf dem Waldweg unterhalb der Casa Rossa, Frühling 1962.

mann Hesse kümmerte sich um die Freundin und besuchte sie regelmäßig in Bigogno. Wie Hermann Hesse ließ Maria Theresia Holzleitner keine Gelegenheit aus, im Freien zu malen und die schöne Landschaft festzuhalten. Im August 1922 gab die Malerin die Casa Gazzolo in Bigogno auf, um mit Englert nach Zug zu ziehen. Hermann Hesse schrieb kurz darauf einen Brief an die beiden und illustrierte ihn mit einem Aquarell des Hauses in Bigogno: »Heut morgen saß ich am Waldrand vor Bigogno und habe die Casa Gazzolo gemalt und an Sie beide gedacht.«[17] Die Casa Gazzolo in Bigogno gibt es heute nicht mehr, wo sie sich befand, ist nicht mehr zu ermitteln.

Der Spaziergang führt vom Dorfeingang weiter die Via Municipio hinunter zur gelb- und rotgestrichenen kleinen Kapelle der Beata Vergine (Selige Jungfrau), erbaut 1609, die meistens nicht abgeschlossen ist. Im schlicht-schönen Innern dieses Baus sieht man an der Apsis ein Fresko der Madonna mit den Heiligen Rocco und Sebastiano, die zum Schutz vor ansteckenden Krankheiten angerufen wurden.

Neben dem Oratorium steht die Casa degli Adamini, ein Herrenlandhaus vom Anfang des 18. Jahrhunderts. Die Familie Adamini gehörte über Jahrhunderte zu den wichtigsten Dynastien der Gegend, einige ihrer Mitglieder waren in St. Petersburg im 18. und 19. Jahrhundert als Baumeister und Künstler tätig. Daneben führt die Corte di Bigogno durch einen verwunschenen Torbogen zu einem kleinen, von allen Seiten mit Häusern umschlossenen Platz, der auch zum Anwesen der Adaminis gehörte. Er ist von ehemaligen Landwirtschaftsgebäuden mit Loggien eingeschlossen, die über drei Stockwerke verlaufen und von Pfeilern abgestützt werden. In diesem charakteristisch ländlichen Ort mit seiner zauberhaften Atmosphäre finden noch heute regelmäßig Feste für die lokale Bevölkerung statt.

Agra, San Tommaso und der Palazzo Poncini

Die Wanderung folgt der Straße rechts an der Kapelle vorbei Richtung Agra. Man kommt am Grotto Flora vorbei, in dem sich auch Hermann Hesse erfrischt haben soll.

Während sich auf der linken Straßenseite ein neuerbautes Haus an das andere reiht, scheint bergwärts die Zeit stillzustehen: ein alter Stall, ausrangierte Landwirtschaftsfahrzeuge, Weinberge, verwilderte Blumen- und Gemüsegärten und Wiesen wechseln sich hier ab. Schon nach wenigen Minuten kommt man am alten Schul- und Gemeindehaus von Agra vorbei, bei dem sich eine uralte Kastanie mit einem Bänkchen anbietet, einen Moment zu verweilen und die Aussicht auf Lugano und die Berge zu genießen, vom Monte Bré und dem dahinterliegenden Monte Boglia mit dem charakteristischen abgeflachten Rücken, und weiter östlich, auf der anderen Seeseite, vom San Salvatore bis zum Monte Arbostora. Dahinter ist der über 1700 Meter hohe Monte Generoso zu sehen. Auf dem Bergrücken des San Salvatore, von hier aus in einer Senke verborgen, liegt Carona, wohin Hermann Hesse viele Male wanderte, um Ruth Wenger zu besuchen. Das Dorf und die beiden Berggipfel kommen auch in *Klingsors letzter Sommer* vor, leicht verfremdet als »Kareno«, »Monte Salute« und »Monte Gennaro«: »Durchs Fenster sah der blasse Monte Salute herein, tausendmal hatte Klingsor vom Bett aus seine Form abgelesen«,[18] und in der Schilderung von Klingsors Wanderung nach »Kareno« heißt es: »Der Bergrücken war erreicht, und jenseits brach eine neue Welt dem Blick entgegen: hoch und unwirklich der Monte Gennaro, aufgebaut aus lauter steilen spitzen Pyramiden und Kegeln, die Sonne schräg dahinter, jedes Plateau emailglänzend auf tief violetten Schatten schwimmend.«[19]

Unterhalb des Monte Arbostora erkennt man im Waldesgrün am gegenüberliegenden Berghang auch die Kirche Madonna d'Ongero.[20]

Der Straße weiter folgend kann man sich den kleinen Friedhof von Agra anschauen, auf dem nicht nur die Familiengräber der Familie Adamini, sondern auch die letz-

Hermann Hesse, »Agra«, Aquarell auf Papier, 13. Mai 1925.

Die Dorfkirche von Agra heute.

te Ruhestätte von Prof. Hanns Alexander, von 1922 bis 1946 Chefarzt des Sanatoriums von Agra, zu sehen sind. Links hinten stehen eine ganze Reihe sehr schlichter, ungepflegter und mit Holzkreuzen versehener Gräber von ehemaligen, aus ganz Europa stammenden Patienten des Sanatoriums, die zum Teil in sehr jungen Jahren ihrer Lungenkrankheit erlagen. Der Spaziergang wird später noch zum Gelände des ehemaligen Sanatoriums führen und Informationen über dessen interessante Geschichte geben.

Neben dem Friedhof erhebt sich majestätisch die Kirche San Tommaso, die im 13. Jahrhundert entstanden ist und in den folgenden Jahrhunderten umgebaut wurde. So stammt die Schaufassade aus dem 17. Jahrhundert, während das ovale Fenster und der Giebel über dem Portal ein Jahrhundert später gestaltet wurden. Bei der Sonnenuhr gelangt man über eine Treppe auf den Vorplatz, von wo man in die hübsche, vor kurzem renovierte Kirche eintreten kann. Im Innern der Kirche sind Malereien und Stuckverzierungen aus verschiedenen Zeitepochen sowie ein Altar mit Marmorintarsien aus dem 18. Jahrhundert zu bewundern. Sehenswert in der linken Kapelle ist die »Mariä Verkündigung« in einem Stuckrahmen und das Tabernakel aus vergoldetem Holz, ein winziges Baukunstwerk mit sehr fein ausgearbeiteten Proportionen, das aus der ersten Hälfte des 17. Jahrhunderts stammt.

Hermann Hesse hat San Tommaso oft besucht und die Kirche mehrfach in Aquarellen festgehalten.[21]

Vom Vorplatz der Kirche führt eine zweite Treppe zur Straße hinunter auf die Piazza San Tommaso, wo etwas erhöht das sehr sympathische, einfache Restaurant Pensione Agra, unter hohen Bäumen und mit Blick auf die Berge, besonders an heißen Sommertagen zum Verweilen einlädt.

Unterhalb des Dorfkerns befindet sich der Palazzo Poncini, der bis vor wenigen Jahren noch einfache Zimmer vermietete und sich heute, wie das Sanatoriumsgelände, in Privatbesitz befindet. Von der Piazza Tommaso führt die Via Piadello nach wenigen Metern zum Palazzo Poncini. Die große gelbe Villa, heute mit abblätternder Fassadenfarbe und in schlechtem baulichen Zustand, wurde 1845 von Don Alberto Poncini als privater Rückzugsort mit dreißig Zimmern errichtet. Zu ihr gehörte ein riesiges, über dreißig Hektar umfassendes Landgut aus Wiesen, Weinbergen, Obstgärten und Wäldern mit zwei großen Bauernhäusern, Ställen, Scheunen und Weinkellern, darunter auch das Grotto Posmonte, wohin der Spaziergang später noch führen wird.

Nach dem Tod Poncinis wurde der Palazzo 1910 vom deutschen Sanatorium Davos erworben, mit der ursprünglichen Absicht, dort eine Nebenstelle der Klinik zu errichten. Man entschied sich dann jedoch, auf dem außerhalb des Dorfes gelegenen Gelände ein neues Gebäude, das Sanatorium Agra, zu errichten. Der Palazzo Poncini wurde in der Folge als Kinderheim genutzt und ab 1957 zu einem Erholungsheim für Kinder und Jugendliche umfunktioniert, die für jeweils sechs Wochen das gute Klima genießen durften.

Über eine Treppe gegenüber dem Palazzo kommt man auf die Dorfstraße Via Matorino. Man biegt hier links ein und geht durch den ruhigen, verschlafenen Ortskern, in dem noch einige alte Häuser zu bestaunen sind. Diese Straße führte direkt zum Eingang des Sanatoriums und endet heute vor einem Schild »Betreten verboten«. Gegenüber dem Restaurant San Gottardo sollte man deshalb dem gelb ausgeschilderten Wanderweg Richtung Montagnola (55 Min.)

folgen, der sich nach wenigen Metern teilt. Der linke Pfad führt etwas erhöht, parallel zur Straße, zum Gelände des Sanatoriums. Dies war zu Sanatoriumszeiten der »Philosophenweg«, der von den Patienten viel begangen war und auf der aktuellen Karte der Gemeinde als »Giro della Montagnetta« bezeichnet wird.

Links direkt am Weg sieht man das ehemalige Pförtnerhaus des Sanatoriums, dahinter steht das gelbe ehemalige Waschhaus, und noch weiter hinten, zwischen den Bäumen gerade noch zu erkennen, erhebt sich ein alter Roccolo, der Roccolo di Nava, der ebenfalls zum Gelände des Sanatoriums gehörte.

Roccoli sind Vogelfangtürme, wie man sie an vielen Orten im Tessin noch sieht. Singvögel galten lange als Delikatesse. Die Fangmethoden waren unterschiedlich: Manchmal versteckten sich Jäger im Turm, um mit verschiedenen Pfeifen Vögel anzulocken, die sich dann in Netzen und Schlingen verfingen und sich selbst erdrosselten. Zeitweise wurden auch andere Lockvögel eingesetzt, die, in Käfige gesperrt, durch ihren Gesang ihre Artgenossen in den Tod lockten. 1875 wurde ein eidgenössisches Gesetz erlassen, das diese Tradition verbot. Die Tessiner ignorierten die Vorschrift vielerorts, so daß noch bis Mitte des 20. Jahrhunderts Singvögel gefangen und verspeist wurden.

Die terrassierten Weinberge vor dem Roccolo di Nava sind erst 2006 angelegt worden und verleihen dem Hügel einen besonderen Reiz. Dieser schöne, schattige Waldweg, gesäumt von Buchen und Kastanien, wurde von den Patienten des Sanatoriums sehr geschätzt.

Bis Dezember 2009 sah man links vom Weg das ehemalige Sanatorium in seiner ganzen Ausdehnung. Der jetzige Besitzer ließ es abreißen, angeblich weil das Gemäuer morsch gewesen sei, obwohl man ihm die Erhaltung der Fassade zur Auflage gemacht hatte.

Exkurs: Das Sanatorium von Agra

Kurz nach Kauf des Palazzo Poncini und des dazugehörigen Geländes durch das Sanatorium in Davos begann man einen geeigneten Platz für einen Neubau zu suchen. Dazu wurden meteorologische Untersuchungen vorgenommen und nach ergiebigen Wasserquellen gesucht. Man entschied sich für den jetzigen Standort und stellte fest, daß dies einer der sonnigsten Plätze des Tessins ist. 1912 begannen unter dem Zürcher Architekten Edwin Wipf die Bauarbeiten; für den Transport der Bruchsteine aus Caprino wurde eigens eine Seilbahn vom See zum Bauplatz gebaut. Die Gartenanlage plante eine Hamburger Firma nach dem Vorbild der Villa Carlotta am Comer See. Die Heilstätte wurde im November 1914 eröffnet, auch wenn aufgrund des Ausbruchs des Ersten Weltkrieges weder die Gartenanlage noch der Innenausbau abgeschlossen waren. Das Sanatorium war verständlicherweise während des Krieges unterbelegt, doch auch nach 1918 gab es nur wenige Patienten; 1922 verzeichnete man beispielsweise lediglich 48 Kurgäste. In diesem Jahr übernahm Dr. Hanns Alexander die Chefarzt-Stelle, und in den folgenden Jahren konnte das Sanatorium bessere Belegungszahlen verzeichnen. Unter Dr. Alexander wurden die Waldliegehallen gebaut, die Wasserversorgung erneuert und die medizinische Versorgung verbessert. Zudem wurde eine Rundfunkanlage im Sanatorium installiert und die Hauszeitschrift *Die Terrasse* gegründet, außerdem fanden viele kulturelle Veranstaltungen wie Lesungen und Konzerte statt. Alexanders Ehefrau Hildegard kümmerte sich um den bis dahin recht ungepflegten Garten und gestaltete eine Parkanlage. Ein berühmter Gast war der Schriftsteller Gerhart Hauptmann (1862-1946), der sich 1926 und 1932 zur Kur in Agra aufhielt. Der legendäre Arzt Ferdinand Sauerbruch (1875-1951) reiste regelmäßig an, um Eingriffe vorzunehmen, die sein besonderes ärztliches Geschick erforderten. Dr. Alexander war überzeugter Nationalsozialist. Es entstand eine NSDAP-Ortsgruppe Lugano mit einem »Stützpunkt Agra«. In der Hauszeitschrift erschienen zahlreiche nationalsozialistische Artikel. Dr. Alexander, der inzwischen neben Chefarzt auch Ortsgruppenführer der NSDAP war und 1942 das Kriegsverdienstkreuz erhielt, ließ es sich nicht nehmen, bestimmte Bücher aus der Hausbibliothek zu entfernen, Adolf Hitlers Geburtstag zu feiern und stets »ein aufrechter Deutscher« zu sein, der »beste Garant dafür, daß Agra seine Aufgabe im nationalsozialistischen Sinne für unsern Führer erfüllt«, wie es in der Hauszeitschrift 1941 hieß.

Nach dem Krieg mußte Dr. Alexander die Schweiz verlassen. Dennoch wurde er 1955 neben seiner Frau Hildegard, die bereits 1937 gestorben war, in Agra auf dem Friedhof von San Tommaso begraben.

1946 kam ein neuer Chefarzt, der das Sanatorium trotz Vollbelegung durch Mißwirtschaft in die roten Zahlen brachte. Erst als 1957 Dr. Erich Picht das Haus übernahm, besserte sich die finanzielle Lage. Dennoch gab Davos die Zweigstelle Agra 1963 auf, auch weil mittlerweile durch den Einsatz von Penicillin viele Kranke auf lang dauernde Sanatoriumsaufenthalte verzichten konnten. Ein Jahr später wurde eine Tessiner Abteilung eingerichtet, da das kantonale Sanatorium in Ambri-Piotta geschlossen worden war. Doch auch dieser Schritt konnte das Sanatorium nicht retten: bis 1966 verließen die letzten deutschen Patienten die Klinik, und 1969 wurde auch die Tessiner Abteilung aufgegeben. Das leerstehende Sanatorium fiel in den folgenden Jahrzehnten dem Vandalismus Jugendlicher zum Opfer, die das Haus unter anderem für nächtliche Partys nutzten; es verfiel immer mehr. Die Stiftung »Pro Centro Agra« versuchte, ein »Zentrum für Begegnung, Bildung und Erholung« ins Leben zu rufen, jedoch ohne Erfolg. Schließlich brannte 1989 ein Teil des Daches ab, und ein Flügel sowie die Verbindungsbrücke zu den Waldliegehallen mußten abgerissen werden. 2004 erwarb ein privater Investor das Gebäude und das gesamte Gelände mit dem Ziel, eine Luxusresidenz und ein Wellness-Hotel aufzubauen. Er muß dafür verschiedene Auflagen erfüllen, unter anderem muß er bestimmte Wege weiterhin der Öffentlichkeit zugänglich machen.

Einer der letzten deutschen Patienten des Sanatoriums war der Schriftsteller Erich Kästner (1899-1974), der 1962 das erste Mal als Patient nach Agra kam, und sich auch 1964 und 1966 Behandlungen unterzog. Die damalige Laborantin Bea Schäfer erinnert sich noch gut an diesen berühmten Patienten, der freundlich und zurückhaltend die Behandlungen über sich ergehen ließ. Seine Pausen verbrachte er oft im heute noch empfehlenswerten Restaurant San Gottardo, wo er auf der Terrasse schrieb und rauchte, letzteres war ihm auf dem Sanatoriumsgelände selbstverständlich verboten. Während seiner Zeit in Agra schrieb Erich Kästner *Der kleine Mann* und die Fortsetzung *Der kleine Mann und die kleine Miss*. Die Zeit in Agra spiegeln auch seine *Briefe aus dem Tessin* wider, die er für seine damalige Partnerin Friedel Siebert und den gemeinsamen

Erich Kästner am Grab von Hermann Hesse während der Beerdigung am 11. August 1962.

Sohn Thomas verfaßte. Legendär sind Kästners Ausflüge nach Lugano, wo er im »Kursaal« Stammgast war und ihm »unaufgefordert ein Teeglas mit Whisky« serviert wurde.[22] Kästner begab sich auch nach Montagnola, wie es in den *Briefen aus dem Tessin* heißt: »Eben war ich bei Purrmann. Kurzer Besuch. Hesse kommt auch noch dran. Purrmann meinte, er [Hesse] freue sich schon längre Zeit drauf.«[23] Ein Besuch Kästners bei Hermann Hesse ist nicht nachgewiesen, vermutlich ist es nicht mehr dazu gekommen, da Hermann Hesse gut zwei Monate später, am 9. August 1962, starb. So konnte er nur noch an der Beerdigung Hesses am 11. August auf dem Friedhof von Sant'Abbondio teilnehmen und dort Blumen niederlegen.

Hermann Hesse ging in den 20er Jahren aus zwei Gründen hin und wieder ins Sanatorium. Zum einen besuchte er dort Patienten, wie er verschiedentlich in Briefen berichtete: »Heut war ich im Sanatorium Agra. Der Mann der Durigo[24] bat mich darum, eine Verwandte von ihm, Frau eines ungarischen Offiziers, ist zu schwerer Kur dort«,[25] hieß es an Ruth Wenger 1921, und drei Jahre später schrieb er ihr: »Also gestern war Dr. Lang[26] schnell da, der seine Frau nach Agra gebracht hatte. Das ist nun der dritte Agra-Patient, den ich werde gelegentlich besuchen müssen.«[27]

Der zweite Grund, der Hesse mit dem Sanatorium verband, war die Tatsache, daß nach der Übernahme der Klinik durch Dr. Alexander vermehrt kulturelle Veranstaltungen stattfanden. »Heut Abend soll Klabund-Abend sein, wahrscheinlich gehen wir hinauf«,[28] kündigte er Ruth in einem Brief an. Es heißt in den Erzählungen der Dorfbewohner, daß Hesse auch Weihnachtsfeste im Sanatorium verbrachte: »Dort fiel er durch seine Schüchternheit auf, so bald er konnte, stellte er sich an den Rand der Gesellschaft, einsam, ruhig: wenn überhaupt sprach er gern mit Frau Alexander, die sich um die Bibliothek kümmerte, und unterhielt sich mit ihr über Bücher, Literatur, Gedichte.«[29]

Es ist nicht nachgewiesen, daß Hermann Hesse selbst im Sanatorium gelesen hat, obwohl er einmal angefragt wurde, wie er Lisa Wenger mitteilte: »Ich bin vom Sanatorium Agra aufgefordert worden, einmal dort für die Patienten vorzulesen, und will heut hingehen, um die Sache zu besprechen.«[30]

Allerdings wurde Emmy Ball-Hennings für ein Honorar von Fr. 20,– Ende April 1926 für eine Lesung im Sanatorium engagiert. Den Heimweg von Agra nach Agnuzzo, bei Regen und Dunkelheit, hätte sie fast nicht überlebt, wie sie Hermann Hesse tragisch-komisch berichtete: »Gestern abend hab ich in Agra gelesen, das war ziemlich nüchtern. Im Regen bin ich hinauf und im Regen herunter, und die Nacht war so dunkel. Es war eine ganz besondere Sorte von Dunkelheit. Ein paarmal bin ich gefallen und jedesmal auf weichen Sand, das war doch ein Glück, ich hätte doch auch einen Berg hinunterfallen können, aber nein. [...] Es ist mir sehr merkwürdig gegangen und ich kam vorläufig nicht nach Hause. Der Zwanzigfrankenschein war klitschenaß und die Kleider auch.«[31]

Hermann Hesse hat sich zu Zeiten des Nationalsozialismus von dieser Einrichtung möglichst ferngehalten. Als seine lungenkranke Nichte Lene, Tochter seiner Schwester Adele Gundert, 1941 im Sanatorium behandelt wurde, besuchte sie Hermann Hesse in der Casa Rossa, während er die Klinik nicht betrat. Äußerungen Hermann Hesses über die Einrichtung und deren Leitung sind nicht bekannt.

Vom Sanatorium zur Posmonte-Wiese

Man ist nun an der Südspitze des Hügelzuges angekommen, und hier eröffnet sich das zauberhafte Panorama über die Arme des Luganer Sees mit Dörfern an den Uferhängen und in der Ferne verschwimmenden Bergzügen. Man erkennt Caslano, das Malcantone und die Alpenkette mit dem Monte Rosa.

Beim Wasserreservoir wendet man sich nach rechts, um weiter dem Giro della Montagnetta auf einem geruhsamen Waldspaziergang, durch Buchenhaine, an Kastanien, Eichen und Linden vorbei nach Montagnola zurück zu folgen. Schon bald hat man eine gute Sicht auf das westliche Ufer, an dem sich hinter dem Monte Caslano die Grenzstadt Ponte Tresa zeigt. Nach fünf Minuten durchbricht eine Wiese mit Weinbergen den Wald, an deren oberem Rand der Wanderweg nach links leicht bergan Richtung Montagnola führt. An der nächsten Kreuzung folgt man dem Waldweg, der hier auch zum Trimmweg (Percorso Vita) wird, rechts Richtung Posmonte. Der schattige und doch lichte Weg, in der Regel von wenigen Menschen frequentiert, bietet immer wieder schöne Aussichten auf das jenseitige Seeufer, über das sich der Monte Caslano und der Monte Lema erheben. Diesen Weg ist Hermann Hesse auch noch im hohen Alter entlangspaziert, wie sich der älteste Sohn Bruno erinnerte: »Sonntag, 8.Oktober [1961] reiste ich wieder nach Montagnola. Heiner war dort und holte mich in Lugano ab [...]. Martin war zwei Tage hier. Am Sonntag spazierten wir mit Vater von Agra um den Posmonte.«[32] Besonders ein Hain mit alten, dickstämmigen Buchen und mit einer Sitzbank lädt zum Verweilen und zum Genießen der Aussicht ein. Von hier aus kann man weit unten auch das diesseitige Seeufer mit dem Dorf Carabietta entdecken.

Der Waldweg führt oberhalb der abschüssigen Posmonte-Wiese, auf der im Frühling eine Vielzahl von Blumen blühen und im Winter die Kinder Schlitten fahren, entlang. Vielleicht hat Hermann Hesse hier gesessen, als er schrieb: »Jeden Tag bringe ich einige Stunden im Walde zu, schon blühen neben Anemone und Lungenkraut auch Salomonsiegel und Maiblume und die fleckige Orchis. Ich male zuweilen im Wald, zuweilen liege ich im Gras und schlafe, zuweilen liege ich und lese.«[33] Über der Wiese erhebt sich der höchste Hügel der Collina d'Oro, der 654 Metern hohe, bewaldete Monte Croce. Am oberen Wiesenrand weiter geradeaus gehend, trifft man auf ein verfallenes Gebäude, das ehemalige Grotto Posmonte, welches ebenfalls zum Besitz des Sanatoriums gehörte. Dort wurde der Wein gelagert und die Patienten nutzten den lauschigen Ort mitunter, um Sommerfeste zu feiern. Es heißt in den Überlieferungen der Einwohner der Collina d'Oro, auch Hermann Hesse hätte daran teilgenommen: »[...] es kamen auch Gäste außerhalb der Politik: und als erster natürlich Hermann Hesse, der ein treuer Gast bei den Festen zum 1. August im Grotto Posmonte war, die das Sanatorium pflichtschuldig im Schatten der großen Bäume veranstaltete.«[34]

Hinter dem alten Grottino ist ein kleines Stück weiter hinter den Bäumen das heutige Grotto Posmonte zu sehen, welches sich für eine kleine Ruhepause anbietet.

Der »Nachtigallenturm« von Peter Weiss

Um die Wanderung fortzusetzen, biegt man am Ende der Wiese in den Wanderweg Richtung Montagnola ab, bergabwärts dem Trimmpfad folgend.

An der nächsten Weggabelung geht man rechts und gleich wieder links, einige Stufen hinunter, den roten Mountainbike-Schildern folgend und an einem kleinen Wasserreservoir-Häuschen vorbei. Schnell wird der Weg eben und zieht sich gemütlich am Hügel entlang durch schattigen Wald Richtung Dorf. Nach ca. zehn Minuten geht geradeaus ein Weg zur Via Minigera hinunter, man folgt jedoch den gelben Wanderschildern rechts durch den Wald, der nun von vielen Eichen gesäumt wird, bis zum Ende. Kurz bevor man auf das asphaltierte, rechts steil hinunterführende Sträßchen Richtung Kantonsstraße trifft, kann man links die Reste eines alten, von Brombeeren überwucher-

Der Roccolo di Nava, um 1960.

ten Roccolo entdecken. Um ihn zu erreichen, muß man die kleine Wiese überqueren und sich ins Unterholz wagen.

Dieser Roccolo, heute verfallen, diente früher als Treffpunkt für Liebespaare aus dem Dorf. Er spielt als »Nachtigallenturm« eine zentrale Rolle in Peter Weiss' Roman-Fragment *Cloe*.[35] Peter Weiss hatte im Spätsommer 1937 Hermann Hesse im Tessin besucht und sechs Wochen in der Casa Camuzzi gewohnt. Im Oktober des gleichen Jahres sandte er sein Hermann Hesse gewidmetes Manuskript des Romans *Cloe* nach Montagnola, der als Ort der Handlung eben diesen Roccolo hat: »Wie die Spinne baute ich mir meine Netze, liess sie zerreissen, baute von neuem und kam endlich bei Sonnenuntergang zurück zu meiner Wohnstätte, zu meinem Nachtigallenturm. Der liegt ganz oben auf der höchsten Hügelkette, versteckt zwischen Akazienbäumchen, hohem Farn, Platanen, Ahorn. Man findet ihn nicht so leicht, vom Dorfe her muss man einen steilen Hang erklettern, muss über Gesteinhalden und eine kleine

Schlucht; kommt man von der Seeseite, so hat man Brombeergestrüpp zu durchbrechen, denn der schmale Weg, der hinaufführt, ist ganz davon überwuchert.«[36] Und fünf Jahre später erinnerte sich Weiss wehmütig: »Ob wohl mein roccolo oberhalb von Montagnola noch lebt, von dem es hiess, dass man ihn einem Neubau werde opfern müssen. Deutlich kann ich den heissen Sommernachmittag nacherleben, an dem ich ihn entdeckte und von einem Baum aus übers Dachgesims eroberte.«[37] Als Peter Weiss Hermann Hesse kurz vor dessen Tod 1962 noch einmal besuchte, suchte er den Roccolo auf und fotografierte ihn zur Erinnerung.[38] Seitdem ist das Gemäuer weiter verfallen, und auch die Treppe ist zerstört. Dennoch ist die fast unheimliche Magie dieses Ortes deutlich spürbar.

Vom Roccolo geht man am besten den Pfad ein kleines Stück zurück und biegt gegenüber dem Holzlager rechts in den Wanderweg, der steil bergabwärts auf die Via Minigera stößt. Entlang der »chinesischen Mauer«, wie Hermann Hesse sie nannte, gelangt man in zwei Minuten zurück nach Montagnola.

Dritter Spaziergang:

Die »chinesische Mauer« und zauberhafte »Blicke nach Italien«

Ausgangspunkt dieser Wanderung ist die Piazza Brocchi in Montagnola.

Neben dem Rathaus auf der westlichen Seite des Platzes folgt man der Straße in Richtung Agra und biegt rechts in die Via Minigera ein.

Die »chinesische Mauer«

Gleich am Anfang der Straße fällt ein großes, gelbgestrichenes Haus ins Auge, die Casa Gilardi, Wohnsitz des gleichnamigen Patriziergeschlechts. In den 20er Jahren, als Hermann Hesse sich hier häufig aufhielt, gehörte das angebaute rote Gebäude zeitweise der Mailänder Familie Donini,[1] die es in der Folge der Weltwirtschaftskrise in den 30er Jahren an die Familie Gilardi zurückverkaufte. Besonders reizvoll war der anschließende Park, welcher sich großzügig, über einer hohen Stützmauer aus Natursteinen, hinter dem Haus erstreckte. Die »chinesische Mauer«, wie Hermann Hesse sie nannte und die er auch malte[2] gibt es noch immer, während der Park verkauft und mit einer Villa sowie einem Apartment-Komplex teilweise bebaut wurde. Hesse ließ sich im Oktober 1937 von diesem verwunschenen Park zu seinem Gedichtzyklus »In einem alten Tessiner Park« inspirieren, welchen er zwei Monate später Peter Weiss als Dank für zugesandte Zeichnungen mit den Worten schick-

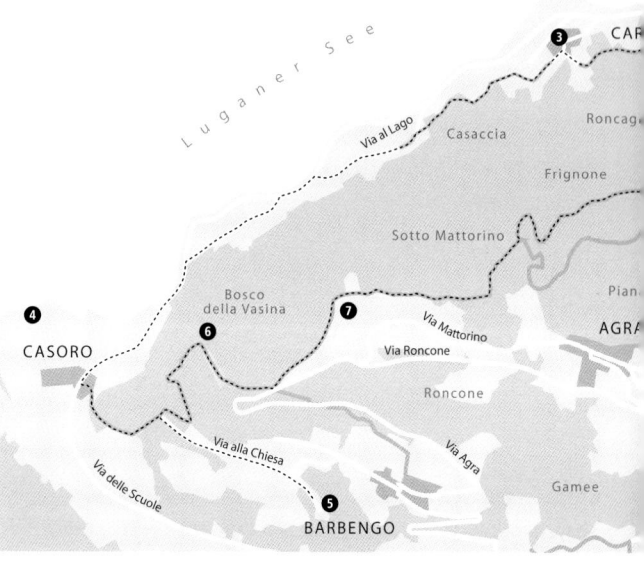

[1] »Chinesische Mauer« und Park Gilardi [2] Minigera [3] Haus von Olly Jacques in Carabietta [4] Seeufer und Strandbad von Casoro [5] Die Kirche von S. Ambrogio in Barbengo [6] Sasso delle parole [7] Der Park des ehemaligen Sanatoriums von Agra mit dem Roccolo di Ponte [8] Der Roccolo Adamini

te »[…] ich sende Ihnen eine kleine Gegengabe, der fragliche Park ist der hinter der langen ›chinesischen‹ Mauer beim roten Haus, überm Dorf.«[3] Im ersten Teil mit dem Titel »Gartensaal« nimmt Hesse Bezug auf die Familie Donini und den Verkauf der Villa Poncini:

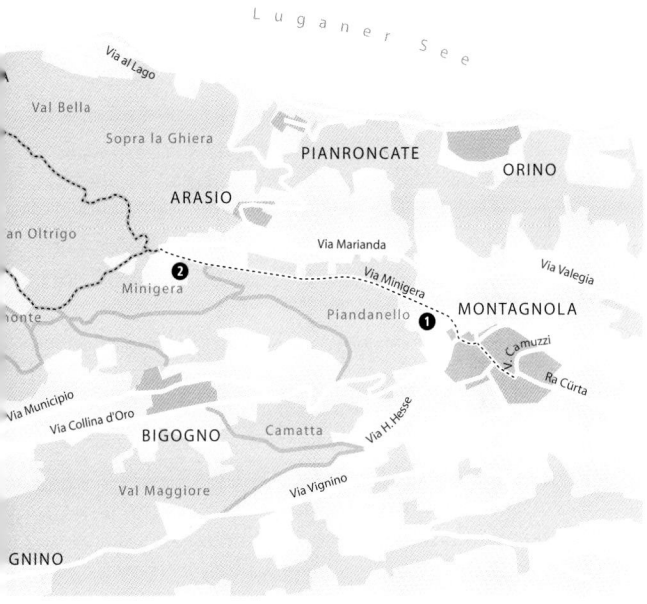

»Hier haben ihre Frauen sich gefächert
Beim Sommerfest im roten Gartensaale,
Hier haben sie getafelt und gebechert
Und Arien gesummt aus Don Pasquale.
Hier tanzten sie, gutmütige Despoten,
Bauherren zu den Zeiten Bonapartes,
Sagten den bunten Damen etwas Zartes
Und brüllten unter sich bei Wein und Zoten.
Wir haben ihre Enkel noch gekannt,
Man zog im Dorf den Hut vor den Signoren,
doch war der Glanz dahin, das Gut verloren,
Haus, Land und Gärten stehen nun zur Gant.«[4]

Zudem scheint er die Zerstörung der Idylle vorhergesehen zu haben, wie sie heute, nach siebzig Jahren, durch die Bebauung des Parks traurige Realität wurde.

Wenn man sich am Anfang der langen Mauer umdreht, fällt der Blick auf die Rückseite der Häuserfassaden des alten Dorfkerns, die Hermann Hesse oft gemalt hat. Inzwischen wurden jedoch zahlreiche der schmalen Gebäude durch neue Bauten ersetzt. Entlang der Mauer führt die Via Minigera eben und in sanften Kurven aus dem Dorf hinaus, rechts mit Blick auf den See und den Monte Caslano. Hesse beschrieb diesen Ausblick, damals noch ohne die Dächer der neuerbauten Villen, im zweiten Teil des erwähnten Gedichtzyklus, »Durchblick ins Seetal«:

»Zwischen grau behaarten Fichtenzweigen,
Zwischen roten rauhen Kiefernästen,
Blauen Zedern, die sich würdig neigen,
Zwischen Lindenstämmen mit den Resten
Gelben Laubes sinkt der Blick hinunter,
Berghinab durch klamme Perspektiven,
In des Seetals freundlich-ferne Tiefen.
Sanft scheint alles dort und dennoch bunter,
Glasig schwebt der See, der licht umsäumte,
Dörfer lächeln hell mit sonnigen Dächern,
Felder wie von Malergeist geträumte
Farbenfolgen breiten sich in Fächern.
Selig scheint dies Tal und ohne Schatten,
Fest zugleich und luftig gleich Kristallen,
Festlich ordnen Dörfer, Haine, Matten
Sich ins Bild, es scheint um Wohlgefallen,
Scheint um Schönheit einzig hier zu gehen,
Um den Reigen bunt getönter Lichter:

Spielzeug einem Maler oder Dichter,
Scheint die Welt aus Licht nur zu bestehen,
Das sich selbst erlebt, sich selbst gestaltet.
Uns bezaubern Bühne und Kulissen,
Und wir weigern uns vom Leid zu wissen,
Das auch diese holde Welt durchwaltet.«[5]

Die Beschreibungen im dritten und letzten Teil des Zyklus
sind ebenfalls noch nachvollziehbar, denn der erwähnte
rote Pavillon, nun gelbgestrichen, existiert tatsächlich noch
im ehemaligen Gilardi-Park, wenn auch nicht mehr allein
im herrschaftlichen Wald stehend, sondern von den neuen
Gebäuden fast erdrückt und an den Waldrand gedrängt.
Die Wehmut, die aus Hesses Worten spricht, erfaßt auch
in heutigen Zeiten den Betrachter. Der Blick auf den Pavillon eröffnet sich, wenn man am Ende der langen Mauer
angekommen ist:

»Roter Pavillon, im Park verborgen,
Wo er sich in wilden Wald verliert,
Als du noch in deinem jungen Morgen
Lachtest, wie hast du den Park geziert!
Hast auf der Terrasse dich gebrüstet,
Schlank, achtkantig, zierlich, kühn, kokett,
Feste wurden oft in dir gerüstet,
Jagdtrunk, Vogelessen und Bankett.
Jetzt im groß gewordenen Walde stehst du
Klein, verloren fast und sehr geheim,
Mit verblichenem Farbenzauber wehst du
Lächelnd Wehmut wie ein alter Reim,
Der einst jung und frech und wild geklungen,
Heut altväterisch tönt und Rührung weckt;

Eingesunken in Erinnerungen
Stehst du, und die Abendsonne leckt
Müd an deinen rostigen Gitterstäben,
Deinen spitzen Bogen, deinem Dach;
Deinen schmucken Formen hingegeben,
Sinnst du den verklungenen Festen nach.«[6]

Nun zieht sich die Straße knapp einen Kilometer am Hügel entlang, links dichter Wald, rechts oftmals der Blick auf See und Häuser. Besonders magisch erscheint diese Wegstrecke bei untergehender Sonne, wenn alles rot-orange gefärbt ist und See und Wald in Flammen zu stehen scheinen. Es lohnt sich, gegen Abend noch einmal wiederzukommen und zusammen mit den älteren Dorfbewohnern, die diese ebene und bequeme Straße aufgrund ihrer Schönheit gern entlangspazieren, die Farben und das Licht zu genießen.

»Nachbar Mario«

An einem Auto-Wendeplatz angekommen, fällt links ein großes Grundstück mit Weinberg-Terrassen, Ställen und einer Schafweide ins Auge. Hermann Hesse hat sich hier häufig zum Malen aufgehalten und dem Besitzer der Weide 1928 die Betrachtung »Nachbar Mario« gewidmet: »Mario [...] ist Bauer, und zwar ein armer Bauer, der es sehr schwer hatte. Wie früher fast alle armen Bauernjungen im Tessin, lernte er das Mauerhandwerk und war in seiner Jugend manche Jahre auswärts auf Arbeit, in Kiel, in Genf, in Frankreich. Dann kam er zurück, übernahm das kleine arme Grundstück seines Vaters, kaufte vom Ersparten ein Stück Wald hinzu, und das hat er in fleißigen Jahrzehnten, ohne fremde Hilfe, allmählich mit eigener Hand gerodet und zu Wiesen und Weinberg gemacht. Eine Kuh und vier, fünf Ziegen, ein Streifen Ackerland mit Mais und Buchweizen, ein Rest Kastanienwald und ein gutgehaltener Weinberg, daraus lebte er all die langen Jahre, oft spärlich, oft reichlicher, wie die Jahre eben ausfielen. [...] Mario wohnt im Dorf, sein Grundstück aber liegt vom Dorf eine gute Strecke entfernt. Dort hat er einen Stall gebaut, schon vor Jahrzehnten, die Hütte sieht schon ganz alt aus, Rebe und Brombeere wachsen an ihr hinauf. Neben dem Stall hat er einen kleinen Bach in einem grünen feuchten Tälchen laufen, da hat er sich an kühler Stelle ein Plätzchen für Ruhestunden eingerichtet [...]. An seinem alten Stall [...] hat er dies Jahr die Vorderseite neu hergerichtet und getüncht, und er hat sich nicht damit begnügt, der

Luigi Bettosini alias »Mario«, um 1925.

Wand einen ordentlichen Verputz zu geben: er hat auch noch einen Maler kommen lassen, den Kunstmaler Petrini aus einem Nachbardorf, und ließ ihn über der Tür ein schönes Bild malen, eine heilige Familie im Stall von Bethlehem. Wenn man, aus dem Walde kommend, sich Marios Hütte nähert, dann sieht man durch Kirschbaumzweige hindurch das frohe schöne Bild an der Mauer leuchten, die sanfte lichte Madonna, den stillen braunen Joseph, das heilige Kind und die freundlichen Tiere an der Krippe. Mag Mario sich mein Leben nicht richtig vorstellen können, mag ich selber von seinem Leben voll harter Händearbeit und kleiner Sparsamkeit mir nur eine sehr oberflächliche Vorstellung machen können – er spürt doch ganz genau, wie sehr ich seine tiefsten Liebhabereien und Freuden verstehe, wie ähnlich wir beiden alten Männlein einander in ihnen sind.«[7]

Das Gebäude ist auf der linken Seite zu sehen, wenn man den Spaziergang fortsetzt und den Weg einschlägt, welcher am Ende des Grundstücks, kurz vor der Haarnadelkurve, nach links oben in den Wald führt. Die Fassade mit dem Fresko gehörte zum größeren der beiden Steinhäuser, heute hell gestrichen, welches als Stall genutzt wurde. Leider ist diese Außenmauer abgerissen und ohne Fresko wiederaufgebaut worden. Hinter »Mario« verbirgt sich Luigi Bettosini, ein Bauer, der im Dorf wohnte, seine Ziegen auf diesem Grundstück hielt und hier auch Wein anbaute.

Der jetzige Besitzer kaufte ihm das Land Anfang der 30er Jahre ab und errichtete 1935 das kleinere der beiden Steinhäuser. Das Wohnhaus, welches an der Nordseite des Grundstücks steht, wurde erst in den 40er Jahren von dem bekannten Architekten Rino Tami (1908-1994) errichtet. Noch vor Bettosinis Zeit befand sich auf dem Land eine Färberei, die den Bach, der hinter den Häusern fließt, für ihr Handwerk nutzte.

An der Weggabelung folgt man dem rechts bergab führenden, schattigen Waldpfad, der einige schöne Ausblicke auf den See bietet. Stechpalmen, Kastanien und von Blumen übersäte Borde machen diesen Weg besonders im Frühling zu einem besonderen Erlebnis.

Nach etwa 30 Minuten erreicht man das Dorf Carabietta.

Exkurs: Peter Weiss

Peter Weiss, Schriftsteller, Maler, Grafiker und Experimentalfilmer, wurde 1916 in der Nähe von Berlin geboren. Nach häufigen Wechseln der Wohnorte ließ sich die Familie 1936 schließlich in der Tschechoslowakei nieder. Zu dieser Zeit war Weiss noch unentschlossen, ob er sich der Malerei oder eher dem Schreiben widmen sollte. Im Januar 1937 schrieb er an Hermann Hesse, dessen Werke, insbesondere die *Morgenlandfahrt*, ihn zur Selbstverwirklichung als Künstler ermutigt hatten, und erhielt vom Älteren eine wohlwollende Antwort. Im September des gleichen Jahres reiste Peter Weiss nach Montagnola und wohnte sechs Wochen in der Casa Camuzzi. Sein Roman *Cloe*, dessen Manuskript er Hesse nach seiner Abreise zusandte, reflektiert diese Zeit.[8] Ein Jahr später, Weiss war inzwischen an der Prager Kunstakademie eingeschrieben, begab sich der junge Künstler zu-

Peter Weiss in Montagnola, 1937.

sammen mit seinen Freunden Robert Jungk und Hermann Levin Goldschmidt zu Fuß von Zürich aus erneut nach Montagnola, ein »fideler Bund der Morgenlandfahrer«.[9] Diesmal blieb er fünf Monate in der Nähe Hermann Hesses, und zwar im Haus von Olly Jacques[10] in Carabietta. In dieser Zeit war er außerordentlich produktiv, malte, zeichnete und schrieb viel in seinem Atelier. Unter anderem illustrierte er Hesses Märchen *Die Kindheit des Zauberers*. Im Januar 1939 verließ Weiss das Tessin und kehrte zu seinen Eltern zurück, die inzwischen nach Stockholm emigriert waren. Bis 1947 blieb für Weiss die Malerei das hauptsächliche künstlerische Ausdrucksmittel, in den folgenden fünf Jahren trat das literarische Schaffen in den Vordergrund, erst in schwedischer Sprache, danach auch auf deutsch. Ab 1952 widmete sich Weiss dem Medium Film, es entstanden mehrere Dokumentar- und Experimentalfilme. Der Briefwechsel mit Hermann Hesse war von 1944 an unterbrochen und wurde erst 1961 anläßlich der Publikation von Weiss' Roman *Abschied von den Eltern* wieder aufgenommen. 1962, kurz vor Hermann Hesses Tod, besuchte Weiss seinen väterlichen Freund ein letztes Mal in Montagnola.

Den internationalen Durchbruch erlangte Peter Weiss 1964, mittlerweile Mitglied der »Gruppe 47«, mit dem Theaterstück *Die Verfolgung und Ermordung Jean Paul Marats dargestellt durch die Schauspielgruppe des Hospizes zu Charenton unter Anleitung des Herrn de Sade*. In den folgenden Jahren gewann er zahlreiche Literaturpreise in Ost- und Westdeutschland sowie in Schweden. Bis zu seinem Tod 1981 trat Weiss vor allem als politisch engagierter Bühnenautor an die Öffentlichkeit, machte sich jedoch auch mit seiner Trilogie *Ästhetik des Widerstands* einen Namen.

In Carabietta

Oft ging Weiss während seines Aufenthalts in Carabietta, ein »stiller Stern mit schönem Licht«, wie er das Dorf später einmal nannte,[11] den Weg nach Montagnola hoch, um Hermann Hesse in der Casa Rossa Gesellschaft zu leisten: »Eben komme ich von Hesses zurück. Wieder ein wunderbarer Nachmittag. Wir hörten Mozart u. Bach auf dem

Das Haus von Olly Jacques in Carabietta.

Grammophon, ich zeigte ihm neue Zeichnungen, die er lobte. Überhaupt bin ich so glücklich, dass ich bei Hesse sein kann, dass man sich oben immer über meinen Besuch freut. […] Solch ein Besuch bei Hesse ist für mich jedesmal wieder ein Erlebnis u. ungeheuer bereichert kehre ich zurück. Alle alltäglichen Sorgen u. Unbehagen sind dann so klein u. nichtig. Auch seine Frau habe ich gerne – u. sie mich sicher auch […].«[12] Den Rückweg von Montagnola nach Carabietta ging er manches Mal in der Dunkelheit: »[…] oft komme ich spätnachts zurück, mit einer Taschenlampe leuchte ich mir, doch jetzt ist es recht hell, die Bäume sind ja ganz kahl u. wenn der Vollmond leuchtet, ist solch ein Weg märchenhaft schön.«[13] Aus den Briefen von Peter Weiss geht hervor, daß er darüber hinaus guten Kontakt zu Maria Geroe-Tobler, zum Zahnarzt Friedrich Müller und dessen Familie sowie zu Emmy Ball-Hennings, die zu dieser Zeit im nahe gelegenen Agnuzzo wohnte, hatte.

Ob Hermann Hesse Peter Weiss in Carabietta besuchte, ist nicht belegt. Er kannte anscheinend Olly Jacques, denn er läßt sie in einem Brief grüßen.[14] Hermann Hesse kannte den Pfad auf jeden Fall von seinen Malausflügen, wie Aquarelle von Carabietta und Figino belegen.

Am Hang oberhalb Carabiettas fallen zahlreiche neuerbaute Villen ins Auge, die auf den alten kleinen und bezaubernden Dorfkern hinabsehen, der am Ende der rechts abfallenden, nun asphaltierten Straße liegt.

Will man bei schönem Wetter ein Erfrischungsbad im See nehmen, so sollte man am Ende der Straße durch den alten Dorfkern rechts hinuntergehen und die Hauptstraße überqueren. Nach wenigen Schritten entlang dieser Straße stößt man auf einen Seeabschnitt mit zwei Rasenterrassen und roten Bänken, beschattet von einer Linde, der als öffentliche Badestelle genutzt wird. Hier befinden sich meist wenige Menschen, und der lauschige Platz lädt zu einer Ruhepause ein.

Zurück im Dorfkern, führt der Spaziergang am Hang entlang südlich Richtung Figino. Eine Zeitzeugin, Marie-Luise Genola, die in Carabietta geboren ist und heute zu den wenigen, seit Generationen verwurzelten Einwohnern gehört, erinnert sich noch an Olly Jacques. Diese vermietete nicht nur Ateliers und Zimmer an Künstler, sondern auch Räume an Jugendgruppen, die hier ihre Ferien verbrachten. Signora Jacques hätte ein sehr offenes Haus geführt, in dem Freundlichkeit und Heiterkeit geherrscht habe. Als kleines Mädchen sei sie im Hause Jacques ein und aus gegangen, zudem besaß Frau Jacques den einzigen Telefonanschluß im Dorf, der von allen anderen benutzt werden durfte, erzählt die alte Dame.

Man erkennt das Haus im kleinen Dorfkern leicht an seiner auffälligen gelben Farbe, seiner Größe und der Fassade mit den verglasten Loggien. Das renovierte, immer noch beeindruckende zweistöckige Gebäude stammt aus dem 17. Jahrhundert und ist in Privatbesitz. Eine mannshohe Steinmauer umgrenzt den Garten, den auch schon Peter Weiss beschrieb. Vor diesem Haus biegt man links ein und stößt auf die Kapelle San Bernardo aus dem 17. Jahrhundert, welche zur Kirchgemeinde von Morcote gehört. Der Friedhof, der sich zweihundert Meter weiter neben dem großen, neuerbauten, rosaroten Gemeindezentrum befindet, wurde erst im 20. Jahrhundert angelegt, vorher brachte man die Verstorbenen mit dem Boot nach Morcote, um sie dort zu begraben. Zu Peter Weiss' Zeiten herrschte noch eine Dorfidylle, will man den Schilderungen der Zeitzeugin glauben. Die Kinder verbrachten ihre freie Zeit vorwiegend mit Angeln am See, und zwischen den Bewohnern – schon damals Tessiner und Deutschsprachige – herrschte wohl, im Gegensatz zur heutigen Distanziertheit, ein freundschaftlicher Kontakt. Außerdem kamen viele Leute von Montagnola den Pfad herunter, um in der Osteria in Carabietta, die heute nicht mehr existiert, etwas zu trinken oder sich im See zu erfrischen.

Spazieren am Seeufer bis nach Casoro

Der Spaziergang führt nun weiter am Hang entlang in den Wald hinein, am Friedhof vorbei in südlicher Richtung. Zurückblickend ist jetzt das Haus der Jacques in ganzer Pracht zu bewundern, und auch die Loggien im Erdgeschoß sind gut zu erkennen. Der lauschige, von Sonnenlicht gesprenkelte und von Laub- und Nadelbäumen gesäumte Weg, der laut Peter Weiss »jedes Mal wieder sehr schön ist u. nie langweilig wird«,[15] bietet einen wunderbaren Blick auf den See bis nach Caslano und auf die unbebaute Seite des Monte Caslano. Man kommt an versteckten, von Trockenmauern umgrenzten Villen vorbei, in deren Gärten Palmen, Lorbeer, Obstbäume, Kamelien, Glyzinien und Zitronenbäume wachsen.

Der Weg, der nun Sentiero Casaccia heißt, wird immer schmaler und geht schließlich zwischen hohen Hecken hindurch in die Via Roncone über. Hier wird die Bebauung dichter. Es gibt nur noch wenige Grünflächen, die ebenfalls zur Bebauung vorgesehen sind. Noch kann man schöne Ausblicke auf Ponte Tresa, das italienische Seeufer, den Monte Lema und die Kirche Santa Maria d'Iseo genießen.

Nach ca. zehn Minuten erreicht man die Hauptstraße und einen kleinen Bootshafen. Man folgt der Straße am Seeufer links Richtung Figino und Morcote, bis man ein Ortsschild »Campagnora« sieht und dort einbiegt. Schon bald geht das asphaltierte Sträßchen in einen mit Gras bewachsenen Pfad über, der sich oberhalb der Straße am Hang entlang, zwischen Gärten mit Palmen, Feigen- und Olivenbäumen schlängelt. Hier wechseln sich alte, geduckte Tessiner Steinhäuser und verwunschene Gärten mit neuen, von großzügigen Parks umgebenen Villen ab. Nach fünf Minuten stößt man wieder auf die Straße, die ab hier über einen Gehweg verfügt. Links steht das wohl älteste Gebäude der Gegend, der frühmittelalterliche Turm »La Torrazza«. Er stammt aus dem 5. Jahrhundert und diente anfangs als Wachturm, später war er mit einer Burg verbunden, welche jedoch im 15. Jahrhundert zerstört wurde. Man befindet sich nun in Casoro, welches ebenfalls über einen kleinen Bootshafen verfügt. Gleich daneben fällt ein großes Ufergrundstück mit hohen Laubbäumen, Palmen, großzügigen Rasenflächen und roten Bänken ins Auge. Dies ist die öffentliche Badestelle, die im Sommer von Einheimischen gern zum Baden und Picknick genutzt wird, vor allem an den Wochenenden. An den anderen Wochentagen herrscht meist wenig Betrieb, und der Park ist fast menschenleer. An der Straße sieht man nun alte Villen mit zum Teil riesigen Seegrundstücken, links am steil ansteigenden Hang Grünflächen mit Weinbergen. Gegenüber dem öffentlichen Parkplatz befindet sich die traditionsreiche »Osteria degli Amici«, in der sich schon zu Hermann Hesses Zeiten die jungen Leute aus Montagnola und Umgebung trafen. Gleich hinter der Osteria weist ein Wanderweg-Schild links auf den Fortgang des Spazierganges hin.

Schöne Ausblicke – Barbengo und
der »Sasso delle Parole«

Man durchquert den alten, charmanten Ortskern von Casoro und steigt zwischen Gartenmauern hindurch eine Treppe aus Naturstein Richtung Barbengo und Agra hinauf. Schon bald eröffnet sich der Blick auf die Dächer von Casoro, und die Treppe geht in einen schattigen Waldpfad über. An der Weggabelung nimmt man den linken, ansteigenden Pfad. Bei der Trinkwasser-Aufbereitungsanlage der Gemeinde führt nun ein asphaltierter, schattiger Fußweg in fünf Minuten nach Barbengo, wo Hermann Hesse sich oft mit seiner zweiten Frau Ruth Wenger traf, auf halbem Weg zwischen Montagnola und Carona, ihrem Wohnort im Tessin. Dieses Dörfchen, das noch heute durch seine intakte Bebauung besticht, wurde erstmals 1298 erwähnt. Von Figino kommend sieht man noch vor dem Dorf den Roccolo von Barbengo am Hang thronen. Bald erreicht man den Kreuzweg der Kirche Sant' Ambrogio. Sie liegt isoliert oberhalb des Dorfes, etwas erhöht von terrassenförmigem Gelände umgeben. Der Bau geht auf das Jahr 1180 zurück, wurde 1420 vollständig zerstört und später wiederaufgebaut. Heute finden sich noch Reste aus dem Spätmittelalter, der zweite Kirchturm etwas oberhalb des Schiffs stammt vom Ende des 19. Jahrhunderts.

Besonders schön ist die Aussicht, die sich hier oben eröffnet: Läßt man den Blick von links nach rechts schweifen, erkennt man die Kirche von Agra im Grün des Waldes, man blickt auf Lugano am See und auf den Monte Salvatore; rechts davon leuchtet die Kirche Madonna d'Ongero am Hügelkamm. Stellt man sich jetzt noch vor, daß die Ebene bis vor 50 Jahren aus Wiesen, Feldern und Viehweiden bestand, statt wie heute aus Einkaufszentren, Industrieanlagen, Schnellstraßen und Autobahnen, bekommt man eine Vorstellung davon, wie schön dieser Ort zu Hesses Zeiten war. Da damals Holz noch der bevorzugte Bau- und Brennstoff war, herrschte niedriger Nutzwald vor, so daß Hermann Hesse von hier sogar den Roccolo sehen konnte, der sich heute hinter Bäumen verbirgt. Von der Kirche ist man in fünf Minuten im Dorf, in dem früher Seidenraupenzucht betrieben wurde. Heute ist »Barbengo alto« unbedeutend, das wirtschaftliche Leben spielt sich in »Barbengo basso« in der Ebene mit ihren Industriebetrieben ab. Leider gibt es auch kein gastronomisches Angebot mehr, wie Hermann Hesse es so verlockend in einem Brief an Ruth Wenger beschrieb:

»Wenn dirs paßt, so treffen wir uns dieser Tage einmal in Barbengo. Ich würde, wenn du mir Tag und Stunde nennst, vermutlich mit Malzeug kommen und schon vor dir dort sein, im Dorf oder nah dabei, so daß ich Rufe höre. Du müßtest aber rechtzeitig schreiben, damit es sicher klappt. Wir könnten dann ein Stündchen in der Kneipe sitzen, nach dem kuriosen Weißwein sehen, etwas Brot und Käse essen, und dann noch ein wenig am Hügel, wo die schönen Roccoli und die Terrassen sind, sitzen.«[16]

Von Barbengo geht man den gleichen Weg zurück Richtung Figino, biegt jedoch beim Trinkwasser-Depot ab, rechts hoch in den Wald, durch dessen Bäume hindurch ein überhängender Felsen zu erkennen ist. Ein weißes Schild in italienischer Sprache weist darauf hin, daß man nun einen Naturlehrpfad betritt, der durch ein Naturschutzgebiet führt. Dieser teilweise sehr steil ansteigende Pfad hat sich seine Ursprünglichkeit bewahrt, vermutlich weil er nur wenig begangen ist.

Blick vom »Sasso delle parole« auf Ponte Tresa und
den Monte Caslano.

Man bewegt sich durch einen schönen Laubwald, im Winter leuchten die roten Beeren der Stechpalmen und im Frühling blühen Krokus, Veilchen, Anemonen, Goldregen, kleine wilde Nelken und andere bunte Blumen. Schon Anfang Februar 1922, also eigentlich mitten im Winter, beschrieb Hermann Hesse den Wald in einem Brief an Ruth Wenger: »Liebe Ruth [...] bald kommt der Frühling. Hier ist er, trotz bitterkalten Nächten, oft schon ganz da, im Wald bei Barbengo fand ich schon das blaue und rote Lungenkraut blühen, und Veilchen, blau und weiß, zu Tausenden.«[17]

Nach ungefähr zehn Minuten teilt sich der Weg; zum »Sasso delle parole« (»Stein der Worte«) nimmt man den rechts ansteigenden Pfad. Es bietet sich immer wieder ein schöner Blick auf den See, und auf halbem Weg sieht man auch den Roccolo von Barbengo durch die Bäume schimmern. Nach gut einer halben Stunde und zweihundert überwundenen Höhenmetern erreicht man schließlich den »Sasso delle parole« auf dessen weiß-grauen Felsen eine rote Bank steht, von der man einen atemberaubenden Blick auf die Seen- und Berglandschaft, auf bewaldete Hänge und pittoreske Dörfer genießen kann. Auch Hermann Hesse kam hierher zum Malen, zum »›Blick nach Italien‹, über Agra, wo man über den See auf die kegelförmigen Hügel in der Gegend von Varese sieht«, wie sich sein ältester Sohn Bruno erinnerte.[18] Diese einmalige Aussicht mag Hermann Hesse 1920 zu seinem Gedicht »Blick nach Italien« inspiriert haben:

Über dem See und hinter den rosigen Bergen
Liegt Italien, meiner Jugend gelobtes Land,
Meiner Träume vertraute Heimat.
Rote Bäume sprechen vom Herbst.
Und im beginnenden Herbst
Meines Lebens sitz ich allein,
Schaue der Welt ins schöne grausame Auge,
Wähle Farben der Liebe und male sie,
Die so oft mich betrog,
Die ich immer und immer noch liebe.
Liebe und Einsamkeit,
Liebe und unerfüllbare Sehnsucht
Sind die Mütter der Kunst;
Noch im Herbst meines Lebens
Führen sie mich an der Hand,
Und ihr sehnliches Lied
Zaubert Glanz über See und Gebirg
Und die abschiednehmende, schöne Welt.[19]

Die unvergleichliche Aussicht vom »Sasso delle parole«
läßt nicht nur in der Ferne die charakteristischen Hügel
von Varese erkennen, sondern schließt auch das italienische Seeufer mit der Grenzstadt Ponte Tresa und den Monte Caslano ein, die Dörfer Caslano und Magliaso sowie den
Monte Lema. Hinter jedem Bergzug erhebt sich ein anderer, höherer und vor allem in der Abendsonne und bei klarem Wetter bietet sich dem Betrachter ein farbiges Schauspiel, in dem sich die Berge in immer ferneren Schatten
verlieren. Wenn das Wetter klar genug ist, erkennt man
über Ponte Tresa die Gipfel des Monte Rosa in den Walli-

ser Alpen. Von hier aus deutlich zu sehen ist auch der einzige Abfluß des Lago di Lugano, der sich hinter dem Monte Caslano in den Fluss Tresa ergießt, der bei Luino in den Lago Maggiore mündet.

Um den »Sasso delle parole« ranken sich viele Legenden. So soll sein Name darauf zurückgehen, daß heimliche Liebespaare Botschaften füreinander in die Felsen ritzten. Heutzutage dient auf jeden Fall die rote Bank diesem Zweck, denn sie ist mit Namen, Herzen und kleine Notizen übersät. Auch die Patienten des Sanatoriums von Agra haben diesen besonderen Ort auf ihren Spaziergängen besucht, einer von ihnen soll sich 1964 aus Liebeskummer sogar vom Felsen in die Tiefe gestürzt haben.

Der Park des Sanatoriums, lauschige Waldpfade und ein »Thing-Platz« mit Roccolo

Nach einer Ruhepause führt der Weg nun weiter, an einer zweiten roten Bank vorbei, und entfernt sich, leicht ansteigend, vom Abhang. Man sieht die Kirche von Agra, weiter hinten erhebt sich der San Salvatore. Im Frühling sind die darunterliegenden bewaldeten Hänge von blühenden Obstbäumen durchsetzt, helle Farbtupfer im satten Grün der Bäume. Rechts erblickt man auf dem gegenüberliegenden Hang auf einer Wiese inmitten von Wald das alte Kloster von Torello, welches heute in Privatbesitz ist und dessen weitläufiges Außengelände nun der Pferdezucht dient. Über eine lauschige Lichtung mit alten Buchen, deren dicke Wurzeln den Boden aufbrechen, führt der Pfad weiter geradeaus, dann fünfzig Meter an einer wenig befahrenen Straße entlang. Hier biegt er, gleich hinter einer sandigen

Der Roccolo Adamini inmitten eines Buchenhains.

Ausweichstelle für Autos und leider nicht ausgeschildert, wieder in den Wald ein. Schon bald wird der Wald- zum Wiesenpfad, der mit sanfter Steigung links an einer terrassierten Wiese entlang führt und durch die Bäume den Blick auf den See freigibt. Dies alles war Teil des großzügigen Parks des Sanatoriums. Unter schattigen Bäumen kommt man nun am Roccolo di Ponte vorbei, um den herum verwilderte Sträucher und Bäume verschiedenster Art zu erkennen sind. Dies war die Gärtnerei der Klinik, und noch heute erzählt man sich im Dorf, daß in so manchem Privatgarten auf der Collina d'Oro Pflanzen und Bäume stehen, die nach der Schließung des Sanatoriums bei Nacht und Nebel hier ausgegraben wurden. Nach ca. zehn Minuten erreicht man eine Weggabelung, wo man links am Westhang entlang Richtung Montagnola spaziert (die rechten Stufen führen ins Dorf Agra bzw. auf die Route, welche man im Spaziergang 2 gegangen ist). Auch an der nächsten Weggabelung, an der heute noch eine verfallene Bank, genannt »die Märchenbank«, aus Sanatoriumszeiten steht, hält man sich links. Die nächste Abzweigung zum Trimmpfad läßt man rechts liegen und wandert etwa zwanzig Minuten am Hang entlang, abwechselnd auf- und abwärts gehend. Kurz vor Ende dieses Pfades eröffnet sich der Blick auf Carabietta, und man erreicht einen ebenen Buchenhain, an dessen linker Seite auf einer kleinen Anhöhe ein dunkelgelber Roccolo durch die Stämme schimmert: der Roccolo Adamini, noch heute im Besitz der gleichnamigen alteingesessenen Patrizierfamilie aus Agra. Der Ort mit seinem Spiel aus Schatten und Sonne, der Ruhebank vor dem Roccolo, Tisch und Bank aus Granit, hat eine ganz besondere Ausstrahlung und lädt dazu ein, einen Moment zu verweilen. Die Patienten des Sanatoriums nannten diesen Ort »Thing-Platz«, was soviel wie »Platz der Volksversammlung« bedeutet. Auf alten Fotografien des Roccolo ist zu erkennen, daß Mitte des 19. Jahrhunderts deutlich weniger und niedrigere Bäume auf der Lichtung vor dem Turm wuchsen. Die Tatsache, daß Roccoli grundsätzlich nicht im Wald, sondern auf Wiesen gebaut wurden, spricht dafür, daß auch der Roccolo Adamini ursprünglich auf einer Wiese gestanden hat.

Der Blick auf das gegenüberliegende Seeufer, vor allem auf den Monte Caslano, war demnach freier als heute. Vielleicht hat Hermann Hesse seinen Schriftstellerkollegen Heinrich Wiegand zu diesem schönen Ort geführt, als er mit ihm einen Spaziergang machte, den dieser in seinen Tagebuchnotizen festhielt: »Mittag mit Hermann Hesse. [...] Spaziergang mit H. H. und Ninon. Kreisweg über Agra. Der See. Der ›Sassalto‹. Die glänzenden Stechpalmen.«[20]

Die Tessiner Sitte, die im Roccolo gefangenen Singvögel zu essen, führte übrigens dazu, daß zeitweise kaum noch Vogelgezwitscher im Wald zu hören war, sehr zum Leidwesen der Sanatoriumspatienten. Es ist überliefert, der Chefarzt habe unter den Einheimischen die Nachricht verbreiten lassen, daß Insekten die Tuberkuloseerreger übertragen und deshalb die Vögel zwecks Insektenvertilgung geschont werden müßten. Diese Taktik soll Erfolg gehabt haben. Ein anderer lokaler Brauch der Tessiner, nämlich »polenta e gatto« (»Polenta und Katze«) als Delikatesse zu genießen, wurde hingegen noch lange Zeit fortgesetzt. Auch der Katzenliebhaber Hermann Hesse war manchmal in Sorge: »Cuore mio! erstens habe ich vergessen dir von meiner Katze zu berichten. Also sie lebt noch, war inzwischen bei Natalina (deren eigene, fette Katze zum Essen gestohlen wurde) und ist noch ganz unverändert, winzig klein, ruppig und scheu wie ein Waldteufel«.[21]

Der Spaziergang führt nun auf dem Pfad unterhalb des Roccolo weiter Richtung Montagnola an der Posmonte-Wiese vorbei, die man während des zweiten Spaziergangs von oben sehen konnte. Am Ende der Wiese, unmittelbar hinter dem Bach, ist auf einem Baumstamm der Hinweis »Richtung Montagnola und Carabietta« geschrieben; hier biegt ein steiler Pfad links in den Wald hinunter. Im Herbst, an feuchten regnerischen Tagen, sind hier manchmal unzählige der seltenen Feuersalamander neben und auf dem Weg zu beobachten. Nach wenigen Minuten erreicht man eine leicht abfallende Wiese, die im Frühling von vielfarbigen Wildblumen übersät ist und an deren unterem Ende rechts ein Waldpfad nach wenigen Metern wieder auf den Ausgangspunkt stößt, die Via Minigera, welche bequem ins Dorf zurückführt.

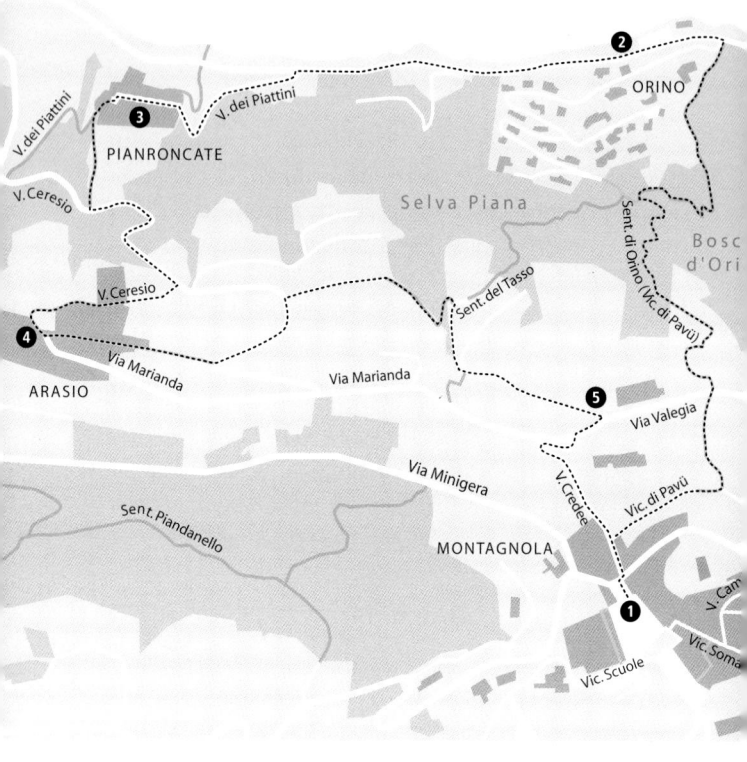

[1] **Piazza Brocchi Montagnola** [2] **Strand von Orino** [3] **Pianron-cate** [4] **Kapelle San Silvestro** [5] **Roccolo da Castèll in Arasio**

Vierter Spaziergang:

Hermann Hesses Badefreuden im See und intensive Farben am »Ölberg«

Dieser Spaziergang führt auf dem kürzesten Weg in ca. zwanzig Minuten von Montagnola zum Luganer See und hat sich teilweise die Ursprünglichkeit der Landschaft und die Naturschönheit bewahrt, wie Hermann Hesse sie in seiner Betrachtung *Der kleine Weg* beschrieb.[1]

Wahrscheinlich ging Hermann Hesse diesen Weg nach Orino, wenn er während seines ersten und sehr heißen Tessiner Sommers schnell zum Baden wollte, anstatt den doppelt so langen Abstieg nach Agnuzzo zu nehmen, zumal seine Freunde Hugo Ball und Emmy Ball-Hennings erst ab Ende 1920 hier lebten. Auch aus einem Brief Hesses, den er im Sommer 1922 an Hugo Ball in München schrieb, geht hervor, daß er zum Baden oft einen anderen Weg als den nach Agnuzzo nahm: »Wie lang bin ich den kleinen Waldweg und nach Cappella [d'Agnuzzo] und zu Ihnen nicht mehr hinab gegangen! Dagegen war ich einigemal wieder am See unten zum Bad, neulich mit meinen Söhnen [...]«[2] Schließlich wird die Vermutung, daß Hesse sich für seine Betrachtung *Der kleine Weg* von dem Waldpfad nach Orino hat inspirieren lassen, unterstützt durch eine Publikation der lokalen Kulturstiftung, welche die historische Entwicklung der Collina d'Oro untersucht. Dort wird bei der Beschreibung des Fußweges von Montagnola nach Orino ausführlich Hermann Hesses *Der kleine Weg* zitiert, da seine Schilderung in vielen Punkten mit der Wegführung übereinstimmt.[3]

Ausgangspunkt dieser Wanderung ist die Piazza Brocchi in Montagnola. An ihrer Südwestecke geht man die sehr steile Via Credee hinunter und biegt dann nach wenigen Metern rechts in den Vicolo di Pavü ein, der eine gute Sicht auf den alten Dorfkern bietet. Schon bald geht das Sträßchen in einen Schotterweg über, welcher an neuen und alten Häusern vorbei auf eine Wiese und auf die Via Marianda stößt. Es ist zu hoffen, daß nicht auch diese Wiese Baugrundstück wird und man in Zukunft die vor allem im Frühling malerische Schönheit genießen kann, wie sie schon Hesse beschrieb: »Daneben wächst Gras, ein dünnes, kurzes, trockenes Gras, eine kleine, steil abfallende Wiese, oben von den Kastanien beschattet, unten in der Sonne, und auf dieser kleinen trockenen und oft staubigen Wiese gibt es im allerersten Frühjahr stets etwas Hübsches zu sehen, nämlich Hunderttausende von ganz kurzen, ganz feinen und kleinen weißen Crocus, deren Schar wie ein Silberpelz, wie ein feiner weißer Hauch oder Schimmel den runden Grasrücken hinabläuft.«[4]

»Man geht wie in einer tiefen Rinne …« Durch den Wald bis nach Orino

Auf der gegenüberliegenden Straßenseite führt der schmale Sentiero di Orino, zum Teil als Treppchen, zwischen verborgen liegenden Villen und vorbei an zum Teil verwilderten Gärten mit Rhododren, Azaleen, Palmen und armdikken Glyzinen zum Wald. Ein Hohlweg hat sich hier durch hohe, alte Kastanienbäume und Stechpalmen eingegraben; ein breiter und steiler Weg, heute wenig begangen, dschungelartig, mit Blick auf tiefe, bewaldete Schluchten und märchenhaft anmutend. Schon nach wenigen Minuten öffnet sich der Wald zu einer Lichtung mit Blick auf den See, die gegenüberliegenden Berge und auf die Hohlziegel-Dächer der Häuser von Orino. Diese sind neueren Datums, zu Hesses Zeiten gab es hier einige wenige Häuser und Ställe auf einem Wiesenhügel, die heute nicht mehr existieren: »Jenseits beginnt gleich wieder der Wald. Zuerst wieder dünnes Kastaniengestrüpp, dann Akazien, die im Mai duften wie ein tropischer Traumgarten, dazwischen viele Stechpalmen, deren blechernes Laub so fett und beruhigend glänzt und deren rote Beeren im Winter durch den kahlen Wald leuchten. Der kleine Weg ist hier wieder sehr steil, und in Regenzeiten rinnt hier ein wilder Bach talabwärts; darum ist das Wegchen hier so tief ausgespült. Man geht wie in einer tiefen Rinne, wie in einem Schützengraben, und hat die Wurzelstöcke der Kastanien vor den Augen, und neben ihnen, an Farbe gleich dem welken Laub, findet man da und dort im Herbst einen schönen Steinpilz. [...] Jetzt wird der Weg weniger steil, er läuft eine Weile fast eben hin, und der Wald wird sogleich hoch und voll; alte schöne Bäume stehen hier noch geschont zusammen, auch einige Eschen darunter; an dieser Stelle bleibt vom Bach bis in den Sommer hinein ein Rest und kleiner Tümpel übrig, und es wachsen ein paar Blumen, die man sonst an unsrem Berg nicht findet. Der kleine schmale Weg erholt sich; und er wird breiter, stellenweise verdoppelt er sich und hat einen kleinen Zwilling, einen fratello neben sich laufen. Und unversehens tut der alte Wald sich auf; unter seinen letzten Bäumen steht eine Hütte, ein Stall oder Schuppen, von warmem Gelbbraun mit rotem Dach.«[5]

Eines dieser Häuser von Orino, Sitz der Druckerei Andreoli, ist in die Geschichte der italienischen Literatur ein-

Der Waldweg von Montagnola nach Orino.

gegangen: Alessandro Manzonis wichtigstes Werk *I promessi sposi* wurde 1838 und 1839 hier gedruckt.[6] Weshalb das Manuskript nach Orino zum Drucken gebracht wurde, bleibt in den Berichten unklar. Es ist durchaus möglich, dass Manzonis zeitkritischer Roman in Italien nicht erwünscht war und deshalb an diesem abgelegenen Ort hergestellt wurde. Die Druckerei Andreoli war bis 1839 tätig, das Gebäude in Orino wurde 1962 abgerissen. Von der Druckerei sind noch Teile der Druckpresse erhalten und befinden sich in Privatbesitz, alles andere ist verlorengegangen. Man kann in einigen Antiquariaten in Italien noch heute Exemplare dieser seltenen und wertvollen Ausgabe von *I promessi sposi* finden.

Auf der Lichtung geht man nicht ins Dorf hinunter, das heute außer Häuschen neueren Datums nicht viel zu bieten hat, sondern biegt scharf rechts in den Waldweg ein, der nördlich des Dorfes, durch üppige Vegetation und begleitet vom Rauschen des Baches und dem Zwitschern der Vögel bergab führt. Dieses Waldstück läßt wegen seiner riesigen alten Bäume, seiner Schluchten und seiner im Sommer fast tropischen Schwüle ferne Länder erahnen und erinnert an ein Zitat aus *Klingsors letzter Sommer*: »Ich fuhr nach Asien, und es war damals sehr notwendig, daß ich es tat. Aber alles, was ich dort fand, das finde ich heut auch hier: Urwald, Hitze, schöne fremde Menschen ohne Nerven, Sonne, Heiligtümer. Man braucht so lang, bis man lernt, an einem einzigen Tag drei Erdteile zu besuchen. Hier sind sie. Willkommen, Indien! Willkommen, Afrika! Willkommen, Japan!«[7]

Schon bald kommt man zu einem halb verfallenen, ehemaligen Stall, der langsam von der Natur erobert wird, von Efeu berankt, von Brombeeren umwuchert, von Akazien und anderen Bäumen fast erdrückt. Der Weg führt nun zum Bach und zu einer blumenübersäten, abschüssigen Wiese hinunter; dahinter erstreckt sich das Grundstück einer imposanten Villa. Der Blick auf den See und auf die Kirche Santa Maria d'Iseo am gegenüberliegenden Seeufer ist beeindruckend. Ein grasbewachsener Pfad führt hinunter zum See. Leider ist heute fast das gesamte Seeufer in Privatbesitz, umzäunte Häuser und Villen versperren bis auf wenige Ausnahmen den Zugang.

Exkurs: Landverkauf im Tessin

Die großen Landverkäufe an vermögende Ausländer oder Deutschschweizer, die sich Ferienhäuser im Tessin bauten, fanden vor allem in den 60er und 70er Jahren statt, doch es läßt sich in den Betrachtungen und Briefen Hermann Hesses gut nachvollziehen, wie sich der »Ausverkauf« des Tessins zu seiner Zeit zu entwickeln begann. Schon 1919 konstatierte er: »Wir alte Auslandsdeutsche treten sehr in den Hintergrund, sind auch mit unsren sorgenvollen Gesichtern und Fransen an den Hosen nicht recht präsentabel. Dafür wird unser Volk glanzvoll durch eben jene Herrschaften vertreten, die sich hier mit Hilfe der rechtzeitig weggeschmuggelten Gelder Häuser, Gärten und Bürgerrecht gekauft haben.«[8] Und 1927 sah er die Zerstörung der Landschaft durch eine zügellose Bautätigkeit und Zunahme des Tourismus voraus: »Jahr um Jahr vermehren sich die Autos, werden die Hotels voller, auch noch der letzte, gutmütigste alte Bauer wehrt sich gegen die Touristenflut, die ihm seine Wiesen zertritt, mit Stacheldraht, und eine Wiese um die andre, ein schöner, stiller Waldrand um den andern geht verloren, wird Bauplatz und eingezäunt. Das Geld, die Industrie, die Technik, der moderne Geist haben sich längst auch dieser vor kurzem noch zauberhaften Landschaft bemächtigt, und wir alten Freunde, Kenner und Entdecker dieser Landschaft gehören mit zu den unbequemen, altmodischen Dingen, welche an die Wand gedrückt und ausgerottet werden. Der Letzte von uns wird sich am letzten alten Kastanienbaum des Tessins, am Tag eh der Baum im Auftrag eines Bauspekulanten gefällt wird, aufhängen.«[9]

Mit Beginn des Zweiten Weltkrieges nahm die Anzahl der Deutschschweizer, die sich südlich der Alpen vor einer deutschen Invasion geschützt glaubten, zu. Das hatte zur Folge, daß vermehrt Immobilien aufgekauft wurden, worunter auch Hesses Freundin Emmy Ball-Hennings litt: »Emmy Hennings [...] ist recht beunruhigt, ihre Wohnung ist ihr gekündigt, die Gegend überfüllt sich rasch, die Basler und Zürcher kaufen und mieten in unsrem Kanton, der ihnen sicherer scheint, eine Menge Häuser, auch Frau Emmy mußte in den letzten Wochen jeden Tag ihre Wohnung besichtigenden Fremden zeigen.«[10]

Ende der 50er Jahre war Hermann Hesse dann direkt betroffen vom Beginn des großen Baubooms. Stand bis dahin seine Casa Rossa fast allein auf dem Hügel, wurde nun das Land unterhalb des Hauses verkauft: »Wo gestern noch ein launisch gewundenes Fußwegchen zwischen Rebenreihen und Geißblattheckchen sich am Hang verloren hatte, sah man heute über aufgewühltem Grund Lastwagen halten und Backsteine und Zementsäcke abladen, und wieder etwas später standen dort statt Wiesenblumen, Reben und Feigenbäume Drahtzäune mit kleinen grellfarbigen Vorstadthäuschen dahinter, von der Stadt und Tal herauf kam es unablässig uns entgegengekrochen: Parzellierung, Neubauten, Straßen, Mauern, Beton-Mischmaschinen, Rausch des Aufschwungs und Fieber der Grundstückspekulation, Sterben des Waldes, der Wiesen, der Rebberge. [...] unser Dörfchen war eine Stadt Segelfoß geworden, es wurde Haus um Haus und Straße um Straße gebaut, Läden wurden eröffnet oder vergrößert, es gab ein neues Postamt, ein Café, einen Zeitungskiosk, hundert neue Telefonanschlüsse, es verschwanden unsre einstigen Spazierwege, meine versteckten Malplätze und Rastorte der Klingsorzeit.«[11] Der Besitzerin der Casa Rossa, Elsy Bodmer, gelang es, kurz darauf ein großes Wiesen- und Waldstück unterhalb des Hauses zu erwerben und damit eine Bebauung zu verhindern.

Hermann Hesse hat die weitere Entwicklung des massenhaften Grundstücksverkaufs nicht mehr erlebt, welcher Ende der 70er Jahre seinen Höhepunkt fand. In guter Erinnerung bleibt das Plakat »Deutsche Arbeiter! Die SPD will euch eure Villen im Tessin wegnehmen« des Künstlers Klaus Staeck, das 1972 satirisch die Situation charakterisierte.

Am Seeufer fallen die Auswirkungen dieser unkontrollierten Besiedlung besonders ins Auge. So muß man heute in Orino ca. fünfzig Meter an der stark befahrenen Straße südlich gehen, um auf ein kleines öffentliches, etwas verwahrlostes Stück Seeufer zu stoßen, das gerade einmal Platz für eine Handvoll Menschen bietet. Spuren von Lagerfeuern lassen auch auf eine abendliche Nutzung schließen; jemand hat aus Baumästen Geländer gebastelt, die den Einstieg in den See erleichtern. Weitere hundert Meter links die Straße entlang findet man einen größeren Strand. Hier gibt es Rasen und Bänke, Segelboote liegen vor Anker, ein Teil des Ufers ist mit Schilf bewachsen – ein idealer Ort, um eine kurze Badepause einzulegen. Dies ist besonders reizvoll

**Der Roccolo di Castèll, von Hermann Hesse in
»Klingsors letzter Sommer« »Ölberg« genannt.**

am Spätnachmittag oder gegen Abend, wenn die tiefe Sonne noch heiß brennt und erst spät hinter den gegenüberliegenden Bergzügen versinkt. Auch Hermann Hesse wußte diese Momente zu schätzen, wenn er sich schnell mit einem Bad im See erfrischen wollte: »Gegen den Abend aber wird es Zeit, irgendwo den See aufzusuchen, ein Stück Sandstrand mit Gehölz dahinter, etwas Schilf und etwas Gras. Der See leckt mit warmer Zunge am abendlich verglühenden Sand, die Angler stehn mit langen Ruten träumerisch auf dünnen Waden in den Bachmündungen, die Berge nehmen abendliche Färbungen an, der goldene Abendzauber geht über die Welt, und das Weh im Herzen wird für Stunden süß und wohlschmeckend.«[12] Hesse genoß diese Stunden und das Baden im See sehr, oft ging er in den ersten Jahren von der Casa Camuzzi hinunter an den See, um sich vom Schreiben zu erholen oder einen Malausflug im kühlen Naß abzuschließen: »[...] auf glühendem Kiesgeröll blau und tiefgrün kommt Welle um Welle heran, leckt am rot und orangenen Strand, rückt am Steingeschiefer, spielt mit dem Schwemmholz, knistert im dünnen Schilf. In hellblauem Dunst jenseits der kristallenen Wasserbläue steht Berg hinter Berg, jeder fernere um einen leisen Ton heller, um einen leisen Gedanken duftiger, darüber hoch und grimmig die Sonne. Ich hänge den Rucksack an einen Ast, ich reiße die Kleider ab, kaum ertragen die nackten Fußsohlen den durchglühten Kies. Das seichte Wasser, in das ich trete, ist warm wie die Luft, erst draußen beim Schwimmen empfinde ich eine Ahnung von Kühle, tief tauche ich in den dunklen blauen Abgrund hinab. Ich lege mich auf den Rücken, treibe lang, jede Welle schlappt mir launaß über Augen und Mund, aber der Wind kühlt, langsam, mit leisem Saugen zieht er die Hitze aus meiner aufatmenden

Haut. Gestillt kehre ich zurück, rolle mich eine Weile im seichten Strandwasser, springe hoch und werfe mich in den brennenden Sand an die Sonne, liege lange tot, um nochmals heiß zu werden und das Spiel noch einmal zu spielen. Zweimal, dreimal spiele ich es, lasse mich braten, lasse mich kühlen. Alle Leidenschaft, alle Mühsal und aller Reiz des Lebens ist in diesem Spiel gespiegelt, alles Rennen und Ruhen, Brennen und Erlöschen, Rasen und Erschlaffen.«[13]

Durch Kastanienwälder nach Pianroncate und Arasio

Will man einen ganzen Badetag am Luganer See verbringen, dessen Wasserqualität sich in den letzten Jahren deutlich verbessert hat, ist das große, von hohen Bäumen beschattete Seegrundstück in Casoro bei Figino zu empfehlen.[14]

Nach der Pause am Strand folgt man der Straße, die nun über einen schmalen Gehweg verfügt, ungefähr 300 Meter weiter Richtung Pianroncate. Auf der gegenüberliegenden Seeseite sieht man das zum Dorf Magliaso gehörende »Centro Evangelico di vacanze e istruzione« (»Evangelisches Ferien- und Ausbildungszentrum«), eine seit Jahrzehnten beliebte Unterkunft für Jugend-Reisegruppen und Ziel vieler Klassenfahrten. Für Ausflüge auf die Collina d'Oro setzen die Gäste heute wie früher mit einem Boot nach Pianroncate über, um von hier aus zu Fuß die Gegend zu erkunden. Auch der siebzehnjährige Silver Hesse, der in Zürich wohnte, besuchte auf diesem Weg im Jahr 1959 seinen Großvater Hermann, von ihm »nonno« genannt, als er zu einem einwöchigen Aufenthalt in Magliaso weilte: »Und so werde ich also eines Tages von zwei Schulkollegen mit dem

Boot über den See zum gegenüberliegenden Ufer gerudert, wo ich den steilen Pfad aufwärts steige. Der 82jährige kommt mir auf halbem Weg entgegen und wir unternehmen einen weiten Spaziergang durch die Kastanienwälder und sommerlichen Wiesenhänge über die Collina d'Oro. Er kennt die mir unbekannten Wege genau und macht auf manches, woran wir vorbeigehen, aufmerksam. Wir reden und diskutieren, wie wenn wir das immer tun würden oder unter uns üblich wäre. [...] Über manches, was einen Siebzehnjährigen so beschäftigt, unterhalten wir uns – wie Gleichaltrige und nicht wie Grossvater und Enkel. Das war mein prägender Eindruck: den alten Mann interessiert, was ich denke und von der Welt und dem Leben halte, er fragt, will Genaueres wissen; ich fühle mich wie ein Erwachsener – ernst genommen. Am späten Nachmittag endet unsere Wanderung bei der ›Casa Rossa‹, seinem Wohnhaus, wo wir beide – inzwischen doch etwas hungrig – von Ninon erwartet und bewirtet werden. Nach dem ausgedehnten ›Zvieri‹ begleitet mich mein ›Nonno‹ ein Stück Weges zurück, den steilen Abstieg zum Seeufer mache ich ohne ihn. So habe ich einen wunderbaren Nachmittag allein mit meinem ›Nonno‹ verbracht.«[15]

Unser Spaziergang folgt dem Weg, den Silver Hesse damals nahm und teilweise mit seinem Großvater zusammen beschritt. Man biegt links, dem Schild Richtung Pianroncate folgend, in die Via dei Piattini, benannt nach einem Künstler- und Baumeistergeschlecht, das hier ab dem 17. Jahrhundert lebte, und steigt unter hohen Bäumen hinauf ins Dorf. In der schmalen, pittoresken Gasse sind noch einige alte Häuser und Wirtschaftsgebäude im ursprünglichen Dorfkern erhalten. Hinter dem letzten Haus, an einem Brunnen aus dem Jahre 1935, steigt man links am Wiesenrand, an Weinbergen vorbei, einen Treppenpfad hinauf, der auf die asphaltierte, steile, aber kaum befahrene Via Ceresio stößt. Diese spaziert man bis zu den ersten Häusern von Arasio hinauf. Man folgt in einer scharfen Rechtskurve der Via Ceresio bis in den Ortskern, vorbei an einer idyllischen, sanft abfallenden Wiese mit terrassenförmigen Weinreben und großen Kirsch- und Feigenbäumen sowie kleineren Aprikosen- und Pfirsichbäumen.

Hermann Hesse hielt sich in Arasio oft zum Malen auf, wie ein Abmeldezettel an der Tür seiner Wohnung in der Casa Camuzzi verkündete: »Bin zum Malen fort. Wahrscheinlich Gegend um Arasio«.[16] Vermutlich beschrieb er diese schöne Wiese in der Via Ceresio in einem Brief an Ruth Wenger: »So, jetzt war ich in Arasio, und habe wieder einmal Hütte und einen blühenden Pfirsichbaum zu malen versucht, und habe meinen Malsessel dabei zerbrochen. Die Blüte ist hier unglaublich schön, so reich und saftig und dabei so lieb und unmateriell, es ist schon wunderbar.«[17] Und an Lisa Wenger heißt es zwei Jahre später im Frühjahr: »[...] die Wiesen sind doch voller Blumen wie ein Teppich, wenn ich nur ein Stück herausschneiden und dir schicken könnte.«[18] Man sollte nicht vergessen, daß damals der Großteil der Landschaft unterhalb von Arasio aus Wiesen bestand und unbebaut war. Zeitzeugen berichten, daß man noch in den 60er Jahren von der Piazza Brocchi in Montagnola im Winter mit dem Schlitten bis nach Arasio herrliche Abfahrten machen konnte.

Eine Treppe führt am Ende der Via Ceresio links hoch zur Piazza San Silvestro, an der sich noch der steinerne alte Waschplatz befindet. Auf der südlichen Seite des Platzes geht ein kleiner Weg zur Kapelle San Silvestro, dem ältesten christlichen Gebäude in der Gemeinde Collina d'Oro. Es stammt aus dem Jahre 1250 und wurde im 17. und 19. Jahrhundert umgebaut. Früher kam der Pfarrer von S. Abbondio in Gentilino zumindest einmal in der Woche, um den Rosenkranz zu beten oder eine Messe abzuhalten, heute findet nur noch unregelmäßig ein Gottesdienst statt. Besonders schön, zugleich feierlich und volkstümlich, ist die Messe am Silvestertag, die bei jedem Wetter um die Mittagszeit auf dem Platz San Silvestro abgehalten und von vielen Dorfbewohnern gern besucht wird.

Der kleine Vorplatz der schlichten Kirche mit dem Bildnis des San Silvestro auf der Fassade bietet eine schöne Sicht aufs Tal, auf das Malcantone, den Monte Caslano und den Golf von Ponte Tresa. Im Innenraum der Kirche sind das Gemälde »San Silvestro tauft den Kaiser Costantino« aus der ersten Hälfte des 18. Jahrhunderts sowie Deckenmalereien aus dem 19. Jahrhundert erhalten.[19] Ansonsten ist von der ursprünglichen Einrichtung nichts mehr vorhanden, da die Kirche 1991 vollständig renoviert wurde und dabei auch die alten Holzbänke bequemeren neuen weichen mußten.

Von der Piazza San Silvestro gelangt man durch einen Torbogen in die Via dei Lucchini und nach wenigen Metern links zwischen den Häusern hindurch auf einen kleinen Platz, der in seiner Abgeschlossenheit einen ruhigen Charme ausstrahlt. Hier befindet sich das Geburtshaus von Pasquale Lucchini (1798-1892), der nicht nur im politischen Leben des Kantons eine Rolle gespielt, sondern sich vor allem als Ingenieur einen Namen gemacht hat. Sein bekanntestes Bauwerk ist der Damm von Melide, der seit 1847 den Luganer See zwischen Melide und Bissone überbrückt und auch heute noch eine wichtige Verkehrsverbindung nach Italien darstellt.

Der »Ölberg«

Wieder zurück in der Via dei Lucchini, folgt man der Straße bis zum Ortsausgang, zwischen Gärten und hohen Hecken hindurch. Man stößt auf die Via Campagna, die man links hinuntergeht. Rechts biegt man in die Via Selva Piana ein, die in einen Wiesenweg, den Sentiero del Tasso, übergeht, welcher sich zwischen Villen und Waldrand am Hang entlangschlängelt. Am Ende des Pfades folgt man rechts der Straße, die durch ein ruhiges Wohngebiet führt und schon bald mit Via Castell ausgeschildert ist. Nach fünf Minuten erhebt sich links auf einem Hügel der Roccolo da Castèll, erbaut um 1200, den man vom Parkplatz aus über eine ansteigende Wiese erreicht. Mittelalterliche Dokumente belegen, daß hier früher eine Burg gestanden hat.[20] Hermann Hesse nannte diesen Hügel, sicherlich nicht zufällig, »Ölberg« und machte ihn in seiner Erzählung *Klingsors letzter Sommer*, entstanden im ersten Tessiner Sommer 1919, zum Schauplatz: »Louis der Grausame war vom Himmel gefallen, plötzlich war er da, Klingsors alter Freund, der Reisende, der Unberechenbare, der in der Eisenbahn wohnte und dessen Atelier sein Rucksack war. Gute Stunden tropften vom Himmel dieser Tage, gute Winde wehten. Sie malten gemeinsam, auf dem Ölberg und in Cartago. ›Ob diese ganze Malerei eigentlich einen Wert hat?‹ sagte Louis auf dem Ölberg, nackt im Grase liegend, den Rücken rot von der Sonne. ›Man malt doch bloß faute de mieux, mein Lieber. Hättest du immer das Mädchen auf dem Schoß, das dir gerade gefällt, und die Suppe im Teller, nach der dir heute dein Sinn steht, du würdest dich nicht mit dem wahnsinnigen Kinderspiel plagen. Die Natur hat zehntausend Farben, und wir haben es uns in den Kopf gesetzt,

Hermann Hesse, »Roccolo in Montagnola«,
Aquarell auf Papier, 2. August 1928.

die Skala auf zwanzig zu reduzieren. Das ist die Malerei. Zufrieden ist man nie, und muß noch die Kritiker ernähren helfen. Hingegen eine gute Marseiller Fischsuppe, caro mio, und ein kleiner lauer Burgunder dazu, und nachher Mailänder Schnitzel, zum Dessert Birnen und ein Gorgonzola, und ein türkischer Kaffee – das sind Realitäten, mein Herr, das sind Werte! Wie ißt man schlecht in eurem Palästina hier! Ach Gott, ich wollte, ich wäre in einem Kirschbaum, und die Kirschen wüchsen mir ins Maul, und grade über mir auf der Leiter stünde das braune heftige Mädchen, dem wir heute früh begegnet sind. Klingsor, gib das Malen auf! Ich lade dich zu einem guten Essen in Laguno ein, es wird bald Zeit!‹«[21]

Auch heute noch kann man am Roccolo die besondere Atmosphäre spüren, die Hesse wahrscheinlich zu diesem bedeutungsvollen Namen inspiriert hat. Obwohl die Bäume höher sind und talwärts eine riesige Eiche die Sicht teilweise versperrt, ist der Ausblick immer noch beeindruckend. Von hier sieht man gut die »chinesische Mauer« und die Villa Gilardi an der Via Minigera und den Pavillon am Waldrand,[22] links die Fassaden der alten Häuser und auch manches protzige, neue Gebäude; dahinter die Villa des alten Bürgermeisters Gilardi, in der später für kurze Zeit George Harrison lebte.[23] Über allem erheben sich mächtig der San Salvatore und der Monte Boglia.

Um den Rückweg ins Dorf anzutreten, geht man nun hinter dem Spielplatz ein Stück die Via Marianda rechts entlang und dann gleich wieder links in die Via Credee, die steil nach oben ins Dorf zurückführt.

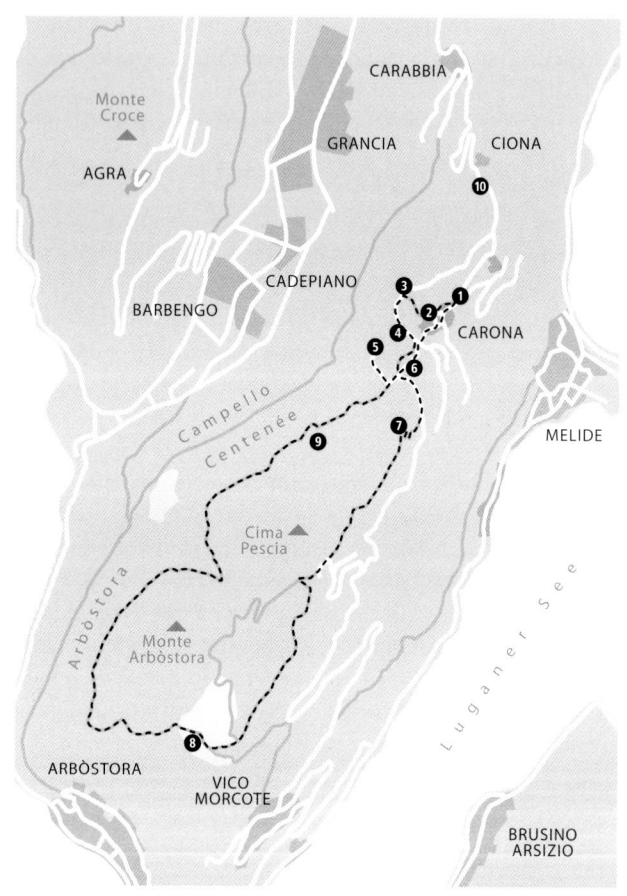

[1] Kirche San Giorgio [2] Casa Costanza (»Papageienhaus«) [3] Casa Pantrovà [4] Grotto Pan Perdü [5] Kirche Santa Marta [6] Friedhof Santa Marta [7] Parco San Grato [8] Alpe Vicania [9] Kirche Madonna d'Ongero; Abstecher auf dem Rückweg: [10] Ciona

Fünfter Spaziergang:

»Ich bin der Hirsch und du das Reh«

Hermann Hesse und Ruth Wenger
in Carona und Umgebung

Hermann Hesse hielt sich in den ersten Tessiner Jahren sehr häufig in Carona auf. Kennengelernt hatte er dieses wunderschöne, idyllische Dorf gleich im ersten Sommer auf Wanderungen, die er von Montagnola aus zusammen mit Freunden unternahm. In zweierlei Hinsicht bedeutsam ist der Ausflug, den er am 24. Juli 1919 mit Margherita Osswald, deren Ehemann Paolo Osswald sowie Anny und Hermann Bodmer nach Carona machte.[1] Literarisch hat dieser Ausflug Hermann Hesse zu dem Kapitel »Der Kareno-Tag« in seiner Erzählung *Klingsors letzter Sommer* inspiriert;[2] persönlich war dieser Tag folgenreich, weil Hesse in Carona die zwanzig Jahre jüngere Ruth Wenger (1897-1994), die »rote Königin der Gebirge«, wie er sie im *Klingsor* nennt, näher kennenlernte.[3]

Hermann Hesse und Ruth Wenger

Ruth Wenger stammte aus großbürgerlichen Verhältnissen: ihre Mutter Lisa Wenger (1858-1941) hatte sich als Schriftstellerin einen Namen gemacht, ihr Vater Theo Wenger (1868-1928) war Fabrikant für Stahlwaren in Delsberg (Delémont). Ruth Wenger wuchs in Delsberg und Basel auf, lebte zeitweise in Lausanne und absolvierte schließlich eine Ausbildung als Sängerin in Basel. 1919 kaufte die Familie

Wenger im Bergdorf Carona ein Ferienhaus, die Casa Costanza, nach einem Fresko am Giebel später von Hermann Hesse »Papageienhaus« genannt. Hier sah Hermann Hesse im Juli 1919 Ruth Wenger wieder und fühlte sich wohl sofort von ihr angezogen. Kurz darauf besuchte Ruth Wenger Hesse in Montagnola, und nach einigen Monaten spärlichen Kontakts entspann sich ab 1920 ein Liebesverhältnis. Schon im Januar dieses Jahres schrieb Hesse ein Liebesgedicht für Ruth:

Liebeslied

Ich bin der Hirsch und du das Reh,
Der Vogel du und ich der Baum,
Die Wolke du und ich der Schnee,
Du bist der Tag und ich der Traum.

Nachts aus meinem schlafenden Mund
Fliegt ein Goldvogel zu dir,
Hell ist seine Stimme, sein Flügel bunt,
Der singt dir das Lied von der Liebe,
Der singt dir das Lied von mir.[4]

Ruth, die eine große Tierliebhaberin war und außer Hunden, Katzen, Papageien zeitweise auch Schlangen und Affen hielt, verbrachte die Sommermonate größtenteils in Carona. Hesse besuchte sie hin und wieder in Zürich und Basel. 1922 schrieb er das Liebesmärchen *Piktors Verwandlungen* für seine Freundin und illustrierte es mit farbigen, ornamenthaften Aquarellen.[5] Die Verbindung zwischen den beiden war nicht unkompliziert, was nicht nur in der räumlichen Distanz begründet war. Ruth wünschte sich die

**Ausflug nach Carona am 24. Juni 1919. Von links nach rechts:
Unbekannte Frau, Paolo Osswald, Margherita Osswald-Toppi,
Hermann Hesse, Ruth Wenger, Dr. Hermann Bodmer.**

Gründung einer Familie, während dem älteren Hermann
Hesse eine eher freie, unverbindliche Beziehung vorschwebte. Nicht zuletzt aufgrund des Eingreifens von Theo Wenger, der Hesse zornige Briefe schrieb und ihn zur Heirat
drängte, ließ sich Hermann Hesse zu einer Eheschließung
überreden. Dazu mußte er zunächst die Scheidung von seiner ersten Frau Mia Bernoulli, von der er seit 1919 getrennt
lebte, und das komplizierte Procedere der Einbürgerung
in die Schweiz organisieren. Schließlich heirateten Ruth
Wenger und Hermann Hesse im Januar 1924 in Basel. Die
Ehe dauerte nur drei Jahre, in denen die Eheleute nie zusammen in einer Wohnung lebten. Man wohnte im ersten

Winter dicht beieinander in Basel, bis Hesse im Frühjahr 1924 nach Montagnola zurückkehrte. Persönliche Begegnungen fanden nun vor allem in Carona oder auf der Collina d'Oro statt. Nicht immer verliefen diese Treffen harmonisch, wie aus einem Brief von Ruth hervorgeht, den sie nach einem Besuch in Montagnola aus Basel sandte:

»Lieber Hermann,

sicher ist es nach der Enttäuschung, die unser Beisammensein uns brachte, besser, wenn ich mit meinem Besuch noch ein wenig warte. Ich wenigstens habe noch nicht die Kraft, aufs Neue solche Tage zu erleben, die auf die Freude des Wiedersehens hin doppelt schwer sind. Und ich darf nicht den Mut verlieren. Bald wird es wieder gut sein und dann kann ich kommen. Ich denke, auch dir ist es lieber so.

Lass mich nicht mehr schreiben heute, es käme dumm und traurig heraus. [...] d. Ruth«[6]

Im Winter 1924 zog Hesse wieder nach Basel, diesmal in eine von Ruths Domizil weiter entfernte Wohnung. Im Februar 1925 erkrankte Ruth an einer langwierigen Tuberkulose, die Liegekuren in Carona und ab September in Arosa notwendig machten. Besuchte Hesse Ruth noch regelmäßig in Carona, reiste er zu ihrer Enttäuschung nicht ein einziges Mal zu ihr nach Arosa. Nach ihrer Genesung im Sommer 1926 hielt sich Ruth wieder im Tessin auf, die Entfremdung zwischen den beiden war jedoch so weit fortgeschritten, daß sich das Ende der Beziehung abzeichnete. Ruth hatte zudem eine Liebschaft mit dem Maler Karl Hofer begonnen. Im Januar 1927 reichte sie die Scheidung von Hermann Hesse ein, welche im April vollzogen wurde. Drei Jahre später heiratete Ruth Wenger Erich Haußmann. Bis

1955 lebte das Ehepaar am Bodensee, um dann in einen Vorort von Ostberlin überzusiedeln, wo Ruth 1994 starb. Bis kurz vor Hesses Tod bestand eine lockere Korrespondenz zwischen ihm und Ruth.

Von Lugano über Pazzallo und Carabbia nach Carona

Wenn Hermann Hesse in den 20er Jahren Ruth in Carona besuchte, ging er zu Fuß von Montagnola bergab nach Pambio-Noranco, durchquerte das Tal und stieg auf der anderen Seite über Pazzallo, Carabbia und Ciona den Berg nach Carona hinauf. Oder er spazierte über Barbengo nach Torello und zur Kirche Madonna d'Ongero, und weiter nach Carona, um Ruth aufzusuchen. Heute sind diese Wege zwar noch zu begehen, jedoch nicht mehr empfehlenswert. Aus den lauschigen Waldpfaden sind größtenteils Autostraßen geworden; das Tal, wo zu Hesses Zeiten »vom Sommertag betäubt an der gelben Straße grelle gelbe Häuser schliefen, vornübergeneigt und halbtot, und am versiegten Bach die weißen metallenen Weiden hingen mit schweren Flügeln über den goldenen Wiesen«,[7] ist ein Gewirr aus Autobahnen, Schnellstraßen, Industriebauten und Einkaufszentren geworden.

Deshalb sollte man mit dem Linienbus oder mit dem Auto von Lugano aus nach Carona fahren. Die Aussicht auf den See, die Wälder und die Berge ist immer noch faszinierend, wenn es in Serpentinen bergan geht. Die Straße führt auch durch das Dorf Pazzallo, an dessen Ortseingang sich heute noch das Grotto Morchino befindet, welches nur wenig verfremdet in *Klingsors letzter Sommer* beschrieben wird. Als Klingsor und seine Freunde auf dem Rückweg von Carona von der schnell einsetzenden Dämmerung überrascht werden, kehren sie dort zum Essen ein: »So rasch man ging, die Sonne ging rascher, schon bei Palazzetto sank sie hinter den Berg, und unten im Tal war es schon Abend. [...] ›Liebe Leute‹, sagte Klingsor, ›[...] ich bin müde, und ich habe Hunger. Ich gehe von hier aus keinen Schritt mehr weiter als bis zum nächsten Grotto, der gewiß nicht weit ist. Dort gibt es Wein und Brot, das genügt. Wer kommt mit?‹ Sie kamen alle. Der Grotto wurde gefunden, im steilen Bergwald auf schmaler Terrasse standen Steinbänke und Tische im Baumdunkel, aus dem Felsenkeller brachte der Wirt den kühlen Wein, Brot war da. [...] Hoch saßen sie in schwebender Schaukel überm Abgrund der Welt, Vögel in goldenem Käfig, ohne Heimat, ohne Schwere, den Sternen gegenüber. Sie sangen, die Vögel, sangen exotische Lieder, sie phantasierten aus berauschten Herzen in die Nacht, in den Himmel, in den Wald, in das fragwürdige, bezaubernde Weltall hinein. Antwort kam von Stern und Mond, von Baum und Gebirg, Goethe saß da und Hafis, heiß duftete Ägypten und innig Griechenland herauf, Mozart lächelte, Hugo Wolf spielte den Flügel in der irren Nacht.«[8]

Das Grotto hat sich seine Ursprünglichkeit bewahrt und bietet auch heute noch vor allem einfache, regionale Speisen an, so daß man auf dem Rückweg, zum Abschluß des Spaziergangs hier einkehren und die »Klingsor-Stimmung« nachempfinden kann.

Über Carabbia, welches Hermann Hesse mehrfach in Aquarellen festgehalten hat, erreicht man nach wenigen Autominuten den Dorfeingang von Carona. Die Ankunft ist spektakulär, denn die Straße führt durch einen Torbogen direkt unter dem Kirchturm von San Giorgio hindurch und wird im *Klingsor* wie folgt beschrieben: »[...] da war das Ziel, plötzlich, unverhofft: ein dunkler Torgang, eine große, hohe Kirche aus rotem Stein, froh und selbstbewußt in den Himmel hinan geschmettert, ein Platz voll Sonne, Staub und Frieden, rot verbrannter Rasen, der unterm Fuße brach, Mittagslicht von grellen Wänden zurückgeworfen, [...] eine Steinbrüstung um weiten Platz über blauer Unendlichkeit.«[9]

Das Dorf Carona mit dem »Papageienhaus«

Die Kirche ist dem heiligen Georg gewidmet und wurde erstmals 1425 erwähnt. Das Datum 1538 über dem Portal bezieht sich auf den Abschluß von Umbauarbeiten, die später vorgenommen wurden. Es lohnt eine Besichtigung des Kircheninneren, welches schöne Malereien bietet, unter anderem das Abendmahl über der Eingangstür, das Jüngste Gericht rechts über dem Altar und rechts hinten die Abbildung der Tötung von Johannes dem Täufer. An die Kirche schließt sich die »Loggia del Comune« aus dem späten 16. Jahrhundert an.

Vom Kirchplatz aus, wo sich Parkplätze befinden und der eine wunderbare Aussicht auf den See mit der Brücke von Melide bis zum Monte Generoso und Riva San Vitale bietet, führt an der gegenüberliegenden Seite der Kirche rechts die Strada da Sora in den Dorfkern hinauf. Im *Klingsor* heißt es: »Dahinter das Dorf, Kareno, uralt, eng, finster, sarazenisch, düstere Steinhöhlen unter verblichen braunem Ziegelstein, Gassen bedrückend traumschmal und voll Finsternis, kleine Plätze plötzlich in weißer Sonne aufschreiend, Afrika und Nagasaki, darüber der Wald, darunter der blaue Absturz, weiße, fette, satte Wolken oben.«[10]

Kaum jemand weiß, daß die Granittreppe gleich nach dem ersten Haus rechts hinauf zum oft zitierten Garten der Familie Wenger führt, vom Wohnhaus Casa Costanza einige hundert Meter entfernt. Dieser befindet sich, nachdem man die Treppe erklommen hat, hinter dem Kirchturm am Rande einer Wiese hinter einer hohen Steinmauer verborgen und gehört auch heute noch zum Besitz der Nachkommen der Familie Wenger. Vom Häuschen auf dem Grundstück ist nur der Schornstein zu sehen. Hier verbrachten Hermann Hesse und Ruth Wenger, oft in Gesellschaft von Mitgliedern der Familie Wenger oder von Freunden, vor allem in den heißen Sommermonaten viele Stunden. Die Aussicht von dem Gärtchen war ähnlich der, die man vom Vorplatz der Kirche genießen kann. Hermann Hesse nannte den Garten den »blauen Stern«, nach einer Skulptur mit einer blauen Glaskugel in der Größe eines Lampions, welche die Wengers im Garten installiert hatten. Ruth Wenger erinnerte sich viele Jahre später an dieses Gärtchen: »Unser liebster Aufenthalt war mein Garten hinter der Kirche, mit seinen kleinen Terrassen, Bambuswäldchen, seinen von gelben Sonnenröschen überwachsenen Lauben und der unvergleichlichen Aussicht auf den Luganer See und den [Monte] Generoso. Ich hatte eine grosse saphirblaue Glaskugel auf einem Stab aufgestellt, und so erhielt auch der Garten den Namen der blaue Stern.«[11] Auch Hugo Ball erwähnt in einem Brief diesen Garten: »Am Abend gingen wir dann in den Garten. Von dort aus sieht man über den ganzen Luganersee, hinunter bis nach Riva San Vitale. Ja, und da trank man in einer Rebenlaube Neuenburger Wein, und es hingen bunte Lampione in der Laube; schön war's. Und Herr Hesse konnte sich gar nicht trennen, so daß es recht spät wurde, als wir den Salvatore hinunterholperten.«[12] Als Ruth 1925 an Tuberkulose erkrankte, konnte sie ihren Arzt überzeugen, die notwendige Liegekur in diesem Gärtchen durchzuführen. In Hesses Schilderungen dieser Zeit schwingt ein launig unbeschwerter Ton mit: »Es geht Ruth ordentlich, sie hat ihre Liegekur bisher, im kleinen Gärtchen in Carona, sehr gewissenhaft gemacht [...] Sie sollten dies liebe kleine Mädchen einmal da droben im Grünen liegen sehen, um sie herum der Affenpinscher Tilla und die junge Katze Lilith, über ihr im Baum der Papagei Coco. Zuweilen sitzt auch zu ihrer Seite der ergebenst Unterzeichnete und sieht mit ihr in den tiefen See hinunter.«[13]

Ruth dagegen dachte eher verbittert und verletzt an diese Zeit zurück. Sie hatte für die Zeit der Liegekur extra eine kleine Wohnung für sich allein gemietet, in der Hoffnung, Hesse würde sie dann häufiger besuchen kommen – vergebens: »So lag ich von morgens bis abends allein in meinem blauen Stern-Garten. Um fünf Uhr kam meine Mutter für eine halbe Stunde, mein Vater konnte die steile lange Treppe nicht mehr hinaufsteigen. Hesse kam ganz selten.«[14]

Folgt man der gepflasterten kleinen Strada da Sora, zwischen Gartenmauern hindurch, vorbei an Villengrundstücken, die sich mit alten Tessiner Häusern abwechseln, so eröffnet sich das alte Dorf Carona, idyllisch und verwunschen, wie Hermann Hesse es erlebt haben mag. Sehr anschaulich schilderte Ruth Wenger das Dorf, wie es sich 1919 präsentierte: »Und nun war ich an einem Ort, wo die Zeit stehen geblieben zu sein schien, wo die alten Frauen noch mit der Spindel spannen wie Dornröschen, wo Frauen das Wasser vom Brunnen holten, über den Schultern ein grosses Joch

Die Casa Costanza in Carona, von Hermann Hesse
»Papageienhaus« genannt.

mit Kupferkesseln auf jeder Seite, wo man noch auf offenen Kamin-Feuern kochte und wo die Mädchen in öffentlichen Steintrögen ihre Wäsche wuschen.«[15]

Am Ende der Gasse geht man links hinunter und erhält durch gemauerte Torbögen Einblicke in kleine, liebevoll gepflegte und üppig bepflanzte Höfe. Man folgt der Via del Centro und schlendert parallel zur Hauptstraße bis zum Gemeindehaus und dem Postamt. Der Ausschilderung Richtung Alpe Vicania folgend, kommt man an schönen alten Häuser und einem Bauernhof vorbei, wo man heute noch frische Eier kaufen und Ferienwohnungen mieten kann. Schon bald sieht man rechts ein mittelalterliches Haus mit kleinen Fenstern, in dem sich ein Antiquitätenladen befindet. Unmittelbar dahinter führt ein Gäßchen durch einen Torbogen auf einen kleinen, geschützten, von geschlossenen Häuserzeilen umgebenen Platz, die Piazza Montaa.

Hier fällt sofort die Casa Costanza der Familie Wenger ins Auge, mit zwei Balkonen und weiß-gelb gestrichen, unter dessen Dachgiebel ein Papagei aufgemalt ist. Im Kareno-Kapitel von *Klingsors letzter Sommer* ist es beschrieben: »›Ankunft in Damaskus‹, rief der Doktor. ›Wo wohnt Fatme, die Perle unter den Frauen?‹ Antwort kam überraschend aus dem kleineren Palast. Aus der kühlen Schwärze hinter der abgeschlossenen Balkontür sprang ein seltsamer Ton, noch einer, und zehnmal der gleiche, dann die Oktave dazu, zehnmal – ein Flügel, der gestimmt wurde, ein singender Flügel voller Töne mitten in Damaskus.

Hier mußte es sein, hier wohnte sie. Das Haus schien aber ohne Tor zu sein, nur rosig gelbe Mauer mit zwei Balkonen, darüber am Verputz des Giebels eine alte Malerei: Blumen blau und rot und ein Papagei. [...]

Sie fanden eine winzige Tür in einer Nebengasse, eine

heftige Glocke, teuflischer Mechanismus, schrillte böse auf, eng wie eine Leiter führte eine steile Treppe empor. Unausdenklich, wie der Flügel in dieses Haus gekommen war. Durchs Fenster? Durchs Dach?

Ein großer schwarzer Hund kam gestürzt, ein kleiner blonder Löwe ihm nach, großer Lärm, die Stiege klapperte, hinten sang der Flügel elfmal den gleichen Ton. Aus einem rosig getünchten Raum quoll sanftsüßes Licht, Türen schlugen. War da ein Papagei?

Plötzlich stand die Königin der Gebirge da, schlanke elastische Blüte, straff und federnd, ganz in rot, brennende Flamme, Bildnis der Jugend. Vor Klingsors Auge stoben hundert geliebte Bilder hinweg, und das neue sprang strahlend auf. [...] Durch Räume mit Steinböden und offenen Bogen kam man in einen Saal, wo barocke wilde Stuckfiguren über hohen Türen emporflackerten und rundum auf dunklem Fries gemalte Delphine, weiße Rosse und rosarote Amoretten durch ein dicht bevölkertes Sagenmeer schwammen. Ein paar Stühle und am Boden die Teile des zerlegten Flügels, sonst war nichts in dem großen Raum, aber zwei verlockende Türen führten auf die zwei kleinen Balkone über den strahlenden Opernplatz hinaus [...]. Man ging nicht wieder fort. Im Saale wurden Vorräte ausgepackt und ein Tisch gedeckt, Wein kam, seltener Wein aus dem Norden, Schlüssel für Heere von Erinnerungen. Der Klavierstimmer hatte die Flucht ergriffen, der zerstückte Flügel schwieg. [...] Gespräch und Gelächter füllten den leeren Saal. Klug und gütig lachte der Doktor, tief und freundlich Ersilia, stark und unterirdisch Agosto, vogelleicht die Malerin, klug sprach der Dichter, spaßhaft sprach Klingsor, beobachtend und ein wenig scheu ging die rote Königin unter ihren Gästen, Delphinen und Rossen umher, war hier und dort, stand am Flügel, kauerte auf einem Kissen, schnitt Brote, schenkte Wein mit unerfahrener Mädchenhand.«[16]

Ruth Wenger berichtete in ihren Erinnerungen, daß die Beschreibung des Besuches in dem gerade neu erworbenen, noch nicht voll eingerichteten Haus in der Erzählung exakt dem tatsächlichen Ablauf entspricht: »Es spielte sich alles ganz genau so ab, wie er es im ›Klingsor‹ beschreibt. Auch der Klavierstimmer war Wirklichkeit. Im grossen Saal unseres Hauses machten wir ein Picknick. Später sollte mich das Wort ›Sie schenkte Wein mit ungeübter Mädchenhand‹ ärgern.«[17]

Im Laufe der folgenden Jahre besuchte Hesse seine Geliebte und spätere Ehefrau häufig in der Casa Costanza, oft in Gesellschaft von Freunden. Darunter befanden sich auch Hugo Ball und Emmy Ball-Hennings; letztere freundete sich mit Ruth an und unterhielt einen regen Briefwechsel mit ihr.

Nach dem Tod von Lisa und Theo Wenger ging das Haus in den Besitz von Ruths Schwester Eva Oppenheim über, die es wiederum an ihre Tochter, die Künstlerin Meret Oppenheim, vererbte. Diese beauftragte Anfang der 60er Jahre den bekannten Tessiner Architekten Aurelio Galfetti, das Haus zu restaurieren, und entwarf selbst Teile der Inneneinrichtung. Heute gehört das Haus ihren Nachkommen.

Exkurs: Die Casa Pantrovà

Links an der Casa Costanza vorbei befindet sich eine kleine, gepflasterte Gasse, die Via Montaà, an deren Ende man links und dann sofort wieder rechts in die Via Canavaa einbiegt. Das Sträßchen führt an schönen, alten Häuserfassaden vorbei aus dem Ort hinaus. Bei der Hausnummer 1 auf der rechten Seite schimmert eine stattliche Villa, rosarot gestrichen mit leuchtend weißen Fensterrahmen und -läden, durch die Bäume, umgeben von einem großzügigen, parkähnlichen und romantischen Garten. Der Name des Hauses, Casa Pantrovà, wurde zum einen in bezug auf das nahe gelegene Grotto Pan Perdü gewählt.[18] Es soll aber auch die Dankbarkeit der Erbauer Lisa Tetzner und Kurt Kläber zum Ausdruck bringen, in der Schweiz eine neue Heimat gefunden zu haben und ihre Absicht verdeutlichen, ihr Haus für Künstler offen zu halten.[19]

Das Ehepaar hatte schon seit 1924 zeitweise in einer Wohnung in Carona gewohnt und auch Ruth und Hermann Hesse kennengelernt. Nach der Machtergreifung Hitlers war es für die politisch engagierten Künstler ratsam, Deutschland zu verlassen, so daß sie sich dauerhaft in Carona niederließen. Als sie 1936 eine unverhoffte Erbschaft machten, kauften sie das Land mit einem Häuschen oberhalb des Dorfes; 1954/55 beauftragten sie einen befreundeten Architekten das heutige Wohnhaus nach ihren Bedürfnissen zu bauen. Es scheint, als hätten Kläbers von Anbeginn ein gutes Verhältnis zu Ruth gehabt, und bereits im Februar 1925 war die Beziehung so gefestigt, daß sie die Kranke in Steinen bei Lörrach, wo sie sich bei ihrer Schwester Eva pflegen ließ, besuchten; wenige Monate später vermittelten sie ihr eine Wohnung in Carona, da Ruth während der Liegekur nicht bei ihren Eltern wohnen wollte. Von Anbeginn führte das Ehepaar Kläber-Tetzner ein sehr offenes Haus, zu Gast waren unter anderen Emmy Ball-Hennings und ihre Tochter Annemarie, Karl Hofer, Eugen Diederichs, Olly Jacques, J. R. Becher, Ignazio Silone

Im Dorfkern von Carona.

und Bertolt Brecht. Sie nahmen auch Übernachtungsgäste der Familie Wenger auf, darunter Hermann Hesse, wenn es bei größeren Familienfesten in der Casa Costanza zu eng wurde. Aus den Briefen zwischen Hermann Hesse und seiner Frau sowie aus den späteren Erinnerungen von Ruth Wenger geht hervor, daß Hermann Hesse das Ehepaar Kläber, insbesondere Lisa Tetzner, zunächst wenig sympathisch fand, da er »im Allgemeinen Frauen mit starken männlichen Zügen nicht gern [habe].«[20] Ruth, die Lisa Tetzner als ihre Freundin und als »lieben, gescheiten und warmherzigen Menschen«[21] bezeichnete, deutete dies später als Eifersucht Hesses auf ihre Nähe zu Lisa Tetzner.

In den folgenden Jahren setzte sich Hermann Hesses Wertschätzung für die beiden Künstler durch, wie der über Jahrzehnte andauernde sporadische Briefwechsel und gegenseitige Besuche in den 30er Jahren zeigen. Zu Kläbers Tod 1959 schrieb Hesse einen warmherzigen Beileidsbrief an die Witwe, in dem er Kläbers »Güte, seiner Kameradschaftlichkeit und Hilfsbereitschaft, seines heiter freundlichen Wesens im Gespräch«[22] gedenkt. Als Lisa Tetzner zwei Jahre später ein Buch zur Erinnerung an ihren Mann herausgab und es Hesse und seiner Frau Ninon zusandte, bedankte dieser sich umgehend und lobte das Buch in höchsten Tönen.[23]

Auf Wunsch Lisa Tetzners ging das Haus mit der wertvollen Bibliothek nach ihrem Tod in den Besitz der schweizerischen Kulturstiftung Pro Helvetia über, mit der Auflage, es jungen Künstlern zum Arbeiten zur Verfügung zu stellen. Über vierzig Jahre wurde dieses Konzept verfolgt, und zahlreiche Schriftsteller und Musiker kamen in den Genuß eines Aufenthalts an diesem friedvollen Ort, darunter Adolf Muschg, Hugo Loetscher und Martha Argerich. 2003 bot Pro Helvetia die Institution aus finanziellen Erwägungen zum Verkauf an. Die Gemeinde Carona entschloß sich, das Haus zu erwerben und einem gemeinnützigen Verein zu überlassen, der seit Januar 2005 aktiv ist. Er versucht, den ursprünglichen Zweck, nämlich Künstlern »Heimat« und »Brot« zu geben, zu erfüllen.[24]

Zur Kirche Santa Marta

Man geht von der Casa Pantrovà bis zum Ende der Straße und folgt links der Hauptstraße, welche in einem großen Bogen am Roccolo von Carona vorbei zum Grotto del Pan Perdü am Ortsende von Carona führt. Hier schlenderte auch Hermann Hesse entlang, wenn er sich zur Kirche Madonna d'Ongero aufmachte: »Die Gärten hören auf, Fußwege verlieren sich überall, launig, spielerisch, vielstrahlig in die Haine, ins gelbe Gerstenfeld, in die dunklen Pyramidenreihen der Bohnenäcker. Ein Grotto liegt am Sträßchen, stets geschlossen außer am Sonntagabend, er heißt ›del pan perdü‹, zum verlorenen Brot, eine leere Boccia-Bahn, darüber die Terrassenmauer, aus dem schön rosigen Stein dieses Berges, warm, schmelzend von Farbe, sanft im Grünen brennend, so wie bei Renoir die rosigen Frauen aus dem Grün hervorschimmern, warme Edelsteine auf unterlegtem Samt.«[25]

Das Grotto hat sich zu einem etablierten Restaurant mit einheimischen Spezialitäten entwickelt, verfügt immer noch über eine große Terrasse mit Pergola und ist heutzutage sechs Tage in der Woche geöffnet.

Direkt vor dem Grotto führt die Via San Marta zum Friedhof und der Kirche Santa Marta, die sich auf einer Anhöhe, von Bäumen umgeben, massiv, schlicht und schmucklos erhebt. »Es dämmert. Hinter den krummen sehnigen Stämmen, den Waldvorboten, Waldvorhallen, ist alle Farbe schon in bleiches Dunkel geschmolzen. Am Himmel glüht noch Überfülle von Licht, manche Mauer strahlt noch edelsteinhaften Schein aus. Rechts überm Sträßchen hinter stillen alten Bäumen still und alt steht Santa Marta, aus rotem Stein, Turm und Giebel noch vom Licht umspült, mit schiefgesunkenem Kreuz auf dem Turmdach. Links vom Wege durch das Gittertor einer Mauer sieht der Friedhof heraus, die Gräber umgeben von hohem Gras [...]«,[26] heißt es bei Hesse weiter.

Diese mittelalterliche, später barockisierte Kirche war Hesse ein geschätzter Aufenthaltsort, nicht nur, wenn er Ruth Wenger in Carona besuchte. So führte er auch seine Schwester Adele während eines Tessinbesuchs hierher und schrieb an seine zukünftige Frau in Delsberg: »Weißt du, wo ich im Gras liege und dies schreibe? Ich komme mit dem Rucksack und mit meiner Schwester eben von der Madonna d'Ongero und liege bei Sta. Martha, unter mir Nagasaki, meine Schwester ist müd und ist eingeschlafen, ich schreibe unterdessen zwei Zeilen an dich, grüße dich von Carona und werde nachher in Positano einen Quinto trinken, gegessen haben wir schon aus dem Rucksack. Die Grillen singen. [...] Am Generoso gehen die Wolkenschatten, die Hummeln fliegen.«[27] Von der Bank vor der Eingangstür hat man auch heute noch einen wunderbaren Blick auf den Monte Generoso mit seinen bewaldeten Hängen.

Noch Jahrzehnte nach der Trennung von Ruth, schon 75 Jahre alt und längst mit seiner dritten Frau Ninon verheiratet, schien sich Hesse an diesen friedvollen Ort zu erinnern, wie er in einem Brief an seine ehemalige Frau Ruth

Auf der Wiese der Alpe Vicania.

in Berlin berichtet: »Neulich Anfang März, hatten wir einen Besuch, dem wir versprochen hatten, ihn eine Stunde spazieren zu fahren. Wir fuhren nach Carona und stiegen unterhalb der Sta. Marta aus, es war überall Frühling und nirgends mehr Schnee, außer im Friedhof in der Ecke, wo Hüsis Grab ist. Etwas mühsam stieg ich zum Kirchlein hinauf, dort oben ist beinah noch alles genau wie es einst war.«[28]

Auf dem Friedhof findet man nicht nur das Grab von Lisa und Theo Wenger, auch Eva und Erich Oppenheim sowie deren Tochter Meret sind hier begraben.

»Der Nachmittag ging hin wie im Paradies«
Der Weg zur Alpe Vicania

Man folgt nun dem Weg weiter Richtung Parco San Grato und kommt zum Freibad von Carona, das selbstverständlich zu Hesses Zeit noch nicht existierte. Die Anlage mit hohen Bäumen, großzügigen Rasenflächen, Ausblicken auf die umliegenden Täler und Berge, ausgestattet mit mehreren Becken und Sprungtürmen, ist so attraktiv, daß sogar Besucher aus Italien anreisen.

Anstatt direkt den zwanzigminütigen Spaziergang zur Madonna d'Ongero zu machen, empfehlen wir den Rundgang um den Hügelzug, welcher nach gut zwei Stunden ebenfalls zur Kirche führt. Dazu folgt man dem ausgeschilderten Weg Richtung Parco San Grato, der zunächst noch 150 Meter an der asphaltierten Straße entlangläuft und dann rechts in den Wald führt. Als Hermann Hesse sich in den 20er Jahren hier am Monte Arbostora aufhielt und Spaziergänge mit Freunden unternahm oder zu Fuß nach

Morcote wanderte, war der gesamte Hügel von Buchenwald und Wiesenflächen mit Ginsterbüschen bedeckt. In *Klingsors letzter Sommer* wird geschildert, wie man sich nach dem Essen in diesen Wald begab: »Nach Tische, ermüdet und gesättigt, brach man fröhlich auf, in den Wald, legte sich in Gras und Moos, Sonnenschirme leuchteten, unter Strohhüten glühten Gesichter, gleißend brannte der Sonnenhimmel. [...] Man ruhte, man schlummerte, man plauderte, man kämpfte mit Ameisen, glaubte Schlangen zu hören, stachlige Kastanienschalen blieben in Frauenhaaren hängen. [...] Der Nachmittag ging hin wie im Paradies.«[29] Und Ruth Wenger erinnerte sich in an einen Tag im Oktober 1919, als sie mit Hesse diesen Spaziergang unternahm: »Es war ein strahlender Herbst. Hesse war noch einmal gekommen vor dem Winter. Wir machten einen langen Spaziergang rund um den Berg über Morcote. Der ganze Berg flammte rot und gelb, Büsche und Bäume standen herrlich gegen den tiefblauen südlichen Himmel, die Wege waren von leuchtend gelbem Ginster gesäumt. Wir gingen den Berg hinunter, Hand in Hand, Hesse in seinem samtenen Anzug und ich in einem feuerroten Kleidchen. Wir müssen ausgesehen haben wie die Gottheiten des Herbstes. Vielleicht war damals der glücklichste Augenblick meiner Liebe, ein Strom von Glück floss so golden wie alles ringsumher durch mein Herz.«[30]

Ein Teil des Wald- und Wiesengeländes wurde später in einen Park umgewandelt, in dem man besonders von Mitte April bis Anfang Juni die Blüte der unzähligen Azaleen und Rhododendren in ihren Rot- und Violettönen, dazwischen weiß blühende Büsche, Koniferen und gelbe Blütenteppiche, bewundern kann. Der Pflanzenbestand des Parco San Grato ist an Zahl und Artenreichtum der größte der Region.

Das 62 000 Quadratmeter umfassende Grundstück mit Buchenwald wurde 1943 vom Fabrikanten und fanatischen Pferdesport-Liebhaber Martin Winterthaler gekauft und als Zweitwohnsitz mit Pferdeställen und -weiden genutzt. 1957 kaufte Luigi Giussani, Leiter der Eisenwerke Monteforno in Giornico, das Gelände und legte die ersten Koniferen- und Azaleenpflanzungen an. Giussani war es auch, der der Gemeinde Carona das ausgedehnte Freibad schenkte. Der Parco San Grato ging 1983 in den Besitz der Bank UBS über, die das Gelände 1997 der Stadt Lugano schenkte. Diese wertete die Anlage mit Themen-Wanderwegen auf, die über eine Gesamtlänge von mehr als fünf Kilometern durch den Park führen. Es gibt einen Botanik- und einen Panoramarundgang, einen Märchenweg für Kinder sowie einen Kunst- und einen Relaxweg.

Um den Spaziergang fortzusetzen, durchquert man den Park und folgt den gelben Wanderwegschildern Richtung Alpe Vicania. Auf dem Weg kann man sich an exotischen Pflanzen, wie zum Beispiel dem Taschentuchbaum erfreuen, sieht seltene Nadelbäume und immer wieder die sich ausbreitende Blütenpracht der Rhododendren und Azaleen. Der von Bäumen beschattete Sandweg führt leicht ansteigend am Hang entlang, auf Felsen sonnen sich die Eidechsen; die Aussicht auf den Monte Generoso, den See und die Waldhänge ist beeindruckend. An einem Aussichtspunkt erklärt eine Tafel die Hügelketten und Bergspitzen, die sich dem Auge prächtig darbieten. Nach ungefähr fünfzehn Minuten hat man den oberen Rand des Parks erreicht und findet sich vor einem Restaurant wieder, von dessen Vorplatz sich ein spektakulärer Blick auf den San Salvatore, auf die Kirche Santa Marta und die Dächer von Carona und Ciona bietet. Von hier führt der Weg Richtung

Alpe Vicania jetzt noch für zehn Minuten zwischen farbig blühenden Büschen, Laubbäumen, Eiben, Zypressen, Stechpalmen, Zedern, Mispeln, Wacholder, Orangenbäumchen und Araukarien hindurch. Immer wieder findet man erklärende Tafeln zur Vegetation, und auch ein Kinderspielplatz mit einer einladenden Liegewiese liegt am Weg.

Vom Ende des Parks führt nun ein angenehmer Spaziergang von knapp einer Stunde über einen schattigen Pfad zwischen Buchen, Kastanien und vereinzelten Birken zur Alpe Vicania. Der Weg läuft am Hang entlang und bietet immer wieder bezaubernde Ausblicke, den schönsten hat man von einem Aussichtspunkt, welchen man nach ca. dreißig Minuten erreicht. Man erblickt hier den Monte San Giorgio, darunter Brusino und Serpiano, den Monte Generoso, und nach Süden dehnt sich die Po-Ebene aus. Der Volksmund munkelt, man könne an klaren Tagen sogar die goldblitzende Madonnenstatue auf dem Mailänder Dom von dieser Stelle aus sehen. Nach einer weiteren halben Stunde ist das große Gelände der Alpe Vicania erreicht. Man findet sich zunächst auf einer sanft hügeligen, mit Wildblumen übersäten Wiese wieder, in deren Mitte eine alte, riesige Eiche steht. Bei ihrem Anblick kommen Hermann Hesses Gedanken über Bäume in den Sinn: »Bäume sind für mich immer die eindringlichsten Prediger gewesen. Ich verehre sie, wenn sie in Völkern und Familien leben, in Wäldern und Hainen. Und noch mehr verehre ich sie, wenn sie einzeln stehen. Sie sind wie Einsame. Nicht wie Einsiedler, welche aus irgendeiner Schwäche sich davon gestohlen haben, sondern wie große, vereinsamte Menschen, wie Beethoven und Nietzsche. In ihren Wipfeln rauscht die Welt, ihre Wurzeln ruhen im Unendlichen; allein sie verlieren sich nicht darin, sondern erstreben mit aller Kraft ihres Lebens nur das Eine: ihr eigenes, in ihnen wohnendes Gesetz zu erfüllen, ihre eigene Gestalt auszubauen, sich selbst darzustellen. Nichts ist heiliger, nichts ist vorbildlicher als ein schöner, starker Baum. [...] Bäume sind Heiligtümer. Wer mit ihnen zu sprechen, wer ihnen zuzuhören weiß, der erfährt die Wahrheit. Sie predigen nicht Lehren und Rezepte, sie predigen, um das Einzelne unbekümmert, das Urgesetz des Lebens. [...] Bäume haben lange Gedanken, langatmige und ruhige, wie sie ein längeres Leben haben als wir. Sie sind weiser als wir, solange wir nicht auf sie hören. Aber wenn wir gelernt haben, die Bäume anzuhören, dann gewinnt gerade die Kürze und Schnelligkeit und Kinderhast unserer Gedanken eine Freudigkeit ohnegleichen. Wer gelernt hat, Bäumen zuzuhören, begehrt nicht mehr, ein Baum zu sein. Er begehrt nichts zu sein, als was er ist. Das ist Heimat. Das ist Glück.«[31]

Nach wenigen Schritten ist die Südspitze der Halbinsel, mit Aussicht auf die Hügel des Malcantone und die Schneegipfel der Walliser Alpen dahinter, erreicht. Ein erhebender Anblick in einer friedvollen Stille – ausgenommen an Sonntagen mit schönem Wetter, wenn sich viele Familien hierher zum Picknick aufmachen. Man sollte der Versuchung nachgeben und sich auf die satte Wiese legen, die umliegende Landschaft in sich aufnehmen und vielleicht davon träumen, wie die kreisenden Bussarde bis in die Po-ebene zu fliegen.

Empfehlenswert ist eine Rast im Restaurant der Alpe Vicania, am Ende der Wiesenlandschaft am Hang gelegen, wo man auch auf der Terrasse sitzen kann. Früher eine einfache Alm, verfügt sie heute über eine Küche, die lokale Spezialitäten von Bio-Bauernhöfen auf höchstem Niveau anbietet.

»Schöneres als dies gibt es nicht«
Der Weg zur Madonna d'Ongero

Unterhalb des Restaurants führt nun ein ausgeschilderter Wanderweg an einem Bach entlang, von Pferdeweiden und -ställen sowie einem Reitparcours gesäumt, in Richtung Madonna d'Ongero. Kaum zu glauben, daß hier schon um 1900 Engländer Pferde gezüchtet und Rennen veranstaltet haben sollen, wie Drucke von alten Stichen im Waschraum des Restaurants es darstellen.

Nach ca. 200 Metern sind an einer Weggabelung zwei alternative Strecken zur Madonna d'Ongero ausgeschildert. Empfehlenswert ist der linke Pfad, dessen Länge mit einer Stunde und 15 Minuten angegeben ist. Er führt angenehm schattig unter ausladenden Bäumen am Hang entlang und bietet wunderbare Ausblicke auf den See und die Alpen. Am Wegesrand beeindruckt eine anscheinend uralte, achtstämmige Kastanie, und tief unten sieht man die Dächer von Morcote sowie die Straße, die nach Figino führt.

Im Frühling ist der Waldboden mit Wildblumen gesprenkelt, die in vielen Farben leuchten. Es kann einem passieren, daß man nun bis Carona keiner Menschenseele begegnet, da dieser Weg trotz seiner Schönheit nur wenig begangen ist.

Nach einer halben Stunde bietet sich eine rote Bank als Rastplatz an, von der man auf den Monte Rosa in den Walliser Alpen, auf die Grenzstadt Ponte Tresa und hinter den Monte Caslano auf den schmalen Abfluß des Luganer Sees zum Lago Maggiore blicken kann. Noch etwas weiter sieht man den Hügelzug der Collina d'Oro. Der »Sasso delle parole« thront über dem Abgrund, darunter liegt am See das Fischerdorf Casoro.[32] Ungefähr dieses Bild bot sich Hermann Hesse damals vom Vorplatz der Kirche Madonna d'Ongero, als die Bäume des darunterliegenden Nutzwaldes noch niedrig gehalten wurden, da der Holzbedarf groß war. Heute sind die Bäume so hoch, daß der Blick von der Kirche fast zugewachsen ist. Deshalb sollte man diese einzigartige Aussicht von der roten Bank im Wald nutzen, die Hermann Hesse von der Kirche aus hatte und 1923 in einer abendlichen Stimmung beschrieb: »[...] von da fällt der Blick unendlich leicht, beschwingt und frei, unendlich erstaunt, gespannt, beglückt und sehnlich immer weiter gezogen über eine grenzenlos weitgebreitete Berglandschaft mit vielen hundert Gipfeln hin und darüber in eine noch weitere, noch mächtigere, noch lockendere Himmelslandschaft hinein. Es gibt viel Schönes auf Erden, Schöneres als dies gibt es nicht. Zu Füßen [...] stürzt der waldige Berg steil in ein friedevolles, schon nächtiges Wiesental hinab, am jenseitigen Hang dieses nahen Tales kleben ein paar helle Dörfer und Kirchen, nach Südwest öffnet das schwarzgrüne Tal sich gegen den See; mitten im silberspiegelnden abendblassen See steht thronend ein steiler, runder Kuppelberg, um den zu beiden Seiten das blaßschimmernde Wasser seine Arme schließt, dort liegt Caslano, und hinter See und Kuppelberg steigen andere Berge auf, italienische und Schweizer Berge, Höhe hinter Höhe, Kette hinter Kette, zuhinterst und zuhöchst der Monte Rosa und blasse Walliser Gipfel, dazwischen Täler mit Dörfern, Höhenzüge mit Kapellen, Waldrücken und Hütten auf sanften Hügelwellen schwebend, die herrliche Bergreihe des Lema, Gambarogno und Tamaro, und nach links und nach rechts, den ganzen sichtbaren Halbkreis füllend, blaue, schwarze, graue, rosige, luftige Berge und Bergzüge, endlos hintereinander aufgestellt [...].«[33]

Der Weg führt nun ohne nennenswerte Steigungen, über

rauschende Bäche hinweg, schattig und doch von Licht durchflutet zur Madonna d'Ongero. Er ist von alten, weit auseinanderstehenden Eichen, Buchen und Kastanien mit hohen Kronen gesäumt.

Kurz vor der Waldkirche ist links die Kirche Santa Maria Torello ausgeschildert, die man in ca. zwanzig Minuten bergabwärts erreicht. Hermann Hesse kam manchmal von Montagnola über den steilen Anstieg von Torello hoch, um die Madonna d'Ongero zu besuchen. Damals waren die Wege nicht ausgeschildert, und er hatte so manches Mal Mühe, die Waldkirche zu finden. Leider ist die mittelalterliche Klosteranlage von Torello heute nicht mehr zugänglich, da das Grundstück an eine Privatperson zur Pferdezucht verkauft wurde. Es ist daher ratsam, sich diesen Abstecher zu sparen und statt dessen den Waldweg weiter zur Madonna d'Ongero zu gehen.

»Da steht die alte Marienkirche schlafend mitten im schweigenden Walde«

Die Kirche Madonna d'Ongero zeichnet sich zunächst wie eine geheimnisvolle Burg rechts hinter den Bäumen ab. Erst wenn man am Haupteingang mit dem Kreuzweg angekommen ist, sieht man ihre Ausmaße und ihre Schönheit. Die Tafeln, welche die 14 Stationen des Kreuzweges schmükken, werden nur zu den Festen angebracht; die übrige Zeit sind sie eingeschlossen, um sie vor Beschädigung zu schützen. Die Wallfahrtskirche Madonna d'Ongero, erbaut im 17. Jahrhundert an der Stelle einer Kapelle vom Anfang des 16. Jahrhunderts, ist nicht nur wegen ihrer außerordentlichen Lage, sondern auch wegen der wertvollen Fresken an den Innenwänden bekannt. Sie steht auf einer gerodeten Waldkuppe, umgeben von märchenhaftem Buchenwald. Um den halbrunden Vorplatz der Kirche läuft eine niedrige Granitmauer mit einer Sitzbank, die zum Verweilen einlädt. Die Kirche ist auch außen mit Malereien geschmückt, und das Vordach des Eingangs wird von eleganten, schmalen Steinsäulen getragen. Die alte, schöne Holztür ist verschlossen, auch sie wird nur zu Feiertagen geöffnet. Hermann Hesse widmete diesem Gotteshaus gleich zwei Betrachtungen, *Madonna d'Ongero*, entstanden 1923, und *Madonnenfest im Tessin* von 1924. Die Ankunft bei der Kirche beschrieb er in seiner ersten Betrachtung: »Nun geht es durch Wald, schon am Geräusch des Laubes beim Vorüberstreifen fühle ich, daß hier zwischen den Kastanien auch Buchen stehen, hierzulande selten und schon darum stets willkommen und begrüßt. Plötzlich mündet der Weg in eine breite, stolze Rampe, die zwischen zwei Reihen von Stationshäuschen zur Madonna hinaufführt. Feierlich leitet der begraste Anstieg zur Kirche empor, einer in hellem warmen Rotgelb dämmernden Vorhalle entgegen, und hinter Kirche und Bäumen blendet Himmelshelle und durchglänzte westliche Ferne ahnungsvoll herein, und aufatmend steh ich oben. Da steht die alte Marienkirche schlafend mitten im schweigenden Walde, einsam am endlosen waldbewachsenen Berghang, und vor der bedachten Vorhalle ist Raum geblieben für eine halbrunde Schanze, eine von niederer Mauer umfaßte Pfalz [...].«[34]

Auch heute kann man die goldene Madonna, welche 1859 von der Familie Scala aus Carona gestiftet wurde, durchs kleine Gitterfenster anschauen, wie es schon Hermann Hesse tat: »[...] ich stand verwundert auf einer einsamen Waldstreife plötzlich vor der rötlichen Stützmauer und der lichten Fassade mit dem friedvollen Vorbau und schaute durchs vergitterte Fensterchen neben der Almosenschale in die Dämmerung hinein und sah hinten etwas Goldenes leise und ahnungsvoll glänzen und wußte, daß das die goldene Madonna war. An Sommerabenden um die Zeit des Sonnenuntergangs ist der kleine Platz vor der Waldkirche der schönste Platz in der ganzen weiten Gegend. Aber das geschieht sehr selten, daß um diese Stunde noch ein Mensch dort oben anzutreffen ist. Hundertmal habe ich diese Madonna belauscht, tausendmal sie von ferne gesehen, manche Dutzende Male ihren grünen Vorplatz und ihre Mauerbrüstung mit der unglaublichen Aussicht besucht und durch das Fensterlein zu dem goldenen Bilde hineingeäugt. Sie wäre so recht ein Heiligtum für Menschen von meiner Art, und es ist eigentlich schade, daß ich gar nicht Katholik bin und gar nicht richtig zu ihr beten kann. Was ich indessen dem heiligen Antonius und dem heiligen Ignatius nicht zutraue, das traue ich doch der Madonna zu: daß sie auch uns Heiden verstehe und gelten lasse. Ich erlaube mir mit der Madonna einen eigenen Kult und eine eigene Mythologie, sie ist im Tempel meiner Frömmigkeit neben der Venus und neben dem Krischna aufgestellt; aber als Symbol der Seele, als Gleichnis für den lebendigen, erlösenden Lichtschein, der zwischen den Polen der Welt, zwischen Natur und Geist, hin und wider schwebt und das Licht der Liebe entzündet, ist die Mutter Gottes mir die heiligste Gestalt aller Religionen, und zu manchen Stunden glaube ich sie nicht weniger richtig und mit nicht kleinerer Hingabe zu verehren als irgendein frommer Wallfahrer vom orthodoxesten Glauben.

So verbindet vieles mich mit der kleinen Kirche am Berge, und am meisten liebe ich ihre Verborgenheit und ma-

Die Madonnenprozession vor der Kirche Madonna d'Ongero, um 1950.

gische Stille, ihr Sichverstecken, ihr Bestreben nach Unsichtbarkeit, ihre scheue Abwehr gegen Lärm und Menge, lauter Züge, in denen ich sie ganz und gar zu verstehen glaube.«[35]

Einmal im Jahr, am zweiten Sonntag im September in den Nachmittagstunden, wird bei der Kirche ein großes Fest gefeiert, wenn die Madonna für eine Prozession die Kirche verläßt. Hermann Hesse und Ruth Wenger nahmen zwischen 1921 und 1924 jedes Jahr am Madonnenfest teil, meist in Gesellschaft von Emmy Ball-Hennings, Hugo Ball und der Familie Wenger. 1924 war ein besonderes Jahr, da das dreihundertjährige Bestehen der Kirche in Anwesenheit des Bischofs gefeiert wurde. Die Prozession wird in der Betrachtung *Madonnenfest im Tessin* von Hermann Hesse ausführlich und sehr anschaulich beschrieben und soll hier nur in Auszügen wiedergegeben werden: »Ein großes Kreuz mit dem Heiland wird voran getragen. Und nun kommt aus der Kirche hervor [...] die Madonna gegangen,

Der Dorfkern von Ciona.

[…] auf den Schultern der Träger leise schwankend, golden von der Krone im Haar bis zu den Füßen, aufleuchtend in der Herbstsonne, den kleinen Sohn auf den Armen, eine milde, schöne, innige Figur, Anmut und Würde, Hoheit und Zartheit strahlend. […] Sie schwebt […] dem Walde zu, biegt unter den Girlanden hindurch auf den Farnkräutern waldeinwärts und entschwindet, goldglänzend, still in den Bäumen, die ihr heilig sind. […] bald taucht sie wieder auf, von einer andern Richtung her, kommt samt Musik, Engeln, Priestern, Fahnen strahlend aus dem Wald hervor und kehrt zu ihrem Heiligtum zurück. Strahlend lächelt sie im goldnen Mantel, unter der goldenen Krone […]. Ehe sie in die Kirche zurückkehrt, wird sie auf dem Rasen aufgestellt und angebetet, erst von Osten, dann von Süden, dann von Westen, dann von Norden. Und nun schwebt sie wieder hoch über den Menschen, biegt durch die Vorhalle ein, streift mit ihrer zitternden Goldkrone das Portal und taucht zurück in ihre Stille und heimatliche Dämmerung. Die jungen Mädchen lächeln, und wir Älteren sehen zu Boden und denken, während der Wald nach Vergänglichkeit duftet: ›Werden wir dich noch einmal wiedersehen, Goldene?‹«[36] Hermann Hesse konnte bei der Niederschrift dieser Worte nicht wissen, daß Ruth im Jahr darauf bereits bettlägerig war und seine Beziehung zu ihr 1926 so tief in der Krise steckte, daß von einer Teilnahme an der Prozession nicht mehr die Rede sein würde. Außerdem störte Hesse ein wenig der Trubel, der mit den Feierlichkeiten einherging: »Heute ist es ein Jahrmarkt, mit Lärm, Klimbim und Spielerei, und die Menschen knien nicht mehr vor der Madonna im Gras und Farnkraut, sie stehen in modernen Sonntagskleidern und kommen sich schon duldsam vor, wenn sie beim Erscheinen der Madonna den Hut vom Kopf nehmen.«[37] Doch gleich darauf wird er versöhnlich: »[…] aber schön war es immer, und jedesmal habe ich irgendein Bild, einen Klang, einen Duft mitgenommen und habe jedesmal den Augenblick des Festes […] dankbar und ergriffen mitgefeiert.«[38]

Zurück nach Carona mit Abstecher in Ciona

Von hier braucht man nun noch eine Viertelstunde durch den Wald, an einer kleinen Madonnenkapelle vorbei, um zurück zum Schwimmbad zu kommen. Hier ist es empfehlenswert, nicht an der Straße entlangzugehen, sondern links den Fußweg nach Carona zu nehmen. Wer will, kann auf der Höhe des Grotto Pan Perdü dem ausgeschilderten Weg nach Ciona folgen und dort den Bus zurück nach Lugano nehmen.

Dieser Spaziergang führt jedoch zurück zum Ausgangspunkt der Wanderung, der Kirche S. Giorgio, kreuz und quer durch die Gassen des Dorfes, noch einmal die alten Tessiner Häuser, Torbögen, hübschen Gärtchen, Terrassen und Balkone in sich aufnehmend. Da es nur eine Hauptstraße gibt, kann man die Kirche S. Giorgio mit dem hohen Turm am Ortsausgang nicht verfehlen.

Es empfiehlt sich, auf dem Rückweg nach Lugano einen kurzen Halt in Ciona zu machen.

Hierher ging Hermann Hesse hin und wieder mit Wengers ins Restaurant oder unternahm Spaziergänge. Am Ortseingang steht die anmutige Kapelle von Ciona, und von hier aus kann man über Kopfsteinpflaster in das kleine, guterhaltene und sehr idyllische Dorf gehen. Auch im Kareno-Kapitel von *Klingsors letzter Sommer* machen die

Freunde auf dem Weg nach Carona hier halt: »Ein winziges Dorf auf dem Berggrat: ein Herrschaftsgut mit kleinem Wohnhaus, vier, fünf andere Häuser, steinern, blau und rosig bemalt, eine Kapelle, ein Brunnen, Kirschbäume. Die Gesellschaft hielt in der Sonne, am Brunnen, Klingsor ging weiter, durch einen Torbogen in ein schattiges Gehöft, drei bläuliche Häuser standen hoch, mit wenigen kleinen Fenstern, Gras und Geröll dazwischen, eine Ziege, Brennesseln.«[39] Um einen schönen Blick auf den Monte Generoso und den See sowie auf den San Salvatore und den Monte Boglia zu genießen, sollte man das Dorf nach rechts durchqueren. Die Asphaltstraße geht übrigens nach ca. 200 Metern in einen schattigen Waldweg über und in einer scharfen Linkskurve Richtung San Salvatore. Der gut einstündige Aufstieg ist sehr schön und nicht schwierig; auch Ruth Wenger hat von hier aus den Berg erklommen.

In Verbindung mit der Wanderung zur Alpe Vicania ist das jedoch ein recht anstrengendes Tagesprogramm und sollte besser an einem anderen Tag unternommen werden.

In Ciona kann man noch einen Blick in den wunderschönen Garten des Privathauses werfen, welches links neben dem Restaurant liegt. Durch die Büsche und Bäume hindurch ist eine Büste zu erkennen, die schon Hermann Hesse 1919 eine Erwähnung in *Klingsors letzter Sommer* wert war: »Auf der Mauer des Gutes, dessen Wohnhaus leer und geschlossen schien, waren alte rauhe Kanonenkugeln befestigt, eine launische Treppe führte durch Gebüsch zu einem Hain und Hügel, zu oberst ein Denkmal, da stand barock und einsam eine Büste, Kostüm Wallenstein, Locken, gewellter Spitzbart. Spuk und Phantasie umglühte den Berg im gleißenden Mittagslicht, Wunderliches lag auf der Lauer, auf eine andere, ferne Tonart war die Welt gestimmt.«[40]

Sechster Spaziergang:

»Wo in Römerzeiten ein Tempel stand, steht jetzt eine Kirche …«

Durch den Wald bis Santa Maria d'Iseo und nach Cademario

Schaut man von Montagnola gen Westen über den See, zum Beispiel von der Via Minigera aus, sieht man wunderschöne bewaldete Hänge, über denen der mehr als 1600 Meter hohe Monte Lema thront. Das Gebiet heißt Malcantone und gehört zu den schönsten Wandergebieten des Tessins. Hermann Hesse unternahm oftmals Ausflüge ins Malcantone. Dieser Spaziergang führt zu einem seiner Lieblingsplätze, der Kirche Santa Maria d'Iseo oberhalb von Vernate und auf einem Rundweg bis Cademario, Cimo und wieder zurück nach Vernate.

Exkurs: Das Malcantone

Rund zwei Drittel der Gesamtfläche dieser Region bestehen aus Wald. Man unterscheidet das untere Malcantone mit den Dörfern Agno, Bioggio, Caslano, Magliaso, Neggio, Ponte Tresa und Vernate, das mittlere Gebiet mit Astano, Bedigliora, Croglio, Curio, Monteggio, Novaggio, Pura und Sessa und das obere Malcantone mit den Gemeinden Alto Malcantone (dazu gehören die Dörfer Arosio, Breno, Fescoggia, Mugena und Vezio), Aranno, Cademario und Miglieglia.

Ob Malcantone mit »schlechter Kanton« übersetzt wer-

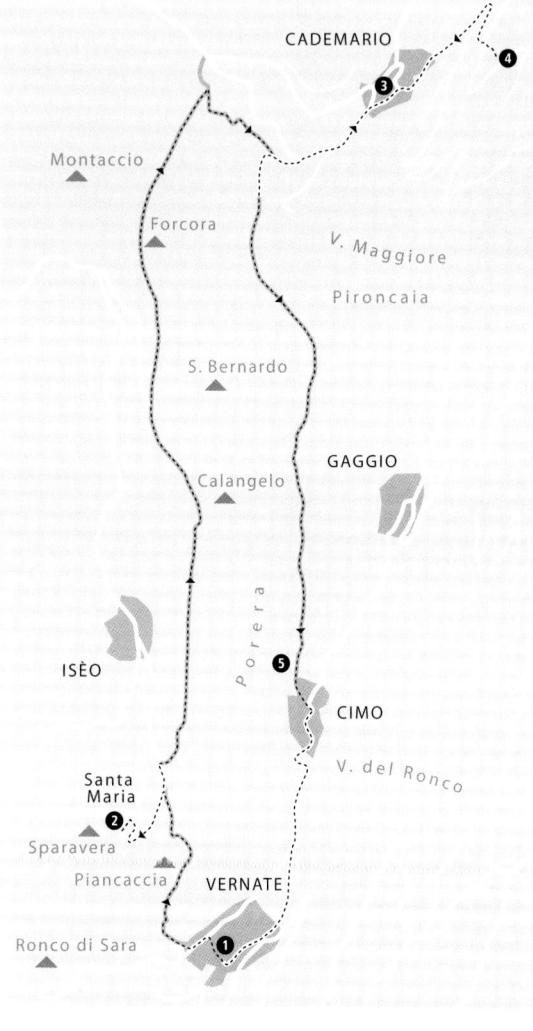

CADEMARIO

4

Montaccio

Forcora

V. Maggiore

Pironcaia

S. Bernardo

GAGGIO

Calangelo

P o r e r a

5

ISÈO

CIMO

V. del Ronco

Santa
Maria

2

Sparavera

Piancaccia

VERNATE

Ronco di Sara

1

3

den muß, da in dieser Region einst die Pest wütete, oder ob der Name auf die zahlreichen Hammerschmieden, die »magli«, zurückgeht, ist nicht definitiv geklärt. Die Schmieden waren bedeutsam für die Region, da hier Bleiglanz, Pyrit und Zinkblende abgebaut und verarbeitet wurden. Sogar Gold wurde gefunden und gewonnen, vor allem in Sessa, Astano und Miglieglia. Allerdings waren die Bodenschätze zu gering, als daß sie die Bewohner hätten ausreichend versorgen können, und auch die Alpwirtschaft in den höheren Lagen vermochte an der Armut nicht viel zu ändern. So verließen im 20. Jahrhundert viele Menschen das Malcantone und verdingten sich vorwiegend im Baugewerbe in Italien, der deutschen Schweiz und in Frankreich. Die idyllischen kleinen Dörfer wurden zum Teil entvölkert und erst wieder durch die Sonnenhungrigen aus dem Norden entdeckt, die sich dort ab Mitte der 60er Jahre ihre Zweitwohnsitze einrichteten. Heute sind die Dörfer des Malcantone aufgrund der Anbindung an die Stadt Lugano durch öffentliche Verkehrsmittel und Straßen größtenteils wieder bewohnt, auch wenn es nach wie vor eine strukturschwache Gegend ist, die vor allem vom Tourismus lebt. Lediglich das untere Gebiet auf der Achse Ponte Tresa – Lugano mit dem Flughafen in Agno ist stark in den Wirtschaftsraum Lugano integriert und wird viel von den italienischen Grenzgängern frequentiert. Im mittleren und oberen Malcantone kann man ausgiebig wandern und auch noch heute Stille und Einsamkeit genießen.

[1] Vernate [2] Kirche Santa Maria d'Iseo [3] Cademario [4] Kirche Sant'Ambrogio [5] Cimo

Hermann Hesses Ausflüge ins Malcantone

Hermann Hesse ging von seiner ersten Wohnung in der Casa Camuzzi hin und wieder ins Malcantone. Vor allem bei klarer Luft forderten ihn die schönen Hänge geradezu zum Wandern und Malen heraus, »wenn man in einem Dorf, vier Stunden von hier, die Fenster zählen konnte.«[1] Insbesondere die Kirche Santa Maria d'Iseo oberhalb von Vernate, die gut sichtbar auf einem Hügelkamm thront und abends, wenn sie angestrahlt wird, im Wald zu schweben scheint, hatte es Hesse angetan. Im April 1921 machte er sich mit seinem Sohn Bruno zu Fuß auf den Weg dorthin und vermutlich entstanden auf diesem Ausflug auch die Aquarelle von Cademario und Cimo, letzteres datiert auf den 6. April 1921.[2] Bruno Hesse erinnerte sich später, daß sein Vater auf den Ausflügen in diese Gegend »von seinen Italien-Reisen in früheren Jahren« erzählte und manchmal im Gehen »leise alte italienische Volkslieder« sang.[3]

Ein Jahr später erkundete Hermann Hesse mit dem Arzt Hans Brun im Auto das Malcantone: »In einem Auto erschien schon vormittags Dr. Hans Brun aus Luzern mit seiner Frau und einem Freund. Sie fanden mich nicht daheim, kamen mittags wieder, aßen im Bellevue, und nachher nahmen sie mich im Wagen mit auf eine riesige Tour: Über Agno und Vernate ins Malcantone, bis Breno, über Novaggio und Pura zurück. [...] Im Malcantone, sehr hoch in rauher Gegend, fand ich eine Menge Enziane [...].«[4] Wie oft Hermann Hesse von der Casa Camuzzi die lange und anstrengende Wanderung von der Collina d'Oro ins Malcantone unternahm, ist nicht bekannt. Ein Aquarell, das 1923 in Cassina d'Agno entstand, ein weiteres, 1926 in Vernate gemalt, zeugen von Hesses Aufenthalten in dieser

Ninon Dolbin und Hermann Hesse vor der Kirche
Santa Maria d'Iseo, 1927.

Gegend.[5] Auch mit seiner späteren Ehefrau Ninon wanderte er 1927 ins Malcantone, wie eine Fotografie der beiden vor der Kirche Santa Maria d'Iseo zeigt.[6] Jahre später, als Hermann und Ninon Hesse bereits in der Casa Rossa lebten, erkundeten sie mit dem Auto das Malcantone. Ninon hatte 1948 die Fahrprüfung bestanden, und das Ehepaar konnte nun das Tessin mit dem neuerworbenen »Standard Fourteen«, einem Mittelklassewagen mit Schiebedach, entdecken. Fotografien belegen, daß auch das Malcantone besucht wurde und insbesondere die Kirchen von Interesse waren: Im September 1952 sieht man Hermann Hesse vor der Kirche von Astano,[7] und weitere Bilder zeigen ihn auf dem Vorplatz einer nicht genau zu identifizierenden Kirche bei Cademario im Frühling 1955 und vor der Kirche von Castelrotto, einer Fraktion von Croglio, im November 1960.[8] Ninon Hesse bedauerte, daß sie den Führerschein nicht schon früher gemacht hatte, denn »das Leben ist um so vieles reicher und weiter geworden. Es wäre schön gewesen, das Auto zu haben, als mein Mann noch jünger war und noch reiselustig. Aber besser später als nie, tröste ich mich, und habe es gern [...].«[9]

Von Vernate zur Kirche Santa Maria d'Iseo

Heute ist es aufgrund des starken Autoverkehrs nicht mehr empfehlenswert, wie Hermann Hesse zu Fuß von der Collina d'Oro ins Malcantone zu gehen. Als Ausgangspunkt der Wanderung wird das Dorf Vernate gewählt, welches man entweder mit dem Bus von Lugano oder mit dem Auto erreicht. Auf dem Weg, kurz nach Agno, kommt man an dem pittoresken Dorf Cassina d'Agno vorbei, in dem Emmy Ball-Hennings von 1929 bis 1938 lebte und das mit seinen hohen schmalen Häusern und engen Gassen einen Abstecher wert ist.

Am Dorfeingang von Vernate, wo sich auch die Parkplätze befinden, sollte man innehalten, um den Blick auf den See, auf die Collina d'Oro und auf den San Salvatore zu genießen.

Durch einen gemauerten Torbogen tritt man ins Dorf, das mit seinen alten, zum Teil renovierten Häusern zu einer Erkundung einlädt. Viele Einwohner von Vernate verließen im Lauf des 20. Jahrhunderts ihr Dorf, um auswärts ihr Glück zu versuchen, so daß sich der Ort in der Woche still und wie verlassen präsentiert. An den Wochenenden und in der Hochsaison ist es belebter, wenn die Zweitwohnungs-Besitzer aus der deutschen Schweiz und Feriengäste anreisen.

Der Aufstieg zur Kirche Santa Maria d'Iseo geht durch das Dorf hinauf, vorbei an der Casa Parrocchiale und der kleinen, aus dem 16. Jahrhundert stammenden Kirche Santi Rocco e Sebastiano. Man folgt dem schmalen Vicolo Streccia, der sich wie ein Tunnel zwischen Steinwänden weiter hinaufzieht. Ein Hinweisschild gibt Auskunft, daß der Aufstieg nach Santa Maria 40 Minuten dauert und ca. 230 Höhenmeter zu überwinden sind. Man hält sich immer rechts und kommt bald an einen Treppenweg, die Via Santa Maria, die in einen natursteingepflasterten Pfad übergeht. Bald stößt man wieder auf die Kantonsstraße, folgt dieser ein kleines Stück nach links und biegt dann rechts in die Salita Cön, Richtung Campo Sportivo, ein. Die steile, asphaltierte Strasse wird nach etwa fünfzig Metern zu einem unbefestigten Weg. Man sollte sich nicht von der Ansammlung riesiger Satellitenschüsseln für den Mobilfunk über dem Sportplatz abschrecken lassen, denn sofort dahinter beginnt eine unberührte Waldlandschaft aus Kastanien, Buchen, Birken und Stechpalmen. Am Wegesrand liegen fast verfallene Steinhütten, die einstmals als Ställe oder Vorratskammern für die Bauern dienten.

Schon bald wird der Wald lichter und der breite Weg steigt nur noch leicht an. An den Kreuzungen folgt man immer den Schildern Richtung Santa Maria d'Iseo. Man trifft auf eine asphaltierte Straße, der man bergauf bequem bis zum Ziel folgen kann, falls man nicht den kürzeren und schöneren alten Weg, steil aufwärts am Wald und einer Wiese mit einem halb verfallenen Stall vorbei, nehmen möchte. Schon nach wenigen Minuten sieht man die malerische Kirche Santa Maria d'Iseo durch die Bäume schimmern.

Santa Maria d'Iseo

Im Gegensatz zur Waldkirche Madonna d'Ongero in Carona[10] steht dieses Gotteshaus auf einer großen Lichtung mit abfallenden Wiesen, auf denen sogar der Friedhof Platz hat und Schafe weiden. Die Kirche hatte im Laufe der Jahrhunderte verschiedene Bezeichnungen: Santa Maria de Vernate sowie Santa Maria Juvenia und Santa Maria de Giovenia. Fest steht, daß die Fundamente aus dem 9. Jahrhundert stammen, wie archäologische Ausgrabungen aus dem Jahr 1986 belegen, und daß der Kirchenbau erstmals 1378 erwähnt wurde. Die Historiker vermuten, daß hier in römischer Zeit ein Jupiter geweihter Tempel stand und die früheren Namen darauf zurückgehen. Heute ist die Kirche nach dem Dorf Iseo benannt. Im Laufe der Zeit wurde sie mehrfach umgebaut und restauriert. Obwohl man das Innere nicht besichtigen kann, lohnt sich der Aufstieg allein wegen der Aussicht. Schritt für Schritt eröffnet sich beim Hinaufgehen zum Kirchenvorplatz ein atemberaubender Blick auf die Collina d'Oro, auf den See und auf weite Teile des Luganese. Im Norden erstreckt sich das Val Colla und darunter die Stadt Lugano mit dem Monte Bré, hinter dem sich der Monte Boglia erhebt. Weiter schweift das Auge über den Lago di Muzzano, dahinter glitzert der Lago di Lugano und deutlich zeichnet sich die Halbinsel ab, auf der die Collina d'Oro liegt, dahinter der San Salvatore. Es ist kaum zu erkennen, daß sich zwischen den beiden Hügelketten noch das Tal von Pambio Noranco und Grancia erstreckt, durch das sich heute die Autobahn zieht; es scheint, als würde sich der San Salvatore auf der Collina d'Oro befinden.

Vermutlich kannte Hermann Hesse diesen wunderschönen Ort schon, als er 1920 die kleine Betrachtung *Kirchen und Kapellen im Tessin* schrieb: »Beim Übergang über die Alpen fand ich mich jedesmal, wie vom Anhauch des wärmeren Klimas, den ersten Lauten der klangvolleren Sprache, den ersten Rebenterrassen, so auch vom Anblick der zahlreichen, schönen Kirchen und Kapellen zart und mahnend berührt, wie von Erinnerung an einen sanfteren, milderen, mutternahen Zustand des Lebens, an kindlicheres, einfacheres, frömmeres, froheres Menschentum. Und mehr und mehr wurde es mir unmöglich, im Gefühl die katholische Frömmigkeit von der antiken zu trennen. Genau ebenso wie die uralte, römisch-mittelländische Art der Bodenkultur, der Terrassenbau mit Wein, Maulbeere, Olive, unzerstört in den alten, festen Formen hier unten weiterbesteht, so besteht etwas vom heidnisch-frommen, augenfrohen, bildergläubigen, gesunden Kult und Glauben der

Antike in den Ländern südlich der Alpen noch heute fort. Wo in Römerzeiten ein Tempel stand, steht jetzt eine Kirche, wo damals die kleine primitive Steinsäule für einen Feldgeist oder Waldgott stand, steht jetzt ein Kreuz, wo damals das kleine ländliche Heiligtum einer Nymphe, einer Quellgöttin, eines Flurgottes stand, steht heute der Bildstock oder die Nische eines Heiligen. [...] Daß man am Südfuß der Alpen ist, daß man das Land der Sonne und der ältesten europäischen Kultur betritt, davon sprechen nicht nur die Wärme der Sonne, der Klang der schönen Sprache, der kluge Terrassenbau der Weinberge, sondern ebensosehr all die frommen Bauten, alte und neue, all die Kirchen, Kapellen, Bildstöcke. Alle sind schön, ganz ohne Ausnahme, denn die Tessiner sind vorzügliche Architekten und Maurer von Alters her und haben ja auch in Italien manche der größten Bauten errichten helfen. Schön ist auch immer und ausnahmslos der Standort einer Kirche [...]. Schön und wohlüberlegt ist [...] der Zugang zum Heiligtum. Straße oder Brücke führt zwischen Mauern mit sanftem Zwang auf die Kirche zu, und immer empfängt uns vor dem Eintritt ein Vorplatz, man kommt nicht atemlos vom Steigen, oder rennend vom Bergablaufen, in eine Kirche hinein, erst nimmt ein ebener, wenn auch noch so kleiner Vorplatz den Pilger auf, ein paar Bäume stehen da, und meistens überschattet und schützt den Eingang eine Vorhalle. [...] Wie alle Gebäude in diesem steinreichen und holzarmen Lande sind die Kirchen und Kapellen ganz aus Stein. In kleinen Bergdörfern steht das Kirchlein unverputzt, nackte Mauern, auch das Dach aus rohen Gneisplatten, ausgezeichnet nur durch den Giebel und Glockenturm. An anderen Orten ist der Bau verputzt und bemalt, nicht selten wunderschön, obwohl das Klima den Wandmalereien an den Außenwänden nicht eben günstig ist. Man sieht wohl arme und schlichte Kirchen, aber kaum jemals eine verfallene. [...] Liebe Kirchen im Tessin, liebe Kapellen und Kapellchen, wie viel gute Stunden habt ihr mich bei euch zu Gast gehabt! Wie viel Freude habt ihr mir gegeben, wie viel guten kühlen Schatten, wie viel Beglückung durch Kunst, wie viel Mahnung an das, was not tut, an eine frohe, tapfere, helläugige Lebensfrömmigkeit! [...] Ihr gehört zu diesem Lande wie Berge und Seen, wie die tiefgeschnittenen wilden Täler, wie das launisch spielerische Geläut eurer Glockentürme, wie der schattige Grotto im Wald und der alte Roccolo auf dem Hügel. Es lebt sich gut in eurem Schatten, auch für Menschen anderen Glaubens.«[11]

Bei klarem Wetter kann man von dem Kirchenvorplatz einige der in diesem Buch beschriebenen Spazierwege sehr gut erkennen: die Casa Gilardi am Beginn der Via Minigera mit dem von Hesse beschriebenen Tessiner Park und Pavillon;[12] unterhalb davon der Ortsteil Arasio und am See die Häuser von Orino und Pianroncate;[13] südlich schließen sich am Seeufer Carabietta und Figino an;[14] auf der dahinterliegenden Hügelkette des San Salvatore sind mitten im Wald einsam die Kirche von Madonna d'Ongero und der in den Wald eingeschnittene Pfad, welcher von der Alpe Vicania zu ihr führt, zu erkennen.[15] Unmittelbar zu Füßen des Betrachters liegen am See die Dörfer des unteren Malcantone Magliaso, Caslano und Ponte Tresa in der Sonne. Läßt man den Blick nun weiter nach Süden schweifen, sieht man den Seearm bei Porto Ceresio sowie die Po-Ebene.

Westlich erstrecken sich die bewaldeten Hänge des oberen Malcantone und zwischen den Hügeln, über den Garten des Pfarrhauses hinweg glitzert das Wasser des Lago Maggiore, über dem sich schneebedeckte Alpengipfel erheben. Der Blick von hier erinnert an das Studieren einer dreidimensionalen Landkarte, und man erkennt, wie die einzelnen Regionen dieser Gegend, in der sich Hesse soviel bewegt hat, zusammenhängen.

Sicherlich genoß auch Hermann Hesse den Blick auf seinen Wohnort und seine Lieblings-Spazierwege von Santa Maria d'Iseo aus, als er im April 1921 mit seinem Sohn Bruno hier heraufstieg. An Ruth Wenger schrieb er anschließend enthusiastisch: »Er [Bruno] war drei Tage bei mir, ein lieber Kerl, und zum erstenmal seit Zürich spürte ich für Stunden wieder etwas wie Liebe und Heiterkeit. Ich flog einen Tag mit ihm aus – es war der letzte schöne Tag – wir gingen zur Kapelle, die hoch über Agno auf dem Grat steht, wunderbar, wir müssen einmal auch dorthin, da lagen wir im Gras, aßen den Rucksack leer und sahen in schöne, fremde Täler hinein.«[16]

Durch den Wald nach Cademario

Von der Kirche führt dieser Spaziergang nun zu den Dörfern Cademario und Cimo, die Hesse in Aquarellen festgehalten hat. Dazu geht man denselben Weg bis zur asphaltierten Straße zurück und folgt dieser ein kurzes Stück nach links Richtung Cademario.

Man kommt an der Cappella d'Isco vorbei, bei deren Anblick man wieder an Hesses bereits zitierte Betrachtung denken kann: »Auch im entlegensten Gebiet, soweit noch Geißen weiden und Menschen ihren Unterhalt suchen, steht da und dort noch ein kleines Heiligtum, eine Kapelle an der Wegbiegung, unter deren Vordach die Straße durchläuft und wo sich im Regen rasten läßt, ein Bildstock kindlich und hübsch, zwischen altem Gemäuer unterm Steindach eine winzige Bildwand, bemalt mit alten, verblaßten Farben. Im Frühling steht vor jedem ein Glas, ein Becher, eine alte Blechbüchse, von Kindern mit Blumen gefüllt.«[17]

Die Straße führt weiter an einem bewohnten Steinhaus, umgeben von einem Obst- und Gemüsegarten, vorbei. Unmittelbar dahinter biegt ein ausgeschilderter Wanderweg nach Cademario ab, der zunächst durch Wiesen und Wald führt. Am Schießplatz des Malcantone teilt sich der Pfad; man nimmt den rechten, der schattig unter hohen Kastanien am Hang entlangläuft, und folgt den Wegweisern Richtung Cademario und Lisone. Hier beginnt nun ein malerischer Spazierweg, der über Lichtungen und durch dichte Waldstücke führt. Ein Aquarell von Hermann Hesse, von ihm selbst beschriftet mit »Malcantone, Mai 23« zeigt einen blühenden Baum in einer aus vielen Grüntönen zusammengesetzten Landschaft.[18] Vier Jahre später, ebenfalls im Mai, beschrieb Hesse die Tessiner Wälder in einer kleinen Betrachtung: »Jetzt, in den ersten Maitagen und dann wieder im Spätherbst, hat die südliche Berglandschaft ihre schönsten Tage. Den ganzen Sommer hindurch sind alle Hügel und niedrigen Berge mit Wald bedeckt. Das ganze Land ist um diese Jahreszeit grün, grün, grün, und wenn nicht überall die farbigen, blank hervorleuchtenden Dörfer dazwischen lägen und von weitem ein paar Schneeberge in die Landschaft hereinblickten, so wäre es beinahe langweilig. Jetzt dagegen, wo die Kastanien eben erst beginnen Blätter zu bekommen, wo der ganze Wald noch leicht durchsichtig ist, wo die letzten wilden Kirschbäume verblühen und die ersten Akazien zu blühen anfangen, jetzt ist der südliche Wald entzückend mit seinem brennend frischen, ins Rötliche spielenden Grün, das noch so dünn und schwebend ist und noch den Himmel und die Sterne und die fernen Gebirge überall hereinblicken läßt.«[19] Zeitweise verbreitert sich der Weg nun und ist ziemlich steinig, doch schon bald findet man sich auf einem schmalen, idyllischen Waldpfad wieder, der durch Mischwald mit Tannen, Kastanien, Buchen und Eichen führt. An einer Wegkreuzung geht man nicht Richtung San Bernardo, sondern den weniger steilen Wanderweg Richtung Focora und Aranno. Unterhalb dieses Pfades, den zeitweise Tannennadeln wie ein Teppich bedecken, entspringen mehrere Quellen, und zwischen den Baumstämmen hindurch bietet sich ein wunderschöner Blick auf die Wälder und Dörfer des mittleren und oberen Malcantone. Man erkennt deutlich das Dorf Novaggio, und hinter den Bergzügen den Lago Maggiore. An einer Kreuzung auf einer Baumlichtung folgt man weiter auf der Via Fontana den Schildern Richtung Cademario-Lisone. Schon bald sieht man die ersten Dächer von Lisone, einem Ortsteil von Cademario, und Pferdeweiden; oben rechts am Hügel thronend das Kurhaus, welches um 1920 erbaut wurde. Im Mai 1925 war Hesses Freund Joseph Englert hier für mehrere Wochen zur Kur und besuchte ihn währenddessen in Montagnola. Umgekehrt fanden keine Besuche statt, wie Hesse am 25. Mai 1925 an Ruth Wenger schrieb: »Englert war gestern da und nahm Abschied, seine Kur läuft diese Woche ab, ich sah ihn die ganze Zeit nur dreimal, Cademario ist weit, ich kann so weit nicht kommen, und er war durch die Kur angebunden.«[20] Als der 18jährige Heiner Hesse seinem Vater 1927 vorschlug, doch eine gemeinsame Kur in Cademario ins Auge zu fassen, lehnte dieser dankend ab: »Ich danke Dir auch für Deinen Vorschlag wegen Cademario! Ich glaube zwar nicht, daß ich mich je zu einer Kur dort werde entschließen können, der ganze Ton und Geist ist mir allzu zuwider. Auch würde eine Kur von 3 Wochen für uns beide dort etwa tausend Franken kosten, und die sparen wir lieber für Deine Studienzeiten. Aber daß Du daran denkst und es gut mit mir meinst, und sogar bereit bist, unter Umständen eine Weile mir dabei Gesellschaft zu leisten und zu helfen, das hat mich recht herzlich gefreut, lieber Heiner, und wir wollen dann sehen, ob wir irgend etwas davon realisieren können.«[21]

An der Kapelle am Dorfrand von Cademario folgt man dem Weg, der mit »Via della vite« beschildert ist, in den Wald hinein Richtung Cimo und Vernate.

Wer mag, kann vorher an den Pferdeweiden entlang auf einer Schotterstraße, vorbei an neueren Häusern, bis in das Dorf Cademario schlendern. Unterhalb des Ortes befindet sich die aus dem 12. Jahrhundert stammende Kirche Sant'Ambrogio. Es heißt, daß sich im Mittelalter der Dorfkern um die Kirche Sant'Ambrogio gruppierte. Als Ende des 16. Jahrhunderts die Pest im Tessin wütete, schichtete man die Toten in der Kirche auf und verließ das Dorf, um weiter oben neue Häuser zu beziehen und eine neue Kirche zu bauen.

Der Rückweg über Cimo nach Vernate

Für den Weg nach Vernate kehrt man zur kleinen Kapelle und der »Via delle vite« zurück. Man kommt an einem eingezäunten, terrassierten Grundstück mit sehr zutraulichen Rehen vorbei und steigt an dieser Stelle in den Hohlweg

Richtung San Bernardo und Santa Maria hinab. Nach wenigen Minuten erreicht man eine Lichtung, die durch einen Kahlschlag der Bäume entstanden ist. Dies ist die Folge von zerstörerischen Waldbränden, wie sie im Tessin immer wieder vorkommen. Man sollte also die Ermahnung, mit Feuer vorsichtig zu sein und keine brennenden Zigaretten wegzuwerfen, durchaus ernst nehmen.

Hermann Hesse mit Freunden auf einem Spaziergang bei Cademario, Frühling 1955.

Von dieser Lichtung bietet sich ein phänomenaler Ausblick auf die Felder im Tal, den San Salvatore, auf Agnuzzo und die Collina d'Oro sowie auf den See bis nach Porto Ceresio. Sogar die Landebahn des kleinen Flughafens Agno fügt sich von hier oben wenig störend ins Bild. Weiter folgt der Weg den Schildern Richtung Cimo, das still am Hang liegt. Hier findet man noch alte Ställe und Häuser aus Trockensteinmauern und eine kleine, schlichte Kapelle, die bis Mitte des 19. Jahrhunderts dem heiligen Michael gewidmet war und heute San Giuseppe ehrt. 1969 wurden in Cimo vier spätrömische Gräber mit Schmuckbeigaben entdeckt.

Von Cimo muß man nun ca. 400 Meter auf der wenig befahrenen Kantonsstraße nach Vernate zurückgehen, wo man noch einmal den Blick aufs Tal genießen sollte.

Siebter Spaziergang:

»Halb beängstigend, halb berauschend«
Die Stadt Lugano und ein Spaziergang
nach Gandria

Hermann Hesse bewegte sich in den ersten Jahren zwischen Montagnola und Lugano meistens zu Fuß, selten nahm er den Bus, der ohnehin nicht oft verkehrte: »Und schön ist es auch jedesmal wieder von Lugano aus meinen Berg hinauf zu gehen, die einzelnen Bäume und Felder wiederzuerkennen«, heißt es in der Betrachtung *Rückkehr aufs Land*.[1] Auch ankommenden Besuchern empfahl er den einstündigen bequemen Fußweg »bergauf aber nicht mühsam, ein sehr schöner Weg«.[2] Heute gibt es keinen Weg von der Collina d'Oro nach Lugano mehr, der nicht an verkehrsreichen Straßen und häßlicher Bebauung entlangführt. Deshalb sollte man mit dem Bus oder mit dem Auto ins Stadtzentrum von Lugano fahren und sich auf die Besichtigung des verbliebenen alten Stadtkerns und der Promenade beschränken. Der größte Teil der restlichen Innenstadt ist mit Bank-, Versicherungs- und Bürohäusern bedeckt, oft von zweifelhafter Schönheit und nach Büroschluß wie ausgestorben. Wer sich einen Überblick von dem Gesamtbild der Stadt verschaffen möchte, kann dies sehr gut vom Gipfel eines der beiden Hausberge, welche den Uferbogen einfassen, tun. Der San Salvatore und der Monte Brè sind beide von Lugano aus mit einer Standseilbahn erreichbar.

Von der Via Balestra, wo sich der Busbahnhof und ein großes Parkhaus befinden, geht man durch die Via Emilio Bossi am Palazzo di Giustizia (Justizpalast) zur Via Preto-

[1] **Parkplatz und Bushaltestelle** [2] **Piazza Riforma mit Rathaus**
[3] **Via Nassa** [4] **Kirche Santa Maria degli Angioli** [5] **Schiff-Anlegestelle Lugano** [6] **Museo delle Culture Castagnola (mit dem Schiff)**
[7] **Kirche S. Vigilio** [8] **Schiff-Anlegestelle Gandria** → [5] **Schiff-
Anlegestelle Lugano**

rio, die links Richtung See führt. Auf der Höhe der Haupt-
post biegt man rechts in die Piazza Dante ein, die von einem
großen Warenhaus, welches es auch schon zu Hesses Zeiten unter dem Namen »Innovazione« gab, dominiert wird.
Hier beginnt die Fußgängerzone mit vielen Geschäften und

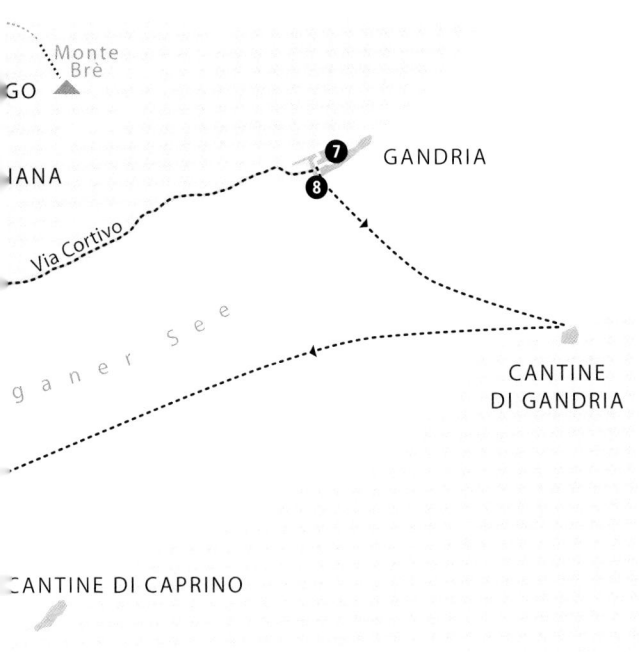

Cafés, und man ist nun in wenigen Schritten durch die Via Peri auf der Piazza della Riforma.

Exkurs: Lugano

Lugano ist mit heute 56 000 Einwohnern die größte Stadt des Kantons und ein wichtiger Finanzplatz der Schweiz. Das Städtchen wurde um 1300 das erste Mal erwähnt und entwickelte sich im Mittelalter zu einem wichtigen Warenumschlagsplatz auf dem Alpentransitweg zwischen dem

Gotthardpaß und Italien. Seine wahre Blütezeit begann jedoch erst nach 1882, als die erste Gotthard-Eisenbahn ihren Dienst aufnahm und zahlreiche Erholungssuchende in den Süden brachte. Die starke Zunahme des Fremdenverkehrs führte Anfang des 20. Jahrhunderts zu einer explosionsartigen Bautätigkeit, der Teile der alten Stadt zum Opfer fielen. Es wurden die Seepromenade angelegt und zahlreiche Luxushotels gebaut. Die Piazza della Riforma war seit jeher das Zentrum der Stadt. An der Seeseite des Platzes befindet sich der Palazzo Civico, in dem seit 1890 das Rathaus untergebracht ist, die verbleibenden Seiten werden von Cafés und Restaurants eingerahmt. In den Nebenstraßen mit noblen Bürgerhäusern aus dem 19. Jahrhundert preisen die Schaufenster der zahlreichen Geschäfte und Boutiquen ihre Waren an.

Auf der Piazza finden regelmäßig Blumen-, Lebensmittel- und Antiquitätenmärkte statt. In einer Werbe-Broschüre des Hotels Schweizerhof von ca. 1913 werden sie beschrieben, wie Hermann Hesse sie erlebt haben mag: »Auf der Piazza della Riforma und teilweise in Via Nassa wird jeden Dienstag der Markt abgehalten. Es bildet dies ein interessantes, farbenreiches Schauspiel, welches den rein italienischen Character der Landbevölkerung und der Produkte in lebhaften Scenen darstellt. Da sieht man hauptsächlich die Frauen aus den entlegenen Thälern, aus Gandria, Val Colla, Val Solda, Capriasca etc., ihre Gemüse, Früchte, Geflügel und mannigfaltigen Waren der Hausindustrie in würdevoller Ruhe feilhalten; sie kommen von weither, auf ihren hölzernen Zoccoli, mit der Last auf dem Rücken sich anmutig in den Hüften wiegend, oder ein beladenes Eselein vor sich treibend, singend oder schäckernd. Oder auch der breite Nachen, von kräftigen Frauenarmen, die ausholend die langen

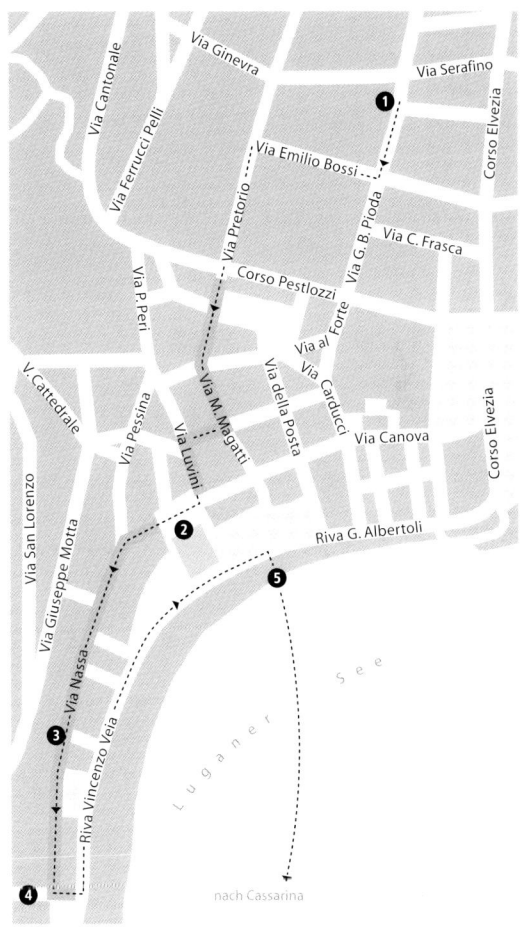

[1] Parkplatz und Bushaltestelle [2] Piazza Riforma mit Rathaus [3] Via Nassa [4] Kirche Santa Maria degli Angioli [5] Schiff-Anlegestelle Lugano

Ruder stoßen, getrieben, bringt die Ladung von jenseits des Sees, um dann in der Abenddämmerung mit eintönigem Gesang langsam über das ölige Wasser streichend, an das stille, kühle Ufer im Schatten der Berge zurückzukehren.«[3]

»Die Ankunft in Lugano war nicht entzückend«
Hermann Hesse in der Stadt

Hermann Hesse hatte ein zwiespältiges Verhältnis zur Stadt Lugano, das sich zudem im Laufe der Jahrzehnte je nach seiner Lebenssituation unterschiedlich darstellte. So genoß er anfangs durchaus das Flanieren und verarbeitete einen Ausflug in die Stadt in seiner Erzählung *Klingsors letzter Sommer* in dem Kapitel »Louis«: »Sie gingen ins Städtchen, sie gingen zum Bahnhof, eine schöne Frau kam an, sie aßen schön und gut in einem Restaurant, und Klingsor, der dies in seinen ländlichen Monaten ganz vergessen hatte, war erstaunt, daß es alle diese Dinge noch gab, diese lieben heiteren Dinge: Forellen, Lachsschinken, Spargeln, Chablis, Walliser Dôle, Benediktiner. Nach dem Essen fuhren sie, alle drei, in der Seilbahn durch die steile Stadt hinauf, quer durch die Häuser, an Fenstern und hängenden Gärten vorüber, es war sehr hübsch, sie blieben sitzen und fuhren wieder hinab, und noch einmal hinauf und hinab. Sonderbar schön und seltsam war die Welt, sehr farbig, etwas fragwürdig, etwas unwahrscheinlich, jedoch wunderschön. [...] Sie gingen nochmals in ein Café, sie gingen in den leeren mittäglichen Park, legten sich am Wasser unter die Riesenbäume. Vieles sahen sie, was hätte gemalt werden müssen: rote edelsteinerne Häuser in tiefem Grün, Schlangenbäume und Perückenbäume, blau und braun berostet.«[4]

Hermann Hesse ging mit Freunden in Lugano essen, besuchte Bekannte, die dort übernachteten, oder nutzte die kulturellen Angebote. Im April 1923 stand ein Opernbesuch mit seinem Sohn Bruno an, »was ich Brunos wegen annahm, obwohl Lugano jetzt für mich nur mit großer Mühe zu machen ist, der Beine wegen.«[5]

Hesses Luganoaufenthalte waren aber oft auch mit unangenehmen Verpflichtungen verbunden. Dazu gehörten beispielsweise notwendige Behördengänge, um eine Aufenthaltsbewilligung zu bekommen. »Ich habe, nur wegen der Kleinigkeit meiner hiesigen Niederlassungsbewilligung, diese ganze Zeit über wieder mit der Luganer Polizei zu tun gehabt, fast jede Woche kostete mich das einen halben Tag für Lugano, Herumstehen im Polizeibureau, Fragereien, und nie kommt die Sache in Ordnung. Ich bin davon sehr mitgenommen [...]«[6], beschwerte sich Hesse bei seinem Arzt Josef Bernhard Lang. Auch die Auseinandersetzung mit seiner ersten Frau Mia Bernoulli, von der Hesse seit 1919 getrennt lebte, um das Sorgerecht für die Kinder wurde schon bald auf juristischer Ebene geführt, so daß er sich häufig mit seinem Rechtsanwalt in Lugano treffen mußte.[7] Hinzu kam eine nicht enden wollende Anzahl von Zahnarztbehandlungen, über die Hesse von 1923 bis in die 40er Jahre in seinen Briefen verschiedentlich klagte, sowie die notwendigen Bankgeschäfte, die ebenfalls in Lugano zu erledigen waren. Die Freude an der Stadt wurde zudem durch die starke Zunahme des Fremdenverkehrs getrübt: »Und doch ist seit einigen Jahren die Rückkunft nach dem Tessin mir nicht immer eine reine Freude mehr. Vor einigen Jahren war im Tessin noch Mittelalter, war hier noch Paradies und Südsee. Jetzt ist das Tessin erobert von Berlin und Frankfurt, von Cook und Baedeker [...]. Die

Hermann Hesse, »Blick auf den Luganer See«,
Aquarell auf Papier, 20. August 1924.

Blick von Montagnola auf den Luganer See und den Monte Bré.

Ankunft in Lugano war nicht entzückend. Die Überbevölkerung hat mir seit langem nicht mehr so übel entgegengeschrien wie hier, wo um die Zeit der Ostern sich die Fremden zusammenscharen wie die Heuschrecken. In dem kleinen Lugano sind ein Viertel der Einwohner von Berlin, ein Drittel von Zürich, ein Fünftel von Frankfurt und Stuttgart anzutreffen; auf den Quadratmeter kommen etwa zehn Menschen [...]. Wie voll es doch auf der Erde geworden ist! Wohin ich blicke neue Häuser, neue Hotels, neue Bahnhöfe, alles vergrößert sich, überall wird ein Stockwerk aufgebaut; irgendwie auf Erden eine Stunde lang spazieren, ohne auf Menschenscharen zu stoßen, scheint nicht mehr möglich.«[8]

Ab September 1937 wohnte Hermann Hesses Psychoanalytiker und Freund Josef Bernhard Lang in Lugano, in der Via Canova Nr. 7, nur wenige Schritte von der Piazza della Riforma entfernt, wo Hesse ihn manchmal in Verbindung mit Arztterminen aufsuchte, auch wenn die selten fahrenden Busse diese Treffen erschwerten: »In nächster Zeit muß ich mehrmals zum Zahnarzt [...]. Meistens ist die Stunde von 2 bis 3, die ich dann in Lugano bin, ganz vom Zahnarzt ausgefüllt, es reicht nur grad wieder zum Postauto. Aber ich behalte doch wohl einmal eine halbe Stunde, um dir Grüßgott zu sagen.«[9] Obwohl Hesse 1946 behauptete, Lugano sei ihm »fast fremd geworden«,[10] suchte er es zu verschiedenen Anlässen auch in den 50er Jahren hin und wieder auf. Meist fuhr er mit seiner Frau Ninon, die seit Anfang 1948 einen Führerschein hatte, mit dem Auto in die Stadt. So berichtete er von einem Zirkusbesuch im November 1955: »Der Zirkus Knie war in Lugano, auch ich war mit meiner Frau, einem Gast und unsrer Köchin in einer Nachmittagsvorstellung, da ich gern Tiere sehe. Nun erschien bei uns oben ein junger Mann, der in der Kapelle von Knie das Saxophon bläst, ein Pablo, und brachte ein Exemplar ›Steppenwolf‹ mit der Bitte um Signierung. Ich behielt ihn eine halbe Stunde da, er ist Hamburger, er und seine Freunde lesen viel Hesse, ihr Lieblingsbuch ist Siddhartha. Im übrigen aber sprachen wir mehr von Tigern, Bären, Pferden und Dompteuren.«[11] Außerdem ging Hesse in den 50er Jahren mehrmals in das Tonstudio des Tessiner Radios, um Aufnahmen zu machen. Daran hatte er durchaus Vergnügen, wie ein Artikel in der Schweizer Radiozeitung von 1953[12] und ein Brief aus dem Jahre 1959 zum Ausdruck bringen: »Gestern habe ich fürs Radio Lugano gesungen, zwei kleine Texte, der eine wurde heute schon gesendet, der andre mit dem Titel ›Über das Wort Brot‹ kommt im Januar in einer Hörfolge, die vom Brot handelt und in der alle Berufe, die mit dem Brot zu tun haben, zu Wort kommen. Daß sie auch einen Dichter dabei haben wollten, ist rührend. Mir hat es Spaß gemacht.«[13]

Von besonderer Bedeutung ist Hermann Hesses Teilnahme am Karneval auf der Piazza della Riforma im Februar 1953, da er dieses Erlebnis in einer kleinen, berührenden Betrachtung mit dem Titel *Kaminfegerchen* festhielt, in deren Mittelpunkt ein etwa siebenjähriger, als Schornsteinfeger verkleideter Junge steht, der »in einer merkwürdigen Einsamkeit oder Entrücktheit mitten in dem bunten Gedränge und Getriebe [stand], ruhig wie ein Bild, und sehr schön.«[14] Der damals 75jährige Hermann Hesse, der wegen starker Gelenkschmerzen eher unwillig zu diesem Ausflug aufgebrochen war, schien von sich selbst überrascht zu sein, wie sehr er das Spektakel genießen konnte: »Der Platz schien Mittelpunkt des Festes zu sein. Platz und Trot-

toirs standen voll Menschen, zwischen deren bunten und
lauten Gruppen aber außerdem ein fortwährendes Kommen und Gehen von flanierenden Paaren oder Gesellschaften lief, eine Menge kostümierter Kinder darunter. Und am
jenseitigen Rande des Platzes war eine Bühne aufgeschlagen, auf der vor einem Lautsprecher mehrere Personen lebhaft agierten: Ein Conférencier, ein Volkssänger mit Gitarre, ein feister Clown und andre. Man hörte zu oder nicht,
verstand oder verstand nicht, lachte aber auf jeden Fall mit
[...]. Akteure und Volk spielten zusammen, Bühne und Publikum regten einander gegenseitig an, es war ein dauernder Austausch von Wohlwollen, Anfeuerung, Spaßlust und
Lachbereitschaft. [...] Höchstens eine Viertelstunde hatte
ich mir ausbedungen, wollten wir in der Stadt bleiben. Wir
blieben aber eine gute halbe Stunde, schauend, hörend, zufrieden. Für mich ist schon der Aufenthalt in einer Stadt,
unter Menschen, und gar in einer festlichen Stadt, etwas
ganz Ungewohntes und halb Beängstigendes, halb Berauschendes, ich lebe wochen- und monatelang allein in meinem Atelier und meinem Garten, sehr selten noch raffe ich
mich auf, den Weg bis in unser Dorf, oder auch nur bis
ans Ende unsres Grundstücks zurückzulegen. Nun auf einmal stand ich, von einer Menge umdrängt, inmitten einer
lachenden und spaßenden Stadt, lachte mit und genoß den
Anblick der Menschengesichter, der so vielartigen, abwechslungs- und überraschungsreichen, wieder einmal einer unter vielen, dazugehörig, mitschwingend.«[15]

In der Via Nassa

Von der Piazza della Riforma führt der Spaziergang weiter in die Via Nassa, die am südlichen Ende des Platzes beginnt und von teuren Geschäften und Boutiquen geprägt ist. Ganz versteckt und bescheiden, fast am Ende der Straße, befindet sich die Buchhandlung Wega, in der Hesse über Jahrzehnte seinen Bedarf an Schreibwaren deckte. Mit dem damaligen Besitzer Ernst Fuchs, aus Bern stammend, dessen Enkelin heute noch das Geschäft führt, verband ihn eine persönliche Beziehung, die über das Geschäftliche hinausging.[16] Man saß zusammen und trank Tee, unterhielt sich über das Tagesgeschehen und das Wetter, und vor allem diskutierte man ausführlich die Unterschiede in der Qualität der Füllfederhalter, die der Schriftsteller gewissenhaft ausprobierte und gegeneinander abwog. Hermann Hesse ließ bei Fuchs auch seine Stempel anfertigen, wie eine von ihm handgeschriebene Bestellung, sorgfältig von der Familie Fuchs archiviert, bezeugt.

Am Ende der Via Nassa trifft man auf die sehr sehenswerte Kirche Santa Maria degli Angioli, erbaut zwischen 1499 und 1515 und bis Mitte des 19. Jahrhunderts Teil eines Minoritenklosters. Hier hat der berühmte lombardische Maler Bernardino Luini (um 1480/90-1531) seinen letzten bedeutenden Freskenzyklus hinterlassen, darunter eine große Kreuzigungsdarstellung und zwei von Leonardo da Vinci beeinflußte Fresken des Abendmahls und einer Madonna mit Kind. Auch Hermann Hesse hat diese Kirche gekannt, wie seiner Betrachtung *Kirchen und Kapellen im Tessin* zu entnehmen ist: »Im Innern aber sind sie [die Kirchen] oft reich an schönen und seltenen Dingen. Von den Luini-

Bildern in Lugano bis in unbekannte kleine Bergkapellen findet man überall in den Tessiner Kirchen irgendein Bild, ein Fresko, ein Altar-Relief, einen Taufstein, eine Stuckfigur, die vom innigen Zusammenhang dieses Berglandes mit der Kultur des klassischen Italien reden [...].«[17] Als Hermann Hesse diese Kirche besuchte, war direkt an das Gotteshaus noch das luxuriöse Grandhotel Palace angebaut.

Exkurs: Das Grandhotel Palace

Als das Minoritenkloster 1848 aufgelöst wurde, erwarb der Bankier Giacomo Ciani die Anlage und richtete zunächst eine einfache Herberge darin ein.[18] 1899 kaufte der »mächtigste Hotelkönig jener Zeit«, Franz-Josef Bucher-Durrer, die Herberge und nahm einschneidende Umbauarbeiten vor: er stockte das Haus um zwei Etagen auf, riß Wände heraus, um große Säle zu schaffen; es wurden Spiegel, Ölgemälde und Kristallüster angeschafft und schon bald war das Palace unumstritten das erste Haus am Platz. Die Gäste hatten oft klangvolle Namen, es reisten Prinzessinnen und Maharadschas sowie Vertreter des neureichen Bürgertums an, oft mit der gesamten Dienerschaft. Man kam vorwiegend in den milden, sonnenreichen Wintern und blieb wochenlang, sowohl Luxus als auch Landschaft genießend. Im Gegensatz zu vielen anderen Luxushotels, die sich an der Seepromenade etabliert hatten, überstand das Palace den Ersten Weltkrieg so gut wie unbeschadet und führte in den »goldenen Zwanzigern« unter der Leitung von Oskar Kienberger[19] sein glanzvolles Dasein fort. Die Weltwirtschaftskrise 1929 führte zu einem Einbruch der Gästezahlen und erst nach mehrmaligem Besitzerwechsel gelang es der Familie Brügger nach dem Zweiten Weltkrieg, zu altem Glanz zurückzufinden. Nun kamen vor allem Amerikaner, um für mehrere Wochen oder auch nur ein paar Tage den Hotelkomfort zu genießen. Der endgültige Niedergang des Hotels nahm ab 1970 seinen Lauf, als es nach dem Tod der Besitzerin zu Erbstreitigkeiten kam. In der Folge wurde das Haus zum Spekulationsobjekt wechselnder Eigentümer und verfiel dabei immer mehr. Ein Brand vernichtete das Palace 1993 fast vollständig; es stand von nun an, mittlerweile im Besitz der Stadt Lugano, halb ausgebrannt mit leeren Fensterhöhlen als Schandfleck an der schicken Seepromenade.

Teils privat, teils öffentlich finanziert, entsteht nun auf dem Gelände ein ambitioniertes Kulturzentrum namens »Centro Culturale Lugano Arti Contemporanee (LAC)« mit Ausstellungen, einem großen Theater und Restaurants.

Hermann Hesse und das »Palace-Schieber-Hotel«

Hermann Hesse lernte das Grandhotel bereits 1919 kennen; mit zwiespältigen Gefühlen bewegte er sich im luxuriösen Ambiente des Hauses, waren dessen Bewohner nach seiner Auffassung doch meist mit zweifelhaften Geschäften zu Reichtum gekommen und hatten aus dem gerade überstandenen Krieg vor allem persönliche materielle Vorteile gezogen. In der Betrachtung *Winterbrief aus dem Süden* schilderte er ein Mittagessen, zu dem er eingeladen war: »Also kam ich in das große Hotel. Es war herrlich. Ich zog meinen besten Anzug an, meine Wirtin hatte mir schon tags zuvor das kleine Loch am Knie mit etwas blauer Wolle zugestochen. Ich sah gut aus und wurde tatsächlich vom Portier ohne Schwierigkeiten eingelassen. Durch gläserne lautlose Flügeltüren floß man sanft in eine riesige Halle wie in ein luxuriöses Aquarium, da standen tiefe, ernste Sessel aus Leder und aus Samt, und der ganze riesige Raum war geheizt, wohlig warm geheizt [...]. In den Sesseln da und dort saßen gut gekleidete Schieber mit ihren Gattinnen. Und was taten sie? Sie hielten die europäische Kultur aufrecht. [...] Liebe Freunde in Berlin, erspart es mir, das Mittagessen zu schildern, das ich mit meinen Gastgebern genoß! Weiß und gläsern leuchtete der Speisesaal, und wie hübsch wurde serviert, wie gut aß man, und was für Weine! Ich schweige davon. Es war ergreifend, die Schieber essen zu sehen. Sie legten Wert auf Haltung, sie beherrschten sich schön. Sie aßen die delikatesten Bissen mit Gesichtern voll ernster Pflichterfüllung, ja, lässiger Verächtlichkeit, sie schenkten sich Gläser aus alten Burgunderflaschen voll mit gelassenen und etwas leidenden Mienen, als nähmen sie Medizin. Ich wünschte ihnen dies und jenes, während ich zusah. Eine Semmel und einen Apfel steckte ich mir ein, für den Abend.«[20]

Ein für Hermann Hesse wichtiges Ereignis fand ebenfalls in Lugano statt, auch dies vermutlich im Palace. Der »Kongreß der Internationalen Frauenliga für Frieden und Freiheit«, ursprünglich in Varese in Italien vorgesehen, wurde kurzfristig nach Lugano verlegt. Vom 18. August bis 2. September 1922 sprachen so illustre Referenten wie Frederik van Eeden, Bertrand Russell und Georges Duhamel vor über hundert Gästen.[21] Auch Hermann Hesse war auf Einladung von Romain Rolland, dessen Schwester Madeleine den Kongreß mitorganisiert hatte, als Vortragender dabei und las am 21. August das letzte Kapitel aus *Siddhartha*. Bedeutsam war dabei für Hesse vor allem die Begegnung mit dem indischen Historiker Kalidas Nag, wie er Helene Welti berichtete: »Es war in Lugano ein internationaler Kongreß, da sollte auch ich einen Vortrag halten, ich las statt dessen den Schluß des ›Siddhartha‹ vor. Natürlich kapierten es nur wenige. Unter den Zuhörern saß ein Hindu, vielmehr ein Bengale, Professor der asiatischen Geschichte in Calcutta, der ließ sich nachher alles genau übersetzen, und am andern Tag erschien er in Montagnola, um mir zu sagen, daß es ihm unfaßlich und ergreifend sei, einen Europäer zu finden, der wirklich ins Zentrum des indischen Denkens gelangt sei. Er war seither mehrmals bei mir, viele Stunden, und wurde mein Freund, er erzählte mir viel, sang mir alte und neue indische Lieder etc. etc. [...] Auch sonst waren an dem Kongreß [...] nette und interessante Leute, doch bin ich nur zweimal hinabgegangen [...].«[22] In der Betrachtung *Besuch aus Indien* schilderte Hermann Hesse ausführlich diese ihn tief berührende Begegnung mit Kalidas Nag, die wohl bei beiden ein Gefühl der Seelenverwandtschaft hinterlassen hatte.[23]

Nur wenige Monate später, am 25. Januar 1923, hielt Hermann Hesse auf Einladung der ein Jahr zuvor gegründeten »Literarischen Gesellschaft Lugano« eine Lesung aus *Klingsors letzter Sommer* und *Siddhartha* im Palace Hotel, sowohl in den italienisch- als in deutschsprachigen Tessiner Zeitungen erwartungsvoll angekündigt. Hesse selbst war nur halb überzeugt, wie aus einem Brief an Ruth Wenger einen Tag vor der Veranstaltung hervorgeht: »Wie schlau und gut ist das z. B. wieder, daß du mir rätst, ich soll auf die Messe gehen und mich für Geld sehen lassen! Heute kann ich nicht, da ich andres zu tun habe, aber morgen abend tue ich es und zeige mich im Palace-Schieber-Hotel eine Stunde lang den Leuten, drei Franken Eintritt. Alles lacht und staunt, daß es einen solchen Kerl gibt, jeder zahlt gern den Eintritt, lang noch schütteln sie den Kopf. [...] Also morgen muß ich aufs Seil, ich habe [Hugo] Ball gebeten, mir die Stunde vorher Gesellschaft zu leisten, da ich doch vorher in Lugano einen Kaffee trinken muß.«[24]

Am Abend des Vortrages sandte Ruth Wenger aus Basel ein Telegramm ins Palace Hotel »Ich denke an dich und höre zu«.[25]

Ein begeisterter Leserbrief an die deutschsprachige Zeitung *Die Südschweiz* lobte die Lesung in höchsten Tönen: »Vor einer zahlreichen Zuhörerschaft hielt Hermann Hesse eine Vorlesung aus eigenen Werken (Klingsor, Siddhartha). Eine Stunde der Erhebung und Vertiefung, des Miterlebens und Miterleidens. Tiefe Lyrik steckt in diesem Vortrage Hermann Hesses, ein genaues, liebevolles Beobachten der Seele des Menschen und der Natur. Nichts entgeht dem klaren Blick des Dichters; alles erfaßt er und verbindet es zu einem mystischen Ganzen, das wie ein phantasievoll verziertes Fragezeichen halb verschleiert, doch leuchtend dem Zuhörer vor die Seele tritt. Wir erleben die vulkanische Sehnsucht eines leidenschaftlichen Herzens, das einem dämonischen Drange folgend durch maßloses Genießen sich selbst zerstört. Wir fühlen die allumfassende Liebe, die ohne Ziel sich hingibt, der sich die Natur öffnet, die nicht erlischt; sondern ruhelos weiterirrt.«[26]

Lakonisch reflektierte Hesse einige Tage später den Abend: »Meine Zuhörer waren sehr artig, gutgewillt und aufmerksam, aber verstanden haben sie mich doch nicht.«[27]

Mit dem Schiff unterwegs
Das Seeufer in Lugano

Unser Spaziergang führt vom Gelände des ehemaligen Palace Hotels entlang der Via Vincenzo Vela wieder zurück Richtung Stadtzentrum. Auf Höhe des Touristenbüros fahren die Schiffe zu verschiedenen Orten am Luganer See und auch bis an das italienische Ufer ab. Das Linienschiff zur Villa Heleneum und nach Gandria fährt von Lugano zunächst in den Stadtteil Paradiso, mit wunderbarer Sicht auf Luganos Hausberge Monte Bré und San Salvatore. Am Ufer erkennt man noch wenige alte Villen und Grandhotels und sogar einen alten Roccolo; es dominieren jedoch mehrstöckige Neubauten, darunter viele Geschäftshäuser, die Zeugnis der Bausünden der letzten Jahrzehnte ablegen. Unwillkürlich muß man an Hesses Erzählung *Fremdenstadt im Süden* denken, in der das Verhalten der Grandhotel-Gäste parodiert wird und die in mancher Hinsicht auch auf heutige Erscheinungen zutrifft; Lugano hat sicherlich einen Teil zur Inspiration beigetragen: »Zwischen langhin gedehnten, sanft geschwungenen Kaimauern liegt mit kleinen, kurzen Wellchen ein See aus blauem Wasser, an dessen Rand findet der Naturgenuß statt. Am Ufer schwimmen unzählige kleine Ruderboote mit farbig gestreiften Sonnendächern und bunten Fähnchen, elegante hübsche Boote mit kleinen netten Kissen und sauber wie Operationstische. [...] längs dem Seerand läuft die Seepromenade, eine doppelte Straße, der seewärts gekehrte Teil unter sauber geschnittenen Bäumen ist den Fußgängern reserviert, der innere Teil ist eine blendende und heiße Verkehrsstraße, voll von Hotelomnibussen, Autos, Trambahnen und Fuhrwerken. An dieser Straße steht die Fremdenstadt, wel-

Hermann Hesse auf dem Monte Bré, Oktober 1934.

che eine Dimension weniger hat als andere Städte, sie erstreckt sich nur in die Länge und Höhe, nicht in die Tiefe. Sie besteht aus einem dichten, stolzen Gürtel von Hotelgebäuden. Hinter diesem Gürtel aber, eine nicht zu übersehende Attraktion, findet der echte Süden statt, dort nämlich steht tatsächlich ein altes italienisches Städtchen [...]. Täglich bringt der Fremde in dieser kleinen, schmutzigen und interessanten Stadt eine Stunde oder zwei zu, kauft Strohflechtereien und Ansichtskarten, versucht italienisch zu sprechen und sammelt südliche Eindrücke. Hier wird auch viel photographiert. [...] Bald kehrt [...] der Fremde von solchen Exkursionen wieder in die Idealstadt zurück. Dort stehen die großen, vielstöckigen Hotels, von intelligenten Direktoren geleitet, mit wohlerzogenem, aufmerksamem Personal. Dort fahren niedliche Dampfer über den

See und elegante Wagen auf der Straße, überall tritt der Fuß auf Asphalt und Zement. [...] man geht in elegante Cafés und trifft da die Bekannten aus Berlin, Frankfurt und München an, man liest die heimatlichen Zeitungen und ist aus dem Operetten-Italien der Altstadt wieder in die gute, solide Luft der Heimat getreten, der Großstadt; man drückt frisch gewaschene Hände, lädt einander zu Erfrischungen ein, ruft zwischenein am Telephon die heimatliche Firma an, bewegt sich nett und angeregt zwischen netten, gutgekleideten, vergnügten Menschen.«[28]

Vom Schiff aus gut zu erkennen, duckt sich die Kirche Santa Maria degli Angioli eingezwängt zwischen den hohen Häusern, weit dahinter erhebt sich die Bergkette vom Monte Lema bis zum Monte Tamaro.

Man sieht von der Anlegestelle Paradiso links vom Monte Boglia sehr schön den Bergzug »Denti della Vecchia« (»Zähne der alten Frau«) mit seinen zerklüfteten Felsen. Auch der Lido von Lugano, ein schönes Strandbad direkt am Stadtpark Parco Ciani, mit Schwimmbecken, Strandkörben und einem aufgeschütteten Sandstrand am Ufer ist zu sehen; das Lido gab es bereits Anfang der 20er Jahre. An heißen Sommertagen kann man hier durchaus einen faulen Tag mit Baden und Sonnenbädern verbringen.

Schaut man am San Salvatore vorbei Richtung Süden, fällt links vom Damm von Melide das Dorf Campione d'Italia ins Auge, dominiert von einem Spielcasino, einem monumentalen und umstrittenen Bau des berühmten Architekten Mario Botta. Links daneben, etwas erhöht, liegt Pugerna. Ein Dorf, das Hesse im Juni 1924 besuchte und in einem Aquarell festhielt.[29] Nördlich davon, oben am Berg, befindet sich das zu Italien gehörende Belvedere von

Lanzo d'Intelvi, dessen Lichter man im Dunkeln von der Collina d'Oro aus sehen kann.

Auf diese Seite des Sees führte einer der letzten Ausflüge des Dichters. Wenige Wochen vor seinem Tod, Mitte Juli 1962, fuhr Hesse die noch heute sehr umständliche Strecke über die schweizerischen Dörfer Melide, Bissone, Maroggia und Arogno in das italienische Lanzo d'Intelvi, von wo eine Serpentinenstraße auf den Monte Sighignola steigt, die einzige Zufahrt zum Gipfel. Der Sohn Bruno erinnerte sich an den Tag: »Im Auto fuhr ich mit Vater und Ninon nach Lanzo d'Intelvi und auf den Monte Sighignola. Vater war frischer und kräftiger als am Geburtstag und genoß diese Fahrt, ganz besonders die großartige Aussicht von der Sighignola. Im himmelblauen Saal eines kleinen Hotels in Lanzo aßen wir zu Mittag, und fuhren am Nachmittag über Osteno und Porlezza wieder zurück. Rührend dankte Vater für jede kleine Handreichung.«[30]

Die Villa Favorita und die Villa Heleneum

Auf der Weiterfahrt von Paradiso zur Villa Heleneum schiebt sich nach und nach der Berg Monte dei Pizzoni um die Landspitze, und es eröffnet sich der berühmte »Hesse-Blick« von der Casa Rossa nach Italien, wie ihn auch der Dichter auf seinem letzten Ausflug zum Monte Sighignola in etwas anderer Perspektive genossen haben mag. Dreht man sich nun um, hat man den Blick in umgekehrter Richtung, die Collina d'Oro präsentiert sich südlich vom San Salvatore; die Casa Rossa und die Villa der Familie Brown sind deutlich zu erkennen.[31]

Kurz bevor das Schiff die Villa Heleneum erreicht, fällt

am Fuß des Monte Bré ein langgestrecktes gelbes Gebäude mit Park am Seeufer ins Auge, die Villa Favorita. Sie gelangte zu internationaler Bedeutung, da hier seit Mitte der 30er Jahre bis 1993 die reiche Kunstsammlung der Familie Thyssen untergebracht war. Die Kunstschätze waren öffentlich zugänglich und gehörten zu den größten kulturellen Attraktionen der Stadt Lugano. Aufgrund unüberwindbarer Differenzen mit der Stadt Lugano verlegte die Stiftung Thyssen-Bornemisza ihre Sammlung nach Madrid. Heute ist die Villa nicht mehr zugänglich und ihre Zukunft ungewiß.

Bei der Villa Heleneum angekommen, kann man sich ein wenig in dem schönen kleinen Park, in dem dank eines einmaligen Mikroklimas zahlreiche tropische und subtropische Pflanzen gedeihen, auf einer der Bänke am See ausruhen. Die Villa und der Park wurden 1931 von der Pariser Tänzerin Hélène Biber angelegt, die bis zu ihrem Tod 1967 ihr Haus zu einer mondänen kulturellen Begegnungsstätte machte. Die Liegenschaft wurde von der Stadt Lugano erworben und beherbergt seit 1989 das »Museo delle Culture« mit Kunstobjekten aus Ozeanien, Südostasien und Indien, welche vorwiegend aus der Sammlung Serge und Graziella Brignoni stammen.

Der Sentiero di Gandria

Vom Haupteingang des Museums führt ein kleiner gepflasterter Pfad unter Bäumen auf die schmale Straße Via Cortivo, der man ungefähr fünf Minuten stadtauswärts folgt und die auf einem Parkplatz endet. Hier beginnt der sehr idyllische, romantische und schattige Pfad Sentiero di Gan-

Das alte Pfarrhaus gegenüber der Kirche San Vigilio in Gandria.

dria. Zu Beginn des Weges stehen Sackkarren aufgereiht, um die Koffer der Gäste zu transportieren, denn die kleinen Hotels entlang der Wegstrecke sind nur zu Fuß oder mit dem Boot zu erreichen; die Autostraße führt weit oberhalb des Pfades nach Gandria. Direkt am See entlang erreicht man nach kurzer Zeit das kleine Strandbad Lido di San Domenico; ein Geheimtipp für ein erfrischendes Bad und ruhige Stunden am See. Das Strandbad verfügt über eine von alten Bäumen überschattete Liegewiese und ist an Wochentagen und außerhalb der Hochsaison wenig frequentiert.

Von hier geht es weiter, den Schildern des Sentiero dell'olivo (Olivenweg) folgend. Dieser wurde 2002 von einer Privatinitiative eingerichtet, um den Olivenanbau, der in der Vergangenheit eine große wirtschaftliche Bedeutung hatte, wiederzubeleben. Auf der Strecke geben mehrsprachige Informationstafeln Auskunft über Geschichte, Botanik und Produkte des Olivenprojekts. Oberhalb des Weges erstreckt sich der in Terrassen angelegte Parco degli Olivi mit Versuchspflanzungen und einem ausgeschilderten Sentiero dei fiori (Blumenweg) mit Feuerlilien, Christrosen, Alpenveilchen, Hibiskus, wilden Narzissen und Kräuterwiesen.

Der Uferweg zieht sich überschattet von hohen Buchen, Olivenbäumen, Zypressen, Strandkiefern und Lorbeer an überhängenden Felsen entlang bequem dahin. Es geht nur einmal, bei der Umrundung einer in den See hineinragenden, mit Kakteen bewachsenen Felsnase leicht bergauf. Diesem Felsen, auch »Sasso delle streghe« (»Hexenstein«) genannt, wird aufgrund von Felszeichnungen eine symbolisch-religiöse Bedeutung aus frühchristlicher Zeit zugesprochen.

Als der kantonale Großrat Mitte 1923 zum ersten Mal

den Bau einer Autostraße nach Gandria diskutierte, wurde erwogen, den Felsen zu sprengen, da die Kosten für eine Uferstraße nur ein Drittel der Baukosten einer höher gelegenen Straße ausgemacht hätten. Letztlich entschied man sich für die teurere Variante, die Anfang der 30er Jahre realisiert wurde. So kann man auch heute noch den wunderbaren Ausblick auf das gegenüberliegende Seeufer und auf den Golf von Lugano genießen.

In Gandria

Als Hermann Hesse in den 20er Jahren in das idyllische Fischerdorf kam, konnte man es also nur zu Fuß oder per Schiff erreichen. Sowohl von der Casa Camuzzi als auch von der Casa Rossa blickte Hermann Hesse auf Gandria, eine Aussicht, die er genoß: »ich [stehe] auf und gehe auf die Terrasse hinaus, dort blickt man über ziegelgedeckte und efeubewachsene Brüstungsmauern gegen Castagnola, Gandria und San Mamette hinüber«[32] – und die ihn sicher animierte, diese Dörfchen vor und hinter der italienischen Grenze kennenzulernen. Pfingsten 1924 erwähnte er eine Schiffahrt nach Gandria mit seinem damals dreizehnjährigen Sohn Martin: »Am Freitag, den letzten Tag, den Martin noch hier war, war schön Wetter, ich war beim Zahnarzt, und fuhr dann mit Martin nach Gandria, das war sehr schön.«[33] Und am 23. August 1926, vermutlich wieder mit dem Schiff, begleitete er seine Schwester Adele in das Fischerdorf, wie einer Bleistiftzeichnung von Adele zu entnehmen ist. Man sieht auf ihr einen auf der Kirchenmauer sitzenden, zeichnenden Herrn mit Hut, der unschwer als Hermann Hesse zu erkennen ist.[34]

Am Dorfeingang führt eine schmale schattige Steintreppe in den Ortskern, dessen alte Häuser noch gut erhalten sind. Angesichts der kleinen, steilen, verwunschenen Gassen entsteht das Gefühl, in eine andere Zeit einzutauchen; sicherlich hat Hermann Hesse dieses Fischerdörfchen nicht anders erlebt, obschon heute das Fischereigewerbe kaum mehr praktiziert wird. Über den Gassen thronend liegt die Kirche San Vigilio, deren gemauerter Glockenturm hoch in den Himmel ragt. Die Pfarrkirche wurde bereits 1563 erwähnt und auf den Resten einer mittelalterlichen Kirche aufgebaut. Ein Blick in die stattliche, sehr üppig ausgestattete und innen schön restaurierte Barock-Kirche lohnt sich. Auf der Kirchenrückseite bietet sich ein wunderbarer Blick auf den Monte dei Pizzoni, und auf der Granitbank vor der Kirche sitzend kann man das Bild des von blühenden Rosen, einer Pergola und einem großen Oleander beschatteten alten Pfarrhauses in sich aufnehmen. Ein Wanderweg führt von dieser Stelle in das Dorf Bré und zum Monte Bré hinauf, wohin auch Hesse Malausflüge unternahm.

Richtung Bootsanlegestelle geht es nun hinunter durch das pittoreske Dorf mit seinen Gärten, von Efeu bewachsenen Steinhäusern, niedrigen gemauerten Torbögen, durch duftenden Jasmin und Palmen, vorbei an kleinen Restaurants und Souvenirläden. Einige Wohnhäuser stammen noch aus dem 16. Jahrhundert und sind mit Fresken und Stuckaturen verziert. Nach einer halben Stunde hat man den Ort erkundet und kann sich nun in einem der Lokale ausruhen, die ihre Terrassen häufig über den See gebaut haben. Am anderen Ufer sind die ehemaligen Weinkeller »Cantine di Gandria« zu erkennen, welche nur per Schiff zu erreichen sind und heute einfache Restaurants beherbergen.

Zurück nach Lugano mit Blick auf Italien

Das Linienschiff nach Lugano überquert zunächst den See zum »Museo della Dogana« (»Zollmuseum«). Die permanente Ausstellung bietet einen Überblick über die Geschichte des Schmuggels, der in dieser unübersichtlichen Grenzregion weit verbreitet war, thematisiert aber auch die Probleme der heutigen Zeit wie Drogenhandel und Markenpiraterie.

Man hat von diesem Ufer einen zauberhaften Blick auf die italienischen Orte Oria, Albogasio, San Mamete und Porlezza. Schon 1905 kam Hermann Hesse hier auf der Rückfahrt von einer Italienreise mit dem Schiff vorbei. Viel später, zwischen 1924 und 1926, sind sehr schöne Aquarelle in dieser Uferregion entstanden,[35] die damals noch ohne Paßkontrolle und relativ einfach mit dem Schiff von Lugano erreichbar war.

Schon 1919 bezog sich Hesse in seiner Erzählung *Klingsors letzter Sommer* vermutlich auf das über San Mamete liegende pittoreske Dorf Castello, welches an der tiefen Schlucht der Solda liegt, über die eine eiserne Brücke führt.

In der Erzählung wird der Ort zu Castiglia: »Dann schloß er die Mappe auf, die er nach dem langen Arbeitstag noch den ganzen Abend mit sich getragen hatte. Er öffnete das Skizzenbuch, das kleine, sein liebstes, und suchte die letzten Blätter, die von gestern und heut, auf. Da war der Bergkegel mit den tiefen Felsenschatten; er hatte ihn ganz nah an ein Fratzengesicht heran modelliert, er schien zu schreien, der Berg, vor Schmerz zu klaffen. [...] Und jetzt die größern Farbskizzen, weiße Blätter mit leuchtenden Farbflächen in Wasserfarben: die rote Villa im Gehölz, feurig glühend wie ein Rubin auf grünem Sammet und die eiserne

Brücke bei Castiglia, rot auf blaugrünem Berg, der violette Damm daneben, die rosige Straße.«[36]

Auf der Rückfahrt nach Lugano ziehen noch einmal das Dorf Gandria und der Uferweg vorbei, bevor man vom Treiben der Stadt aufgenommen wird. Je nach Jahreszeit bietet sich vielleicht die Gelegenheit, wie Hermann Hesse am lustigen Karnevalstreiben teilzunehmen oder im Sommer, wenn abends die gesamte Promenade und das Zentrum für den Autoverkehr gesperrt sind, durch die Stadt zu flanieren.

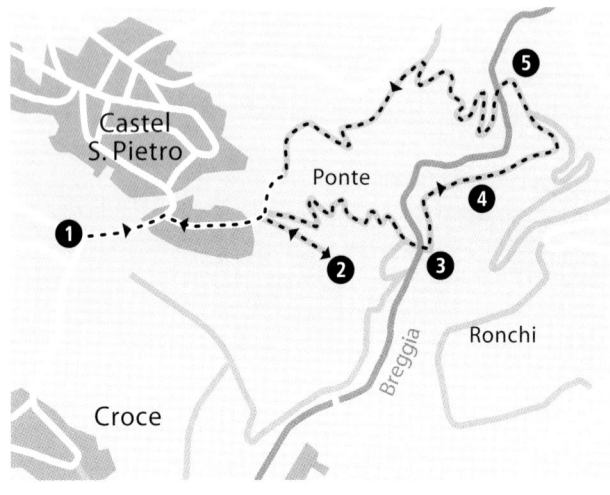

[1] Friedhof von Castel San Pietro [2] Chiesa Rossa [3] Brücke del Farügin [4] Am Ufer der Breggia [5] Brücke da Canaa

Achter Spaziergang:

»Mitleben in einem zeitlos Geistigen«
Auf der Spur der Morgenlandfahrer
im Parco delle gole della Breggia

Für diese Wanderung lohnt es sich, den Inhalt von Hermann Hesses *Morgenlandfahrt* zu kennen, um die wilde Schönheit der Breggia-Schlucht nicht nur als Naturschauspiel, sondern auch als Schauplatz in diesem märchenhaft anmutenden Werk wahrzunehmen und zu verstehen.

Exkurs: *Die Morgenlandfahrt*

Hermann Hesses Erzählung erschien erstmals 1931 in der Zeitschrift *Corona* und ein Jahr später als Buch im S. Fischer Verlag. Kurz danach faßte Hesse den Inhalt und dessen Bedeutung für sich selbst zusammen: »Ich kann nur sagen: ›Die Morgenlandfahrt‹ gehört [...] für mich zu den Wichtigen unter meinen Dichtungen, zu denen, deren Erleben und deren Gestaltung für mich lebensnotwendig waren. [...] Das Thema ist die Vereinsamung des geistigen Menschen in unsrer Zeit und die Not, sein persönliches Leben und Tun einem überpersönlichen Ganzen, einer Idee und einer Gemeinschaft einzuordnen. Das Thema der Morgenlandfahrt ist: Sehnsucht nach Dienen, Suchen nach Gemeinschaft, Befreiung vom unfruchtbar einsamen Virtuosentum des Künstlers. [...] Die Atmosphäre der Morgenlandfahrt und des ›Bundes‹, dies Mitleben in einem zeitlos Geistigen, dies Mitleben in Ideen und Vorstellungen vieler Zeiten und Kulturen, vieler Länder, vieler Dichter und Denker, wird von manchen Lesern als fremd empfunden, gewissermaßen als das Einsiedlerspiel eines zurückgezogen Lebenden, dem die Welt durch seine Bibliothek ersetzt wird. [...] An sich aber scheint dies Lebenkönnen in einem zeitlosen Reich mir keineswegs als Schwäche, es scheint mir vielmehr als Stärke, vielleicht die einzige Stärke des heutigen Menschen zu sein. [...] Man kehrt aus dieser zeitlosen Welt der Religionen, Philosophien und Künste in die Probleme des Tages, auch in die praktischen und politischen, nicht geschwächt zurück, sondern gestählt, bewaffnet mit Humor, mit neuem Willen zum Verstehen, mit neuer Liebe zum Lebenden, seinen Nöten und Irrungen.«[1]

Der Inhalt kann aufgrund der Vielschichtigkeit der Erzählung nur kurz und unter Weglassung durchaus wesentlicher Aspekte angedeutet werden. Hesse verwebt darin »reizvoll Privates und Allgemeingültiges, Wunschbilder und Wirklichkeiten«.[2] Der Protagonist H. H., Geiger und Märchenleser, wird nach einjähriger Probezeit von einem anonymen Kreis der Oberen in den Bund der Morgenlandfahrer aufgenommen: »Und der Sprecher [der Oberen] legte mir gütig die Hand auf den Scheitel, segnete mich und sprach die Formel, welche meine Aufnahme als Bruder bekräftigte [...] und ermahnte mich zur Treue im Glauben, zum Heldenmut in Gefahr, zur brüderlichen Liebe. Während des Probejahres wohlvorbereitet, leistete ich den Eid, schwor der Welt und ihren Irrglauben ab und bekam den Bundesring an den Finger gesteckt [...].«[3] Die Bundesbrüder machen sich in Gruppen auf die Reise nach Osten, und schon bald erkennt H. H.: »[...] in Wirklichkeit, im höheren und eigentlichen Sinne, war dieser Zug zum Morgenlande nicht bloß der meine und nicht bloß dieser gegenwärtige, sondern es strömte dieser Zug der Gläubigen und sich Hingebenden nach dem Osten, nach der Heimat des Lichts, unaufhörlich und ewig, er war immerdar durch alle Jahrhunderte unterwegs, dem Licht und dem Wunder entgegen.«[4] Weiter heißt es: »wir [wanderten] nicht nur durch Räume, sondern ganz ebenso durch Zeiten. Wir zogen nach Morgenland, wir zogen aber auch ins Mittelalter oder ins goldne Zeitalter, wir streiften Italien und die Schweiz, wir nächtigten aber auch zuweilen im zehnten Jahrhundert und wohnten bei den Patriarchen oder bei Feen […] unser Ziel war ja nicht nur das Morgenland, oder vielmehr: unser Morgenland war ja nicht nur ein Land und etwas Geographisches, sondern es war die Heimat und Jugend der Seele, es war das Überall und Nirgends, war das Einswerden aller Zeiten.«[5] In der Schlucht von Morbio Inferiore[6] werden H. H. und seine Mitreisenden auf eine Probe gestellt: der freundliche Diener und Gepäck-

Umschlag der Erstausgabe der »Morgenlandfahrt«, S. Fischer Verlag Berlin, 1932.

träger Leo verschwindet. Es kommt unter den Brüdern zu Streitigkeiten und gegenseitigen Verdächtigungen, zuletzt löst sich die Gruppe auf. H. H. verliert den Glauben an den Bund, verkauft seine Geige und kehrt in den städtischen Alltag zurück. Zehn Jahre später versucht er vergeblich, seine Erinnerungen unter Wahrung des Gelübdes, bestimmte Geheimnisse nicht nach außen dringen zu lassen, aufzuschreiben. Verzweifelt macht er sich auf die Suche nach Leo, den er schließlich tatsächlich findet und dessen Beruf »Nägelschneiden, Fußpflege und Massage«[7] sowie die Dressur von Hunden ist. Leo bringt H. H. zum Rat der Oberen, wo er sich wegen seiner Flucht verantworten muß. Es stellt sich heraus, daß sich hinter dem »Obersten der Oberen« Leo verbirgt: »Wie eine prächtige fremde Blume trug er den Glanz seines Schmuckes die Stufen empor [...]. Sorgfältig, demütig, dienend trug er seine strahlende Würde.«[8] H. H. wird klar, »daß der Bund vollkommen unerschüttert und mächtig wie je bestehe, daß nicht Leo und nicht der Bund es war, die mich verlassen und enttäuscht hatten, sondern daß nur ich so schwach und töricht gewesen war, meine eigenen Erlebnisse mißdeutend, am Bund zu zweifeln, die Fahrt ins Morgenland als mißglückt zu betrachten und mich für den Überlebenden und Chronisten einer erledigten und im Sande verronnenen Geschichte zu halten, während ich nichts war als ein Davongelaufener, untreu Gewordener, ein Deserteur.«[9] Die Oberen nehmen ihn wieder in den Bund auf, da er »nun eingesehen hat, wie wunderlich und blasphemisch seine Absicht war, die Geschichte einer Fahrt zu schreiben, der er nicht gewachsen war, und die Geschichte eines Bundes, an dessen Dasein er nicht mehr glaubte, und dem er untreu geworden war.«[10] Im riesigen Archiv des Bundes, »wo es nach Papier und Karton roch und wo die Wände entlang, viele Hunderte von Metern, Schranktüren, Bücherrücken und Aktenbündel starrten«[11] fällt dem Protagonisten die Schilderung der Ereignisse in der Schlucht von Morbio Inferiore in die Hände: »Ich ging hin, zog den Zettel heraus, er lautete:

Morbio Inferiore.

Kein anderes Schlagwort hätte den innersten Kern meiner Neugierde kürzer und genauer bezeichnen können.

[...] Obenauf lag die Kopie der Beschreibung der Schlucht von Morbio aus einem alten italienischen Buch. Dann ein Quartblatt mit kurzen Nachrichten über die Rolle, welche Morbio in der Bundesgeschichte hat. Sämtliche Nachrichten bezogen sich auf die Morgenlandfahrt, und zwar auf die Etappe und Gruppe, zu der ich gehört hatte. Unsre Gruppe, so war es hier verzeichnet, war auf ihrer Fahrt bis Morbio gekommen, dort aber einer Prüfung ausgesetzt worden, die sie nicht bestand: dem Verschwinden Leos. Obgleich uns die Bundesregeln hätten führen sollen, und obgleich sogar für den Fall, daß eine Bundesgruppe führerlos bleiben sollte, Vorschriften bestanden und uns beim Antritt der Fahrt eingeschärft worden war, hatte doch unsre ganze Gruppe vom Augenblick an, wo wir Leos Fehlen entdeckten, den Kopf und den Glauben verloren, war ins Zweifeln und ins unnütze Debattieren geraten, und am Ende hatte sich die ganze Gruppe, jedem Bundesgeiste zuwider, in Parteien zerspalten und war auseinander gelaufen. Diese Erklärung des Unheils von Morbio konnte mich nicht mehr so sehr überraschen.«[12]

Auf Verlangen des obersten Rates muß H. H. schließlich den Informationen über seine eigene Person ins Auge blicken. »Ich empfand ein Grausen in mir vor allem, was ich vielleicht in dieser Stunde noch erfahren würde. Wie verschob, veränderte und verzerrte sich alles und alles in diesen Spiegeln, wie spöttisch und unerreichbar verbarg sich das Gesicht der Wahrheit hinter allen diesen Berichten, Gegenberichten und Legenden! Was war noch Wahrheit, was war noch glaublich? Und was würde übrigbleiben, wenn ich auch noch über mich selbst, über meine eigene Person und Geschichte, die Wissenschaft dieses Archivs erfahren würde?«[13] Zuletzt findet H. H. unter seinem Na-

Die Taufkirche von Riva S. Vitale.

men eine kleine, alte Plastik, bestehend aus einer Doppelfigur, die ihn selbst und Leo darstellt. Die Oberfläche ist durchsichtig und es ist zu erkennen, daß zwischen dem Inneren der beiden Figuren eine langsame Bewegung stattfindet. »Es ging da etwas vor sich, etwas wie ein sehr langsames, sanftes, aber ununterbrochenes Fließen oder Schmelzen, und zwar schmolz oder rann es aus meinem Ebenbild in das Bild Leos hinüber, und ich erkannte, daß mein Bild im Begriffe war, sich mehr und mehr an Leo hinzugeben und zu verströmen, ihn zu nähren und zu stärken. Mit der Zeit, so schien es, würde alle Substanz aus dem einen Bilde in das andre hinüberrinnen und nur ein einziges übrigbleiben: Leo. Er mußte wachsen, ich mußte abnehmen.

Indem ich stand und schaute und das Geschaute zu begreifen versuchte, kam ein kleines Gespräch mir wieder in den Sinn, das ich einst in den festlichen Tagen von Bremgarten mit Leo gehabt hatte. Wir hatten davon gesprochen, daß die Gestalten aus Dichtungen lebendiger und wirklicher zu sein pflegen als die Gestalten der Dichter. Die Kerzen brannten herunter und erloschen, ich fühlte mich von einer unendlichen Müdigkeit und Schlaflust ergriffen und wandte mich weg, um einen Ort zu suchen, wo ich liegen und schlafen könnte.«[14]

Mit diesem Abschnitt endet die Erzählung und es ist gut nachvollziehbar, daß die Morgenlandfahrt in der Literaturwissenschaft zu vielen unterschiedlichen Deutungen geführt hat. Vermutlich ist eine einzig gültige gar nicht festzulegen, doch scheint das Verständnis eines sechzehnjährigen Mädchens, 1932 nach der Lektüre in einfachen Worten festgehalten und in einer Besprechung im *Stuttgarter Neuen Tagblatt* zitiert, der Intention des Dichters sehr nahe zu kommen: »Es handelt sich um den Bund der Künstler und der Weisen und Frommen, den die andern gar nicht sehen. Wenn aber ein Mitglied untreu wird, sieht auch es den Bund nimmer, ist alles Hohe und Schöne für ein solches Mitglied überhaupt nicht mehr da. Dann steht noch darin, daß die Kunstwerke eigentlich wichtiger und lebendiger sind als die Künstler selber. [...] Jeder kann [Mitglied des Bundes] sein, der an das Höhere glaubt.«[15]

Weshalb die uralten Felsen mit ihren gewaltigen Dimensionen in der Schlucht bei Morbio Inferiore als Ort für das Auseinanderfallen des Bundes der Morgenlandfahrer gewählt wurden, bleibt offen. Eine mögliche Deutung ist, daß der Kontrast zwischen der Dauerhaftigkeit der über Jahrmillionen entstandenen Naturerscheinungen und dem einzelnen, kurzen Menschenleben die Morgenlandfahrer in eine Krise geraten und an ihre Grenzen stoßen läßt.

Exkurs: Die Schlucht von Morbio Inferiore

Das Dorf Morbio Inferiore liegt im Mendrisiotto, dem südlichsten Zipfel des Tessins, der bis zur italienischen Grenze reicht und vor allem durch den wichtigen Grenz- und Industriestandort Chiasso bekannt ist. Auf der vielbefahrenen Autobahn stauen sich die Autos durchreisender Italien-Touristen und die Lastwagen des Güterverkehrs.

Abseits dieser Verkehrswege eröffnet sich jedoch eine noch unberührte Landschaft mit Fischerdörfern, dem Monte San Giorgio und kleinen Tälern, zu denen auch das malerische, touristisch wenig erschlossene Muggiotal gehört. Es wird im Norden durch den mächtigen, über 1700 Meter hohen Monte Generoso begrenzt und auf der gesamten

Länge vom Fluß Breggia durchschnitten, der dann durch Chiasso und das italienische Cernobbio fließt und in den Comer See mündet. An den steilen Hängen des Muggiotals liegen kleine Dörfer mit aus Fels gebauten Häusern, wo sich heute Künstler niedergelassen haben, wo aber auch noch Landwirtschaft betrieben wird. Der Hauptort ist Muggio im oberen Teil des Tals, Morbio Inferiore gehört dagegen zu den am östlichen Ufer der Breggia gelegenen Ortschaften, die schon fast in der Ebene gebaut wurden. Die Ursprünge des Dorfes gehen auf die römische Zeit zurück, doch leider wurden alle Spuren des Altertums durch die Eidgenossen beseitigt, als sie Anfang des 16. Jahrhunderts das Gebiet von einem italienischen Adelsgeschlecht übernahmen. Auf der Höhe von Morbio Inferiore und von dort flußaufwärts bis Castel San Pietro bietet die Breggia ein fantastisches Schauspiel: Hier befindet sich der engste Teil der Schlucht, in der das Wasser die Gesteinsschichten freigewaschen hat, wie sie in über 100 Millionen Jahren entstanden sind. Dieses geologische Profil ist fast vollständig sichtbar und findet weltweit Beachtung. Darüber hinaus ist eine interessante, durch die besondere Morphologie entstandene Vegetation zu sehen, insbesondere in den Feuchtzonen, die als Reproduktionsstätten für Amphibien und andere Tierarten dienen. Dieser Teil der Schlucht ist heute im Inventar für schützenswerte Landschaften der Schweiz eingetragen und von der UNESCO als Modellprojekt für den ersten europäischen Geopark vorgeschlagen worden. 2001 wurde der Naturpark »Parco delle gole della Breggia« (»Park der Breggia-Schluchten«) eingeweiht, der über 1,5 Kilometer an den Ufern der Breggia entlang verläuft und 65 Hektar umfaßt. Man kann im Informationszentrum am Eingang des Parks Führungen buchen, eine alte Mühle besichtigen und sich Informationen zu geologischen, botanischen und archäologischen Aspekten beschaffen. Der Bezeichnung »Park« ist ein wenig irreführend, denn es wurden kaum Eingriffe in die urtümliche, wilde Landschaft vorgenommen.

Hermann Hesse und das Mendrisiotto

In der Erzählung *Die Morgenlandfahrt* kommen neben historisch bedeutsamen Persönlichkeiten viele Orte und Personen vor, die auch in Hermann Hesses realer Biographie und in seinen Werken eine Rolle spielen, und die er gar nicht oder nur leicht verschlüsselt. Man erkennt beispielsweise die Freunde Max und Tilli Wassmer, Georg Reinhart, H. C. Bodmer, Louis Moilliet und Hesses Ehefrau Ninon; es ist von Bremgarten, Basel und Zürich die Rede, das Montags-Dorf ist unschwer als Montagnola zu identifizieren.[16] Es stellt sich die Frage, weshalb Hesse für das Schlüsselerlebnis des Protagonisten, nämlich das Verlassen des Bundes, einen Ort wählte, zu dem er eigentlich keine Beziehung zu haben schien: die Schlucht bei Morbio Inferiore. Dieser Ort kommt darüber hinaus nicht nur in der *Morgenlandfahrt* vor, sondern wird im Alterswerk *Das Glasperlenspiel*, welches den Morgenlandfahrern gewidmet ist, ebenso erwähnt wie in seinem Märchen *Vogel* von 1933 und einem Fragment mit dem Titel *Papagallo* aus dem Jahr 1948.

Davon ausgehend, daß Hesse die Schlucht der Breggia nicht zufällig als Schauplatz gewählt hat, sondern sie selbst erlebt haben muß, bleibt offen, bei welcher Gelegenheit dies geschehen ist. In den veröffentlichten Briefen und Betrachtungen finden sich keine direkten Spuren. Hinzu kommt, dass Hesse von der Collina d'Oro kaum zu Fuß dorthin gelangt ist (dies würde ca. sechs Stunden dauern), sondern eine Mitfahrgelegenheit gehabt haben muß bzw. mit der Bahn gereist ist. Er könnte die Schlucht kennengelernt haben, als er, im Auto mit seinem Freund Joseph Englert, seine Frau Mia in der Klinik von Mendrisio besuchte, wo diese 1920 für einige Monate untergebracht war. Wahrscheinlicher aber ist, daß der mit ihm befreundete Basler Künstler Albert Müller (1897-1926) sie ihm gezeigt hat. Müller wohnte von November 1923 bis zu seinem frühen Tod 1926 in Obino, welches zu Castel San Pietro gehört und sich direkt an der Schlucht befindet. Schon 1921 war Müller, Schüler Cuno Amiets, enger Freund von Ernst Ludwig Kirchner und späterer Mitbegründer der Künstlerbewegung Rot-Blau, ins Mendrisiotto gezogen, zunächst nach Coldrerio bei Mendrisio und später nach Ligornetto. Aus Hermann Hesses Briefen geht hervor, daß er Müller, so »lieb und heiter und jung«[17] schon seit April 1921 regelmäßig traf; meistens war Müller in Montagnola zu Gast, einmal sogar ein ganzes Wochenende. Zu Ruth Wenger hatte Müller eine von Hesse unabhängige Beziehung; so besuchte er sie 1923, als sie allein in Basel weilte. Es ist nicht ausgeschlossen, daß er sie schon aus früheren Zeiten in Basel kannte. Ab Mai 1923 tauchte Müller häufig als Freund in den Briefen von Emmy Ball-Hennings und Hugo Ball auf, mit denen er durch die Vermittlung Hesses bekannt wurde.[18] 1923 war Hesse mindestens zweimal bei Müllers in Ligornetto zu Gast, zuletzt am 1. November, kurz bevor der Maler nach Obino zog. Der plötzliche Tod Müllers im Dezember 1926, der wie viele andere Opfer einer Typhus-Epidemie wurde, erschütterte den Freundeskreis. Noch Ende

Oktober ließ Hesse Müller grüßen (»den Freunden in Obino [...] bitte ich Grüße zu sagen«[19]), und am 16. Dezember berichtete Hugo Ball an Hesse: »Lieber Freund, eine triste Nachricht: heute früh wurde Albert Müller in Obino begraben.«[20] Eine besondere Tragik bestand darin, daß Annemarie, die Tochter von Emmy Ball-Hennings, einige Monate als Schülerin bei Müller in Obino gelebt und ihn vermutlich angesteckt hatte; Annemarie überlebte die Krankheit knapp.

Von Castel San Pietro zur Chiesa Rossa

Um Hermann Hesses Morgenlandfahrt nachzuspüren, bietet es sich an, den oberen, wilden und ursprünglichen Teil der Schlucht zu erkunden, wo sich die interessantesten und schönsten geologischen Phänomene beobachten lassen. Dazu ist es hier meist menschenleer und man kann die ursprüngliche Natur ungestört erleben. Ausgangspunkt dieser Entdeckungsreise ist Castel San Pietro, das man mit dem Bus von Mendrisio oder mit dem Auto über Balerna, durch die Via Monte Generoso und Gola erreicht. Den Wagen läßt man am besten am Friedhof von Castel San Pietro stehen und folgt zu Fuß entlang der Via alla Chiesa den Hinweisschildern zum Parco delle gole della Breggia. Nach ca. 200 Metern auf der Via alla Chiesa biegt man rechts, den gelben Hinweisschildern Richtung Chiesa Rossa folgend, in den Park ein. Übrigens ist der Ausblick, den man von diesen letzten Hügeln vor der Po-Ebene ins rückwärtige Tal hat, sehr ungewöhnlich für das Tessin und ganz anders als die Enge des Luganese: flaches Land, nur vereinzelte Häuser, viele Weinberge und Felder, eine große Weite mit Schneebergen am Horizont.

Nachdem man an einigen alten Häuschen mit schönen Innenhöfen vorbeigegangen ist, teilt sich der Weg in drei Richtungen. Man sollte unbedingt einen kurzen Abstecher zur Chiesa San Pietro, auch Chiesa Rossa genannt, machen. Dazu folgt man dem ganz rechten, nach »Molino dei Ghitello« ausgeschilderten Pfad und sieht nach wenigen Schritten rechts noch Mauerreste einer Burg, die Anfang des 12. Jahrhunderts, vermutlich im Krieg zwischen Mailand und Como, erbaut worden war und dem Ort seinen Namen gab (»Castel« bedeutet »Burg«). 1323 wurde innerhalb der Burg eine Kirche errichtet, von der keine Überreste mehr erhalten sind. Zwanzig Jahre später baute Bischof Bonifazius von Modena außerhalb der Burg eine zweite Kirche, die Chiesa San Pietro. Auf Castel San Pietro erhoben bis Ende des 15. Jahrhunderts verschiedene Comer Familien Anspruch, was zu kriegerischen Auseinandersetzungen führte. Der Streit zwischen den Familien Bosia und Rusconi, der in der Weihnachtsnacht im Jahre 1390 zu einem blutigen Gemetzel führte, gab der Kirche schließlich ihren Namen; sie wurde von diesem Zeitpunkt an die »rote Kirche« genannt. Das Gotteshaus liegt heute ein kleines Stück von den Mauerresten entfernt auf einem von der Sonne beschienenen Hügel, nur von Wiesen umgeben. Das Eingangsportal zeigt in Richtung der Weinberge, und hinter der Kirche beginnt dunkel der Wald.

Die Schlucht im Parco delle gole della Breggia

Man geht nun wieder zurück zur Weggabelung und folgt dem mittleren Wiesenpfad durch Weinreben hindurch und an Aprikosenbäumen vorbei in den Wald hinein, Richtung

Im Parco delle gole della Breggia.

»Punt dal Farügin«. Der Weg wird nun schmal und führt zum Teil sehr steil durch schattigen Wald hinunter zum Fluß Breggia. Am Wegesrand liegt die Ruine des Bauernhofes »Fattoria del Farügin«; man folgt den Hinweisschildern zur Brücke »Punt dal Farügin«, und schon bald ist das Rauschen der Breggia zu hören.

Die Brücke führt über den engsten Teil der Schlucht, im Tessiner Dialekt auch »Buzun da Diavul« (»Teufelsschlucht«) genannt. Hier befand sich schon Mitte des 15. Jahrhunderts eine Holzbrücke, die 35 Meter hoch über der Schlucht den Fluss überquerte. Von der ursprünglichen Brücke ist nur noch ein gemauertes Fundament erhalten, die alte Holzkonstruktion wurde durch eine neue ersetzt. Hier eröffnet sich ein beeindruckender Blick auf die enge, tiefe Schlucht mit Gesteinsformationen, die sich hoch übereinanderschichten. An der Brücke klärt eine der Informationstafeln, die im Park angebracht wurden, darüber auf, daß das besonders kalkhaltige Wasser Versteinerungen begünstigt. Von hier aus, dem Waldweg folgend, kommt man schon bald auf eine Wiese, den »Prato delle streghe« (»Hexenwiese«) mit schattigen Bäumen und Bänken, wo die Besucher des Schutzgebietes eine Pause machen können. Um zu einer besonders schönen, ursprünglichen Stelle am Fluß zu gelangen, gibt es einen sehr steilen Weg gleich am hinteren, flußaufwärts gelegenen Teil der Wiese, direkt links von der Tafel 6 abwärts kletternd. Der Abstieg ist recht abenteuerlich und setzt eine sportliche Verfassung voraus. Wem das zu umständlich ist, kann auch noch etwas weiter flußaufwärts gehen und die nächsten, etwas bequemeren Abstiegsmöglichkeiten nutzen. Am Flußufer angekommen, eröffnet sich ein einmaliges Erlebnis von eigentümlicher Naturschönheit: Farbige Felsschichten, weiß, rot, rosa, braun und gelb gestreift und bis zu fünfzig Meter hoch, bändigen die Breggia. Der wilde Fluß mit glasklarem Wasser ergießt sich zum Teil in tiefe Becken, um dann am Ende wieder über Felsen weiter talabwärts zu sprudeln. Sonnenflecken lassen die bunten Felsschichten leuchten, die sich wiederum in den Becken spiegeln.

Der umgebende Wald reicht zum Teil bis zur Felsoberkante, und die Zweige der hohen Bäume hängen über dem Wasser. An manchen Stellen sind die Felsschichten glatt, wie mit rosa und roter Farbe angemalt, an anderen Stellen von Moosen und Kletterpflanzen überwuchert. Herabhängende Lianen und am Ufer wachsende hohe Farne und wilde Brombeeren tragen zur dschungelartigen Atmosphäre bei. An diesem Ort scheint tatsächlich die Zeit stehengeblieben zu sein; hier sah es vor Millionen von Jahren vermutlich nicht anders aus. Man kann gut nachvollziehen, weshalb Hermann Hesse diesen Ort als Schauplatz der *Morgenlandfahrt* gewählt hat, in welcher Realität und Vision, Gegenwart, Vergangenheit und Zukunft aufeinandertreffen. Die Reise ins Morgenland »hat kein äußeres, kein geographisches Ziel, sondern führt gegen den Strom des üblichen Zweck-, Profit- und Konsumstrebens in ein ideales Land von Morgen, zu einer Regeneration des Inneren, einer Steigerung der Intensität und Beseelung des Lebens [...]«, wie es in Volker Michels' Kommentar zum Roman heißt.[21]

Bevor man weiterwandert, kann man vorsichtig am Felsen entlang flußaufwärts klettern bis zu einem schönen Wasserfall, der sich in ein natürliches Becken ergießt, das zum Baden einlädt.

Zurück auf dem oberhalb des Ufers verlaufenden Waldpfad, der nun breiter wird und leicht ansteigt, erreicht man die Überreste einer alten Mühle, die »Molino di Canaa«, welche bis zum Ende des 19. Jahrhunderts noch in Betrieb war und vom Hochwasser zerstört wurde. Von dort ist es nicht mehr weit zur Steinbrücke »Punt da Canaa«, dem höchsten Punkt des Parks. Deutlich sind hier gewaltige graue Gesteinsschichten aus kieselhaltigem Kalkstein zu bewundern, die ältesten Formationen im Gebiet. Sie entstanden vor 190 Millionen Jahren, als der Afrikanische Kontinent und Eurasien durch das Tethysmeer getrennt waren. Die Verschiebung der Kontinente führte dazu, daß der Meeresgrund an zahlreichen Stellen brach und unter dem Gewicht der sich auftürmenden Sedimente einsank. Deshalb findet ein aufmerksamer Beobachter hier auch noch fossile Spuren.[22]

Es ist in der Nähe der Ruine und der Brücke sehr gefährlich, in die Schlucht hinabzuklettern, und deshalb ausdrücklich verboten.[23]

Nachdem man die Brücke überquert hat, führt ein breiter, sonniger Waldpfad, der schon bald in einen schattigen Weg übergeht, leicht bergauf wieder zurück nach Castel San Pietro.

Riva San Vitale

Es empfiehlt sich unbedingt, einen Abstecher nach Riva San Vitale zu machen. Man erreicht das Dorf mit dem Auto über Mendrisio, den Schildern nach Capolago und Riva San Vitale folgend. Mit öffentlichen Verkehrsmitteln erreicht man Riva S. Vitale mit dem Bus von Mendrisio.

In diesem Dorf befindet sich die älteste Kirche der Schweiz. Das »Battistero« (Taufkirche) stammt aus dem 5. oder 6. Jahrhundert und ist dank einer sensiblen Restaurierung Mitte des 20. Jahrhunderts, die es von später vorgenommenen Anfügungen befreite, in seiner Ursprünglichkeit zu bewundern. Die würfelförmige Basis geht in ein Achteck über und verfügt über ein frühmittelalterliches, achteckiges Taufbecken, auf das später ein rundes aufgesetzt wurde. Außerdem ist ein Teil des ursprünglichen Fußbodens erhalten sowie Fresken aus dem 10. und 12. Jahrhundert. Direkt neben dem Battistero befindet sich die Kirche von San Vitale aus dem 16. Jahrhundert, die kürzlich vollständig renoviert wurde. Hier, eingeschlossen unter dem Altar, liegen die Gebeine des heiligen Manfredo aus Settala, der als Einsiedler am Monte San Giorgio lebte und am 27. Januar 1217 starb. Es gibt keine Belege dafür, daß Hermann Hesse diese Kirchen besucht hat, seine zum Katholizismus konvertierte Freundin Emmy Ball-Hennings scheute jedoch keine Mühe, zum heiligen Manfredo zu pilgern. Zur Feier seiner Heiligsprechung kam sie leider zu früh, da sie das genaue Datum nicht kannte. Zweimal machte sie sich im Morgengrauen auf die sechsstündige Wanderung von Agnuzzo nach Riva San Vitale, nicht ganz vergeblich, denn zumindest konnte sie ihn aufgebahrt sehen: »In der Kirche wartet der Einsiedler Manfredo auf seine Heiligsprechung. Er schläft in einem Glasschrein den Märchenschlaf der Ewigkeit. Unter dem Hochaltar ruht er. Ein paar Dorfkinder kommen herbei, küssen die Stelle, wo man hinter Glas die Hand sieht, die Hand, die eine Lilie hält. Wie träumt es sich wohl, weißer Schläfer?«[24] Damals waren seine sterblichen Überreste noch öffentlich ausgestellt, während man heute den Pfarrer bitten muß, den Altar aufzuschließen, um den heiligen Manfredo zu sehen, der dort immer noch verborgen in einem goldenen Schrein ruht.

Neunter Spaziergang:

»In die zauberhafte Erscheinungswelt versunken ...«

Hermann Hesse im Locarnese

Die Gegend um Locarno und Ascona, durch den Monte Ceneri vom Luganese getrennt, bietet viele Möglichkeiten zum Wandern und zum Entdecken zauberhafter Landschaften, schöner Kirchen, wilder Täler und pittoresker Dörfer. Von jeher hielten sich im Locarnese Künstler und Aussteiger auf, wie z. B. Aline Valangin, Max Frisch, Erich Mühsam, Gustav Gamper, Klabund, Ernst Bloch, Friedrich Glauser, Paul Klee, Erich Maria Remarque, Paulette Goddard, Hugo Ball und Emmy Ball-Hennings – um nur einige zu nennen.

Auch Hermann Hesse liebte diese Region, die er viel früher als seinen späteren Wohnort Montagnola kennenlernte. Selbst als er schon auf der Collina d'Oro wohnte, bezeichnete er die Region des Locarnese »als schönste Gegend der Welt«[1] und reiste regelmäßig dorthin.

Das erste Mal kam Hesse im April 1907 nach Ascona, um auf dem Monte Verità eine knapp vierwöchige Kur zu absolvieren. Er kehrte zwischen 1916 und 1918 für längere Aufenthalte in die Region zurück, nun nicht mehr als Kurgast, sondern um sich in Gesellschaft von Freunden wie Jakob Flach und Ernst Kreidolf von der anstrengenden Arbeit in der Berner Kriegsgefangenen-Fürsorge zu erholen und sich der Malerei zu widmen. Hesse wohnte in der Zeit meist bei Hilde Jung-Neugeboren (1891-1979) in »Hildes

[1] Monte Verità [2] Kirche von Arcegno (Chiesa Sant'Antonio Abate)
[3] Grotto Zelindo [4] Kletterfelsen und »Eremitensteig« [5] Felshöhle → [1] Monte Verità

Winkelchen« in Locarno-Monti, manchmal auch in kleinen Hotels in Minusio oder in Locarno. In Ascona war er ab Mai 1918 Patient des Psychiaters Johannes Nohl (1882-1963), mit dem er lange analytische Gespräche führte, die ihn sehr beschäftigten, wie Hilde Jung-Neugeboren später berichtete.[2] Außerdem wohnten in Locarno Hesses Freunde Anny Bodmer und Dr. Hermann Bodmer. Bodmer leitete in Locarno das Kurhaus »Viktoria«, während seine Frau als anerkannte Malerin arbeitete.

Besonders wichtig waren die langen Malausflüge, die Hermann Hesse bis ins Maggia-Tal und auf die umliegenden Berge führten. Im April 1917 beschrieb er in einem Brief, den er aus Minusio an einen Freund schickte, diese Erlebnisse: »Meine Tage sind ganz mit dem Malen und Zeichnen ausgefüllt, ich bin bei gutem Wetter von 9 oder 10 bis 5 oder 6 draußen, ohne Pause, male täglich ein Aquarell, manchmal zwei, und lasse mich einstweilen durch die kläglichen Ergebnisse nicht abschrecken.

Malen ist wundervoll. Ich glaubte früher, Augen zu haben und ein aufmerksamer Spaziergänger auf Erden zu sein. Aber das fängt ja jetzt erst an. In einem Tal zwischen Felsen zu sitzen und gar, gar nichts denken, nur in die zauberhafte Erscheinungswelt versunken sein, das befreit von der verfluchten Willenswelt.«[3] In diesen Jahren entstand auch sein Buch *Wanderung*, in dem in Worten und aquarellierten Federzeichnungen die Landschaft des Locarnese besungen wird und in welchem man die Kirche Madonna del Sasso oberhalb von Locarno, das Maggiatal und das Dorf Tegna wiedererkennen kann. Nachdem Hesse im Mai 1919 nach Montagnola im Luganese gezogen war, reiste er häufig auf die andere Seite des Ceneri. Da seine erste Frau Mia Bernoulli ab 1920 in Ascona lebte, wurden die

Scheidungsformalitäten, die Betreuung der Kinder und der Umgang mit Mias psychischer Krankheit in Ascona diskutiert; außerdem hielt sich Hesse 1920 für vier Wochen in der Klinik seines Freundes Hermann Bodmer in Locarno auf, um eine Stirnhöhlenentzündung zu behandeln. Doch waren es nicht nur diese praktischen Gründe, die Hesse nach Locarno und Ascona zogen, wie er in seinem 1927 erschienenen Reisebericht *Die Nürnberger Reise* beschreibt. Um über Zürich nach Nürnberg zu reisen, machte Hesse einen Umweg über Locarno, wo er einige Tage blieb: »Hier nahm mich ein Städtchen und eine Landschaft auf, wo ich vor Zeiten jedes kleine Bachteil und jede Feldmauer mit ihren Ritzen voller Farnkräuter und roter Steinnelken genau gekannt hatte, eine Landschaft, die mich auch während des Krieges dreimal für kurze Zeit beherbergt und getröstet und wieder froh und dankbar gemacht hatte. [...] Überall war noch ein Duft von damals erhalten, überall mahnten mich plötzlich kleine Erinnerungszeichen, eine Hausecke, ein Gartenzaun, an Stunden der Besinnung und Genesung, die ich in den schwersten Zeiten meines frühern Lebens dort gefunden hatte. Wirkliche Heimatgefühle habe ich, außer für meine Vaterstadt im Schwarzwald, mein Leben lang eigentlich nur für diese Gegend um Locarno gehabt, und etwas davon war noch in mir vorhanden und freute sich.«[4] Auch später, als Hermann Hesse mit seiner dritten Frau Ninon verheiratet war und sich mit ihr in der Casa Rossa in Montagnola niedergelassen hatte, brach die Verbindung zur anderen Seite des Monte Ceneri nicht ab. Er unternahm mit Ninon und Freunden Ausflüge dorthin oder traf sich mit dem ungarischen Philologen und Religionswissenschaftler Karl Kerényi, der ab 1943 in Ascona lebte, zum Mittagessen.[5] Zudem ließ sich Hermann Hesse in den 40er Jahren zeitweise von dem Locarneser Arzt Dr. P. Quattrini wegen seiner Leber und Gallenblasenbeschwerden behandeln, und skizzierte noch 1949 mit Bleistift und Tusche die Umgebung von Arcegno und Ronco bei Ascona.

Exkurs: Der Monte Verità gestern und heute

Der Monte Verità liegt oberhalb von Ascona und ist per Bus von Locarno oder Ascona zu erreichen. Besucher im eigenen Auto folgen den Hinweisschildern von Ascona zum Gäste-Parkplatz der Anlage neben der »Parsifalwiese«, von wo man in wenigen Schritten auf die Kuppe des Hügels und zum Hauptgebäude gelangt.

Im Jahre 1900 kaufte hier eine kleine Gruppe von Aussteigern bürgerlicher Herkunft, die in München zu Fuß aufgebrochen war, den Hügel Monescia. Sie tauften ihn »Berg der Wahrheit« und waren fest entschlossen, eine vegetarische Naturkolonie ins Leben zu rufen, die auf Freiheit des Individuums basierte und neue Formen der Ernährung, des Wohnens, der Kleidung, der Heilkunde, der Sprache und des Zusammenlebens verwirklichen sollte. Dabei wurde nicht nur die herkömmliche Rolle der Frau in der Gesellschaft in Frage gestellt, sondern die gesellschaftliche Ordnung insgesamt, wie die Mitbegründerin, die Pianistin und Musiklehrerin Ida Hofmann (1864-1926), formulierte: »Ich möchte über das Leben einiger Menschen berichten, die [...] ihrer Lebensweise eine neue, natürlichere und gesündere Richtung geben. Aufrichtigkeit sowie Freiheit des Denkens und Handelns sollten als ständige Begleiter bei ihrem künftigen Streben wegweisend sein.«[6]

Ida Hofmann, aus Siebenbürgen stammend, war der Kopf

Auf dem Monte Verità, um 1905.

der Gruppe und für die konzeptionelle Arbeit zuständig. Zu den Gründern gehörten der aus Belgien stammende, mit den nötigen finanziellen Mitteln ausgestattete Industriellensohn Henri Oedenkoven (1875-1935), der mit Ida Hofmann in »wilder Ehe« lebte, die Brüder Karl (1875-1915) und Gustav Gräser (gen. »Gusto«, 1879-1958) sowie die preußische Beamtentochter Lotte Hattemer, die 1906 unter ungeklärten Umständen auf dem Monte Verità starb. Es wurde gerodet, man errichtete sogenannte »Licht-Luft-Hütten«, lief in wallenden Gewändern herum und ernährte sich von rohen Früchten und Gemüse. Schon 1901 kam es zum Richtungsstreit: Während Ida Hoffmann und Henri Oedenkoven von allen Beteiligten Arbeitseinsatz erwarteten und eine rentable Naturheilanstalt für zahlende Gäste anstrebten, taten Karl und Gustav Gräser »nicht das Notwendige zur Förderung des Zwecks, sondern ungefähr genau das, was ihnen beliebt. Es waltet eine schlecht verstandene Anarchie«, wie Ida Hofmann sich beklagte.[7] Kurz darauf verließen die Brüder Gräser den Monte Verità. Karl zog als Selbstversorger nach Ascona; Gustav, Naturmensch und Dichter, lebte eine Zeitlang in einer Höhle bei Arcegno und verließ dann den Monte Verità, wanderte durch Deutschland und verkündete seine Botschaften.

Ida Hofmann legte die Grundsätze des Zusammenlebens, der Ernährung, der Kleidung und der Rollen von Mann und Frau in Statuten fest, die für die ständigen Bewohner und für nur kurzzeitig anwesende Erholungssuchende gleichermaßen verbindlich galten. Obwohl sich Ida Hofmann und Henri Oedenkoven alle Mühe gaben und sogar anfingen, Milch und Käse als Nahrungsmittel zu erlauben, blieben zahlende Gäste weitgehend aus. Es kamen jedoch verschiedene Besucher, die am Monte Verità ihren Traum von einer alternativen Gemeinschaft umsetzen wollten. Darunter war der Anarchist und Schriftsteller Erich Mühsam mit seiner Idee eines Zufluchtsortes »für entlassene und entwichene Strafgefangene, für verfolgte Heimatlose, für alle diejenigen, die als Opfer der bestehenden Verhältnisse gehetzt, gemartert, steuerlos treiben«.[8] Auch Otto Gross mit seinen Vorstellungen von einer sexuellen Revolution, zu der auch der Konsum von Drogen gehörte, ließ sich am Monte Verità nieder.

Es sei noch eine weitere Person erwähnt, von der man noch heute im Tessin spricht: Rudolf von Laban (1879-1958). Der ungarische Tänzer betrieb von 1913 bis 1919 seine »Sommerschule für Bewegungskunst« und begründete damit den modernen Ausdruckstanz. Mit seinen Schülerinnen, zu denen auch später berühmt gewordene Künstlerinnen wie Mary Wigman und Sophie Taeuber-Arp gehörten, führte er Stücke auf, in denen die Tänzerinnen sich, manchmal auch unbekleidet, dem inneren Ausdruckswillen hingaben und dadurch im katholischen Kanton Tessin für Aufruhr sorgten.

Das Experiment der Naturkolonie Monte Verità scheiterte 1920 an finanziellen Problemen, und Ida Hoffmann und Henri Oedenkoven wanderten über Spanien nach Brasilien aus. In den folgenden drei Jahren schafften es auch die neuen Besitzer Werner Ackermann, Max Bethke und Hugo Wilkens nicht, den Betrieb auf eine wirtschaftlich tragfähige Basis zu stellen. 1926 erwarb der Bankier und Kunsthändler Eduard von der Heydt den Berg und ließ vom Architekten Emil Fahrenkamp ein Hotel im Bauhaus-Stil errichten, das er mit Teilen seiner Kunstsammlung ausstattete. In der Folge, zeitgleich mit der Entwicklung Asconas zu einem mondänen Kurort, wurde der Monte Verità

Das »Russenhaus« auf dem Monte Verità unterhalb
des Hauptgebäudes.

zu einem Treffpunkt der Oberschicht, mit Schwimmbad und luxuriösem Ambiente. 1964 starb Baron von der Heydt, und das gesamte Gelände ging in den Besitz des Kantons über. Erst 1978 wurde der Monte Verità erneut belebt, als Harald Szeemann seine weltweit beachtete Ausstellung »Brüste der Wahrheit« im Tessin und in verschiedenen europäischen Städten zeigte. Die alternativen Bewegungen der 70er Jahre entdeckten den Monte Verità als Ort für große Feste und Veranstaltungen. 1981 richtete man Szeemanns Ausstellung dauerhaft in der 1905 gebauten Casa Anatta, dem ehemaligen Wohnhaus von Hoffmann und Oedenkoven, ein. Einige Jahre später wurde die Fondazione Monte Verità gegründet, in der bis heute der Kanton, die Gemeinde Ascona sowie die Eidgenössischen Technischen Hochschulen Zürich und Lausanne vertreten sind. Es entstand in der Folge ein Kongreßzentrum, in dem Tagungen und Seminare stattfinden. Heute kann man auf dem Monte Verità übernachten, es gibt ein Restaurant und ein japanisches Teehaus mit Zen-Garten, die erhaltenen Licht-Lufthütten können besichtigt werden; es finden eine Fülle von Veranstaltungen statt und das Museum in der Casa Anatta soll 2012 neu gestaltet eröffnet werden.

Auf dem Gelände führen Schilder die Besucher zu den einzelnen Gebäuden, Kraftorten, Gemüse- und Kräutergärten und den Resten der Bäder aus Gründungszeiten. Auch das Hotel Semiramis, von Maria Adler 1909 in direkter Nachbarschaft des Sanatoriums Monte Verità als Konkurrenzunternehmen erbaut und von Oedenkoven 1911 gekauft und eingegliedert, besteht noch.

»Vegetarier, Vegetarianer, Vegetabilisten, Rohkostler, Frugivoren und Gemischtkostler« Hermann Hesse am Monte Verità

Man sollte sich ein wenig Zeit nehmen, den Charme des Monte Verità mit seiner Mischung aus modernen Gebäuden und halb verfallenen Hütten, mit dem Blick auf den See, der üppigen Vegetation und den lauschigen Spazierwegen, auf sich wirken zu lassen. Es fällt nicht schwer, sich dabei Hermann Hesse vorzustellen, wie er 1907 in einer spartanischen Licht-Luft-Hütte die alternative, asketische Lebensweise der Aussteigerkolonie ausprobierte. In seiner autobiographischen Schrift *In den Felsen* beschrieb er seine Erfahrungen: »Im ganzen blieb ich sieben Tage ohne Essen. Während dieser Zeit schälte und erneuerte sich meine Haut, ich gewöhnte mich an Nacktsein, hartes Liegen, an Sonnenhitze und kalten Nachtwind. Während ich zu erliegen glaubte, wurde ich fest und zäh [...]. Die Nächte brachte ich bald in der Hütte, bald draußen in der Nähe des Wassers zu. Oft schlummerte ich stundenlang, bis der Durst mich weckte. Oft lag ich stundenlang bei halbem Bewußtsein, sah Licht und Schatten wechseln und hörte die kleinen Geräusche der Einöde, ohne ihrer zu achten und mir über das, was ich sah und hörte, Rechenschaft zu geben. Manchmal schien es mir, als müsse ich erstarren, Wurzeln schlagen und in ein pflanzliches oder mineralisches Dasein zurücksinken.«[9] Die Zeit am Monte Verità verarbeitete er drei Jahre später in den Erzählungen *Doktor Knölges Ende* und *Der Weltverbesserer*.

In diesen Texten wird durch die ironisch-satirische Darstellung der »Vegetarier, Vegetarianer, Vegetabilisten, Rohkostler, Frugivoren und Gemischtkostler«[10] deutlich, daß

Hesse bereits Abstand genommen hatte von dieser Form der alternativen Lebensweise, daß er »geistig wenig profitiert habe von diesen Versuchen des Menschen, sich zum Affen zurückzubilden.«[11]

Vom Monte Verità nach Arcegno

Während seiner Kur 1907 wanderte Hermann Hesse vom Monte Verità bis zum Dorf Arcegno hoch, dessen Umgebung er auch bei seinen späteren Aufenthalten immer wieder aufsuchte. Er nannte sie die »thebaische Wüste«, wo er »schon so viel geeinsiedlert habe«.[12]

Der Spaziergang führt auf Hesses Spuren von der Parsifalwiese unterhalb des Monte Verità- Hauptgebäudes nach

**Hermann Hesse bei einer
Wanderung in der Gegend
von Arcegno, 1918.**

Arcegno. Dazu folgt man am Wiesenrand dem »Sentiero delle sculture«. Unter einem lichten Wald aus Birken, Robinien und anderen Laubbäumen begleiten Holzskulpturen von Fabelwesen den Wanderer. Der Weg folgt sanft ansteigend einem Bach, den vermutlich schon Hermann Hesse sehr geschätzt hat, als er während der Kur seine sonnenverbrannte Haut kühlte: »Darum nahm ich mir vor, zunächst für die Heilung meiner Haut zu sorgen und wetterfest zu werden. In der Nähe des Bächleins fand ich eine Stelle weichen Bodens, dort wollte ich mich eingraben, um die Kühlung und Heilkraft der Erde zu erproben. […] Schließlich war […] eine Grube fertig, ich legte mich hinein und deckte mich bis unter die Achseln mit Erde zu. Kopf und Gesicht bedeckte ich mit Laub und Zweigen, und so lag ich wieder nahezu einen ganzen Tag. [...] Von Zeit zu Zeit stand ich auf, ging zum Bache und trank, um mich darauf von neuem einzugraben.«[13]

Man folgt, an Mooren vorbei, den Hinweisschildern nach Arcegno und zum Campo Pestalozzi. Schon bald erkennt man links hinter den Bäumen die ersten Dächer Arcegnos und seine charakteristische Kirche. Die letzten dreihundert Meter muß man leider an der Straße entlanggehen, die von Losone Richtung Ronco sopra Ascona führt und die glücklicherweise wenig befahren ist und mit den Grotti und dem rauschenden Bach am Straßenrand durchaus idyllische Bilder bietet.

Die hübsche romanische Chiesa Sant'Antonio Abate von Arcegno aus dem 14. Jahrhundert ist eine Besichtigung wert. Die Kirche wurde im Laufe der Jahrhunderte mehrfach um- und ausgebaut; der heutige Turm stammt von 1560. In diesem Dorf verbrachte auch der mittlere Hesse-Sohn Heiner (1909-2003) in einer alten Mühle seinen Lebensabend.

Gegenüber der Kirche gelangt man nun über eine mit Kopfstein gepflasterte Straße in den Dorfkern mit vorwiegend renovierten typischen Tessiner Häusern. Vom Grotto Zelindo führt das stille, wenig befahrene, schon bald von Bäumen beschattete Sträßchen weiter, idyllisch zwischen Weiden und bescheidenen Häusern verlaufend. Man kommt an den Gebäuden der Fondazione Pestalozzi vorbei, die Unterkunft für Ferienlager, Schulreisen und Erwachsenengruppen bietet.

Rechts und links erheben sich felsige Hügel. Nach ungefähr einem Kilometer ist rechts eine kleine Schlucht mit einem Tümpel zu sehen, über dem sich der felsige Monte Barbescio erhebt, welcher als Kletterhügel sehr beliebt ist und vor allem von Familien und Jugendlichen gern erklommen wird, da er nicht gefährlich ist und doch Herausforderungen bietet. Davor befindet sich eine kleine Schlucht mit einer alten und schönen Kapelle namens »Capela da Pozz d'a Butt«, die auch schon zu Hesses Zeiten hier stand.

Der »Eremitensteig« und »in den Felsen«

Gegenüber diesem idyllischen Ort weist ein Schildchen Richtung Ruino/Monti di Losone auf einen ansteigenden Pfad in den Wald. Über grobbehauene Felsen und Stufen aus Holzstämmen, überragt von einem mächtigen Felsen, geht man wenige Schritte hinauf bis zu einer Lichtung, auf der man häufig magische Steinkreise und Steinfiguren findet, welche Spaziergänger oder Pfadfinder hinterlassen haben. Vor dem Betrachter erhebt sich eine beeindruckende Felswand, die über eingelassene Metallringe verfügt und professionellen Kletterern als Übungswand dient.

Und dann nimmt man die aus Stein gehauene und mit Bäumstämmen verstärkte Treppe wahr, die am Fuß der Felswand links nach oben führt und die Hermann Hesse im Sinn gehabt haben muß, als er im April 1918 folgendes Gedicht zu Papier brachte:

Bei Arcegno

Hier ist mir jeder Wegesrank vertraut,
Ich geh den alten Eremitensteig,
Der zage Frühlingsregen tröpfelt sacht,

Im kühlen Wind aufflimmert Birkenlaub,
Braunspiegelnd widerglänzt der nasse Fels ...
O Fels, o Pfad, o Wind und Birkenlaub,
Wie duftet ihr den alten Zauberernst,
Du keusches Land, wie flüchtet deine Anmut
Scheu hinter Fels und rauhe Schattenkluft!
Dazwischen blüht aus rötlich kahlem Wald
Der wilde Kirschbaum selbstvergessen hin.
Hier ist mein heiliges Land, hier bin ich hundertmal
Den stillen Weg der Einkehr in mich selbst
Im Sinnbild einsamen Geklüfts gegangen
Und geh ihn heute neu, mit anderem Sinn,
Doch altem Ziel, und geh ihn niemals aus.
Hier atmen falterhaft Gedanken fort,
Die ich vor Jahren hier in Fels und Ginster,
In Sonnenhauch und Regenwind erjagt –
Nimm hin, du Stein und Bach und Birkental,
Nimm wieder hin ein aufgetanes Herz,
Das nichts mehr will, als euern heiligen Stimmen
Mit willigen Sinnen dankbar offenstehn.[14]

Mit Birken und im Frühling blühenden Kirschbäumen, von einem Bach durchflossen, eröffnet sich beim Hinaufsteigen licht und doch undurchdringlich der mit Wald bewachsene Abhang. Am Ende der Treppe geht man zwischen zwei Felsen hindurch und findet sich in einem kleinen Moor wieder, rückwärtig begrenzt von einer hohen Felswand, über deren nacktes Gestein ein Bach rinnt, dessen Wasser sich unten zu einem Tümpel sammelt. Der Pfad schlängelt sich weiter durch riesige Felsbrocken hindurch, die in ihrer Form an Elefanten- oder Dinosaurierrücken erinnern. Alles strahlt eine märchenhafte Wildheit aus, und man erwar-

Die Kirche Sant'Antonio Abate in Arcegno.

tet fast, daß ein Troll hinter einem Felsen hervorschaut. Von einer Lichtung, auf der einige Steinhäuser stehen, könnte man nun die Kuppe erklimmen, ein nicht ungefährliches Unterfangen, da die Wege zum Teil sehr steil und in schlechtem Zustand sind.

Deshalb kehrt man an den Häusern besser um, genießt am Tümpel noch einmal die Stille und Magie dieses Ortes und steigt den »Eremitensteig« hinunter.[15] Statt am Fuß der Treppe den gleichen Weg bis zur Straße zu gehen, sollte man sich unterhalb des Kletterfelsens nach links wenden, sich durch hohes Laub und Gestrüpp am Felsen entlang ca. 100 Meter einen Weg bahnen. An einem großen Felsbrocken geht ein sehr steiler Pfad einige Meter hinunter zu einer beeindruckenden Felshöhle, rund sieben Meter tief und bis zu drei Meter hoch, und nach hinten mit einem natürlichen Rauchabzug versehen. Um diese Höhle, die heute hin und wieder von Pfadfindern und Jugendgruppen für Lagerfeuer benutzt wird, ranken sich viele Geschichten, in denen es meistens um Gustav Gräser geht.

Exkurs: Gusto Gräser und Hermann Hesse

Nachdem Gusto Gräser schon bald nach der Gründung den Monte Verità verließ, wanderte er zunächst umher und ließ sich dann bei Arcegno nieder: »Die Gemeinde überläßt ihm ein Grundstück bei Arcegno zur kostenlosen Nutzung. Dort lebt er in einer Höhle, abseits des Berges [...] als ein wirklicher Naturmensch.«[16] Nach der Beschreibung eines Zeitzeugen ist es wahrscheinlich, dass es sich bei Gräsers Höhle um die noch heute existierende handelte, denn Höhlen von diesen Dimensionen gibt es kaum zweimal: »Auf seinem Lande haust er in einer malerischen Felsspalte. [...] Dort erblickte ich außer einigen Decken auf dem Boden nichts einer menschlichen Spur Ähnliches als einen kleinen Trog aus vier flachen Steinen gebildet [...]. Er enthielt Obstkerne. [...] Die Höhlung liegt zwischen zwei hausgroßen, gegeneinandergelegten Blöcken, knapp neben einer großen Felsenwand, in einer vegetationsarmen, rauhen Gegend.«[17] Heute kann im dichtbewachsenen Wald von Vegetationsarmut nicht mehr die Rede sein, während dies Anfang des 20. Jahrhunderts zutraf, da der Wald regelmäßig abgeholzt wurde, um Heiz- und Baumaterial zu gewinnen.

Es ist gut vorstellbar, daß auch Hermann Hesse diese Höhle gekannt hat, wenn man das zitierte Gedicht »Bei Arcegno« liest oder sich Passagen aus *In den Felsen* vergegenwärtigt: »Ich lebe nackt und aufmerksam wie ein Hirsch in meinem Geklüfte, bin dunkel rotbraun, schlank, zäh, flink, habe verfeinerte Sinne. [...] Ich höre und sehe das Leben der Erde, lebe und atme mit, bin ruhig und bescheiden geworden. Meine Arbeit ist: das Suchen von Beeren und Waldkirschen, das Flechten kleiner korbartiger Schalen zum Aufbewahren dieser Dinge, das Ausgraben einer Vertiefung im Bachbett, damit mir später nicht etwa das Trinkwasser ausgehe. Doch habe ich auch die Kunst gelernt, einen halben oder ganzen Tag gar nichts zu tun, auf einem Felsen zu sitzen, der von Sonne glüht, die Bildungen der Moose zu betrachten und zu warten, ob etwa ein Sperber vorüberfliegt.«[18]

Doch hat Hermann Hesse hier Gusto Gräser besucht und ganze Tage mit ihm verbracht? Und hat er sich gar von Gusto Gräser zu seinem Werk *Demian* inspirieren lassen, wie der Gräser-Biograph Hermann Müller[19] behauptet?

Belegt ist durch Fotografien, daß Hermann Hesse Ida Hofmann und Henri Oedenkoven begegnete.[20] Außerdem fanden sich im Nachlaß Hermann Hesses zwei Briefe von Gusto Gräser an ihn. Im Dezember 1916 bat Gräser um eine Geldspende,[21] und Ende 1918 sandte er dem Schriftsteller einige seiner typischen Sinnsprüche zu und wünschte, daß er »die Sprüche mit aus- oder einsetzenden Randbemerkungen wiederbekäme«.[22] Eine Antwort Hermann Hesses ist nicht bekannt. Alles über diese Informationen Hinausgehende erfährt man nur über sehr viel später aufgeschriebene Augenzeugenberichte, deren Wahrheitsgehalt nicht mehr überprüfbar ist, und nicht belegbare Spekulationen.

So berichtete der Badener Apotheker Uli Münzel 1987 von einem Besuch bei Hermann Hesse 35 Jahre zuvor; der Schriftsteller habe sich dabei an Gusto Gräser erinnert, »der ab und zu auf dem Monte Verità anzutreffen gewesen sei«.[23] Hilde Jung-Neugeboren äußerte sich in einem Interview 1973 ebenfalls zu diesem Thema: »An eine Inspiration zu seinem ›Demian‹ durch Gusto Gräser glaube ich nicht. Im Gegenteil, er lehnte ihn ab. Wir saßen einmal in einer Osteria bei Quattrini in Ascona, als er Gusto Gräser auf uns zukommen sah. Sofort sprang Hesse auf, bezahlte und sagte: ›Wenn der sich zu uns setzt, dann muß ich alles zahlen.‹«[24]

Auch Hesses Sohn Heiner gab seiner Meinung zur Beziehung zwischen Gräser und seinem Vater Ausdruck. 1988 bemerkte er in einem Interview mit Freddy Allemann, er halte »Müllers Theorie, Hesse habe seine ganzen Erkenntnisse vom ›Guru‹ Gräser mitgeteilt bekommen«, für erfunden.[25] In einem anderen Interview zwei Jahre zuvor sprach Heiner Hesse dagegen von einem Brief, der belege, daß Hesse und Gräser gemeinsam in der Höhle in Arcegno gewohnt hätten.[26] Dieser Brief ist jedoch auch nach dem Tod von Heiner Hesse nie zum Vorschein gekommen.

Hesse selbst erweckte 1919 in einem Schreiben an seinen Therapeuten Josef Bernhard Lang den Anschein, als könne er mit dem Namen Gräser nicht viel anfangen. Sein Brief behandelte vor allem die Probleme, welche die Trennung von seiner ersten Frau Mia mit sich brachte: »Der gesamte Hausrat meiner Frau […] war nach Ascona aufgegeben, wo er vielleicht schon ankam. […] Ich weiß nur, daß sie mit einer Frau Gräser dort in letzter Zeit befreundet war.«[27]

Vermutlich ist es so, daß Hesse Gustav Gräser vom Sehen kannte und vielleicht sogar einige Worte mit ihm wechselte. Es ist auch nicht ausgeschlossen, daß Hesse in eben dieser großen Höhle, in der auch Gusto Gräser periodisch hauste, einige Zeit zugebracht hat. Ob er nun mit oder ohne Gustav Gräser dort war, wird man vielleicht niemals zuverlässig beantworten können.

Der Rückweg zum Monte Verità

Von der Höhle steigt man den Abhang hinunter und erreicht nach ca. hundert Metern die Straße, welche zurück nach Arcegno führt. Am Dorfausgang folgt man der Straße Richtung Losone und biegt rechts wieder an der Stelle in den Wald ein, von der man auf dem Hinweg gekommen ist. Statt den gleichen Pfad zurück zum Monte Verità zu gehen, folgt man nun den weißen Schildern auf dem Weg »Sentiero delle betulle« (»Birkenpfad«) der über eine Hügelkuppe auf den »Sentiero delle sculture« stößt und damit zurück zur Parsifalwiese führt.

Diese Wiese mit den Ruhebänken und Schatten spendenden Bäumen bietet sich als Abschluß der Wanderung geradezu zum Ausruhen und Entspannen an.

Anmerkungen

Einleitung

1 *Kölner Tageblatt* vom 24. Oktober 1915, »Ein ›deutscher‹ Dichter«, anonym, in: H. Hesse, *Sämtliche Werke in 20 Bänden* (SW), hg. von Volker Michels, Band 15, S. 82 ff.

2 Vgl. H. Hesse, *»Die dunkle und wilde Seite der Seele«. Briefwechsel mit seinem Psychoanalytiker Josef Bernhard Lang 1916-1944*, hg. v. Thomas Feitknecht, Frankfurt am Main 2006, S. 99 ff.

3 H. Hesse, »Ein Tessiner Lebenslauf«, um 1932, in: SW 5, S. 592.

4 H. Hesse an seine ehemalige Ehefrau Ruth Haußmann, geb. Wenger [Juli/August 1959], in: H. Hesse, *»Liebes Herz!«. Briefwechsel mit seiner zweiten Frau Ruth Wenger*, hg. von Ursula und Volker Michels, Frankfurt am Main 2005, S. 588 f.

5 Ottavio Lurati, »Quell'elegante nome di Collina d'Oro . . .«, in: *Rivista di Lugano*, Anno LXV, Nr. 5 vom 31. Januar 2003, S. 29. Eine andere Legende besagt, daß früher viel Ginster auf der Collina d'Oro wuchs, dessen gelbe Farbe ihr den Namen gab.

6 H. Hesse, »Vierzig Jahre Montagnola«, 1959, in: SW 12, S. 180.

7 H. Hesse, »Dank ans Tessin«, 1954, in: Hermann Hesse, *Tessin*, hg. von Volker Michels, Frankfurt am Main 1993, S. 224 f.

Erster Spaziergang

1 H. Hesse, »Erinnerung an Klingsors Sommer«, 1938, in: SW 12, S. 212.

2 H. Hesse, »Gespräch mit einem Ofen«, 1919, in: SW 8, S. 334.

3 H. Hesse an J. B. Lang, 29. Oktober 1919, in: H. Hesse, *»Die dunkle und die wilde Seite der Seele«*, a. a. O., S. 120.

4 H. Hesse, »Beim Einzug in ein neues Haus«, 1931, in: SW 12, S. 149.

5 Ebd., S. 150.

6 Vgl. G. Böhmer, *In Hesses Nähe*, 1977, in: *Gunter Böhmer. Hermann Hesse. Dokumente einer Freundschaft*, hg. von der Großen Kreisstadt Calw, 1987, S. 108.

7 H. Hesse, »Erinnerung an Klingsors Sommer«, 1938, in: SW 12, S. 212 f.

8 Vgl. *Rettet die Casa Camuzzi*, hg. v. der Kulturstiftung der Länder, zusammen mit dem Freundeskreis der Hermann Hesse-Stätten e. V., Berlin, 1993. Diese Broschüre entstand auf Initiative von Heiner Hesse (1909-2003) und wurde in alle Welt an potentielle Sponsoren verschickt.

9 Heinrich Wiegand, »Ein Tag mit Hermann Hesse. Tagebuchnotizen vom 22. Juli 1926«, in: *Hermann Hesse in Augenzeugenberichten*, hg. v. Volker Michels, Frankfurt am Main 1991, S. 107 ff.

10 Diese Federzeichnung befindet sich als Dauer-Leihgabe der Erbengemeinschaft Heiner Hesse im Archiv der Fondazione Hermann Hesse Montagnola.

11 Zu Maria Geroe-Tobler vgl. Isabella Studer-Geisser, *Maria Geroe-Tobler 1895-1963*, hg. v. Staatsarchiv und Stiftsarchiv St. Gallen, 1997.

12 H. Hesse, »Über einen Teppich«, 1945, in: SW 14, S. 191 ff. Der Teppich ist in der Dauerausstellung des Museum Hermann Hesse in Montagnola zu sehen.

13 Vgl. Audioguide *Spaziergang »Auf den Spuren von Hermann Hesse und andere Wanderwege«*, Kuratorin Micaela Mecocci, hg. von der Gemeinde Collina d'Oro 2008. Dieser Audioguide führt auf den Spuren Hermann Hesses durch die Collina d'Oro und wurde 2008 um einen »Weg der Kunst«, einen »kulinarischen Führer« und Hinweise auf weitere Wanderwege erweitert.

14 H. Hesse an Emmy Ball-Hennings in Albori, 31. Juli 1925, in: H. Hesse, *Briefwechsel 1921-1927 mit Hugo Ball und Emmy Ball-Hennings*, hg. v. Bärbel Reetz, Frankfurt am Main 2003, S. 328.

15 »›Schau da kommt der Paciügon!‹ Giulio und Hulda Petrini erinnern sich an Hermann Hesse«, in: *»Höllenreise durch mich selbst.« Hermann Hesse. Siddhartha. Steppenwolf*, hg. von Regina Bucher, Andres Furger und Felix Graf, Zürich 2002, S. 248.

16 R. Wenger an H. Hesse, 10. Februar 1923, in: H. Hesse, *»Liebes Herz!«*, a. a. O., S. 293.

17 H. Hesse, *Wiedersehen mit Nina*, 1927, in: SW 14, S. 21 f.

18 Der Wanderweg »Auf den Spuren Hermann Hesses« wurde 1997 als Rundweg von der Gemeinde Montagnola eingerichtet. Er verfügt über elf Stationen mit Texttafeln. Der hier beschriebene Spaziergang überschneidet sich teilweise mit diesem Rundweg.

19 Vgl. *Hans Purrmann*, hg. v. Haus der Kunst München, März 1962. Biographische Daten S. 59 ff., Zitat S. 37.

20 Ebd., S. 37.

21 H. Hesse, »Sommerabend vor einem Tessiner Weinkeller«, 1929, in: SW 10, S. 301 f.

22 H. Hesse, »Tessiner Sommerabend«, 1921, in: SW 13, S. 412.

23 Bruno Hesse, *Erinnerungen an meine Eltern*, nicht datiert, Privatdruck, S. 8. Überarbeitet und gekürzt veröffentlicht in: *Bruno, Heiner und Martin Hesse. Erinnerungen an unseren Vater Hermann Hesse*, hg. von Uli Rothfuss für die Sparkasse Pforzheim Calw, Calw 2007, S. 24 ff.

24 Vgl. Hugo Ball, *Die Flucht aus der Zeit*, Zürich 1992, zit. n. H. Hesse, *Briefwechsel 1921-1927 mit Hugo Ball und Emmy Ball-Hennings*, a. a. O., S. 50.

25 H. Hesse an Hugo Ball, [Anfang Juli 1921], in: ebd., S. 81.

26 H. Hesse, »Strand«, 1921, in: SW 13, S. 415.

27 Emmy Ball-Hennings an H. Hesse, 21. März 1922, in: H. Hesse, *Briefwechsel 1921-1927 mit Hugo Ball und Emmy Ball-Hennings*, a. a. O., S. 122.

28 Emmy Ball-Hennings an H. Hesse, vermutlich Januar 1922, ebd., S. 118.

29 Alle Angaben zu Han Coray vgl. *Arte africana dalla Collezione Han Coray 1916-1928. Han Coray. Ritratto di un collezionista*, hg. von Museo Cantonale d'Arte Lugano, Lugano 2002.

30 Hugo Ball, *Die Flucht aus der Zeit*, 1927, zit. n. H. Hesse, *Briefwechsel 1921-1927 mit Hugo Ball und Emmy Ball-Hennings*, a. a. O., S. 50.

31 Emmy Ball-Hennings, *Rebellen und Bekenner*, 1930, zit. n. *Emmy Ball-Hennings. 1885-1948*, zusammengestellt von Bernhard Echte, Frankfurt am Main und Basel, 1999, S. 169.

32 Emmy Ball-Hennings, *Hugo Balls Weg zu Gott*, 1931, zit. n. H. Hesse, *Briefwechsel 1921-1927 mit Hugo Ball und Emmy Ball-Hennings*, a. a. O., S. 79.

33 H. Hesse an Ruth Wenger, Dezember 1922, in: H. Hesse, »*Liebes Herz!*«, a. a. O., S. 253.

34 H. Hesse an Ruth Wenger, 28. Februar 1923, ebd., S. 298.

35 Tagebuch Hugo Ball, Eintrag vom 16. Juni 1921, zit. n. H. Hesse,

Briefwechsel 1921-1927 mit Hugo Ball und Emmy Ball-Hennings, a. a. O., S. 79 f.

36 Emmy Ball-Hennings an Hermann Hesse, 2. April 1927, ebd., S. 478.

37 Hugo Ball an Hermann Hesse, Anfang April 1927, ebd., S. 479.

38 Hugo Ball, *Hermann Hesse. Sein Leben und Werk*, Frankfurt am Main, 1977.

39 Hermann Hesse an Carla Fassbind, Anfang Oktober 1927, in: H. Hesse, *Briefwechsel 1921-1927 mit Hugo Ball und Emmy Ball-Hennings*, a. a. O., S. 543.

40 H. Hesse an Annemarie Hennings, [1948], in: ebd., S. 580.

41 Tagebuchnotizen von Hugo Ball vom 20. Oktober und 29. Oktober 1920, in: Emmy Ball-Hennings, *Hugo Ball. Die Flucht aus der Zeit*, Luzern 1946, S. 274 f.

42 Hugo Ball an Emmy Ball-Hennings in Florenz, 28. Oktober 1923, in: H. Hesse, *Briefwechsel 1921-1927 mit Hugo Ball und Emmy Ball-Hennings*, a. a. O., S. 187 f.

43 Vgl. H. Hesse an seine Frau Ruth, 28. Mai 1924, in: H. Hesse, *»Liebes Herz!«*, a. a. O., S. 412.

44 H. Hesse, »Klingsors letzter Sommer«, 1920, in: SW 8, S. 319 f.

45 H. Hesse, »Sommers Ende«, 1926, in: SW 13, S. 474 f.

46 H. Hesse, »Beim Einzug in ein neues Haus«, 1931, SW 12, S. 149.

47 H. Hesse, »Vierzig Jahre Montagnola«, 1959, in: SW 12, S. 180 f.

48 Alle Angaben zur Geschichte der Kirche vgl. *Sant'Abbondio. Montagnola. Gentilino*, Informationsbroschüre hg. vom Kirchenrat von Sant'Abbondio, 2004.

49 H. Hesse an Ruth Wenger, 9. November 1921, in: H. Hesse, *»Liebes Herz!«*, a. a. O., S. 130.

50 Eine ausführliche Beschreibung findet sich im Brief von Hermann Hesse an Theo und Lisa Wenger vom Frühjahr 1923, in: H. Hesse, *Gesammelte Briefe. Zweiter Band 1922-1935*, in Zusammenarbeit mit Heiner Hesse hg. von Ursula und Volker Michels, Frankfurt am Main, 1979, S. 58 f.

51 H. Hesse an Ruth Wenger, 12. April 1922, in: *Hermann Hesse. »Liebes Herz!«*, a. a. O., S. 182.

52 Emmy Ball-Hennings, *Hugo Balls Weg zu Gott*, 1931, zit. n. H. Hesse, *Briefwechsel 1921-1927 mit Hugo Ball und Emmy Ball-Hennings*, a. a. O., S. 519.

53 H. Hesse an Ruth Wenger, 8. März 1922, in: H. Hesse, »*Liebes Herz!*«, a. a. O., S. 176.

54 Hugo Ball an H. Hesse, 28. Oktober 1922, in: H. Hesse, *Briefwechsel 1921-1927 mit Hugo Ball und Emmy Ball-Hennings*, a. a. O., S. 164.

55 Über die exakte Adresse der Familie Müller vor 1925 herrscht Unklarheit. Laut Auskunft des Enkels Gabriele Picard, Sohn der Tochter Lore Picard geb. Müller, wohnten Müllers mit Sicherheit ab Anfang der 30er Jahre in diesem Haus.

56 H. Hesse an Hugo Ball, 13. April 1922, in: H. Hesse, *Briefwechsel 1921-1927 mit Hugo Ball und Emmy Ball-Hennings*, a. a. O., S. 132.

57 H. Hesse an Ruth Wenger, 27. März 1923, in: H. Hesse, »*Liebes Herz!*«, a. a. O., S. 307.

58 Ruth Hesse an H. Hesse, [April 1924], ebd., S. 400.

59 H. Hesse an Hugo Ball, 8. Dezember 1925, in: H. Hesse, *Briefwechsel 1921-1927 mit Hugo Ball und Emmy Ball-Hennings*, a. a. O., S. 362.

60 Peter Weiss an seine Eltern, Weihnachten 1938, in: H. Hesse/P. Weiss, *»Verehrter großer Zauberer«. Briefwechsel 1937-1962*, hg. von Beat Mazenauer und Volker Michels, Frankfurt am Main 2009, S. 88 f.

61 H. Hesse an P. Weiss, 29. Januar 1944, ebd., S. 128.

62 Diese Angaben beruhen auf Interviews, welche die Autorin 2003 anläßlich einer Ausstellung mit vierzehn Zeitzeugen durchführte.

63 H. Hesse, »Zwischen Sommer und Herbst«, 1930, in: SW 14, S. 158.

Zweiter Spaziergang

1 H. Hesse, »Die Offizina Bodoni in Montagnola«, in: SW 14, S. 376 ff.

2 Das Aquarell ist abgedruckt in: H. Hesse, *Spiel mit Farben. Der Dichter als Maler.*, hg. von Volker Michels, Frankfurt am Main 2005, S. 124.

3 H. Hesse, »Beim Einzug in ein neues Haus«, 1931, in: SW 12, S. 148.

4 Ebd., S. 151.

5 H. Hesse an H. Hubacher, 23. Oktober 1931, in: H. Hesse, *Gesammelte Briefe. Zweiter Band 1922-1935*, a. a. O., S. 291 f. Hermann Hesse und Ninon Ausländer heirateten am 14. November 1931. Eine ausführliche Darstellung der Beziehung zwischen Ninon und Hermann Hesse findet sich in: Gisela Kleine, *Zwischen Welt und Zaubergarten*, Frankfurt am Main 1988.

6 Ausstellung im Museum Hermann Hesse Montagnola »*Und auch die Tessiner liebe ich sehr ...*«. *Hermann Hesse und die Einwohner von Montagnola.*, 20. September 2003 bis 1. Februar 2004. Darin Zusammenfassungen von Interviews u. a. mit Sergio Balmelli, Giosanna Crivelli und Giulio Petrini.

7 H. Hesse, »Stunden im Garten«, 1935, in: SW 9 S. 613 f.

8 H. Hesse, »Gärtner träumt (Für Ninon am 1. Juli 1933)«, in: SW 10, S. 594.

9 H. Hesse an Gerhard Schetelig, [20. Oktober 1937], in: H. Hesse, *Gesammelte Briefe. Dritter Band 1936-1948*, a. a. O., S. 69 f.

10 Edith Kramer, »Bei Ninon und Hermann Hesse zu Gast«, 1973, in: *Hermann Hesse in Augenzeugenberichten*, a. a. O., S. 252.

11 H. Hesse an Giulio Petrini, unveröffentlichtes Typoskript, Privatbesitz.

12 Die Rede ist in deutscher und italienischer Sprache veröffentlicht in: SW 12, S. 183 f.

13 H. Hesse an Kurt Karl Rohbra, [Juli 1962], in: H. Hesse, *Gesammelte Briefe. Vierter Band 1949-1962*, a. a. O., S. 425 f.

14 H. Hesse, »Vom Malen«, in: SW 13, S. 466 f.

15 Bruno Hesse, *Erinnerungen an meine Eltern*, a. a. O., S. 15. Überarbeitet und gekürzt veröffentlicht in: *Bruno, Heiner und Martin Hesse. Erinnerungen an unseren Vater Hermann Hesse*, a. a. O., S. 24 ff.

16 Vgl. E. Zimmermann, »Verzicht und ruhige Ergebung. Das stille Leben der Maria Theresia Holzleitner«, in: *Begegnungen auf der Collina d'Oro. Hermann Hesse. Maria Holzleitner. Margherita Osswald-Toppi. Elisabeth Rupp*, hg. von R. Bucher, Montagnola 2009, S. 14.

17 H. Hesse an J. Englert, Juni 1922, unveröffentlicht. Der Brief befindet sich im Deutschen Literaturarchiv Marbach am Neckar.

18 H. Hesse, »Klingsors letzter Sommer«, 1919, in: SW 8, S. 288 f.

19 Ebd., S. 300.

20 Vgl. Spaziergang 5.

21 Z. B. H. Hesse, »Agra«, 8. August 1923, Aquarell auf Papier, in: H. Hesse, *Spiel mit Farben. Der Dichter als Maler*, a. a. O., S. 105.

22 Vgl. Annegret Diethelm und Attilio D'Andrea, »Erich Kästners Tessin«, in *Tessiner Zeitung*, Locarno, 12. Juli 2001. Die Autoren beziehen sich auf folgende Werke von Erich Kästner: *Der kleine Mann*, Hamburg, 1963; *Der kleine Mann und die kleine Miss*, Hamburg 1967; *Briefe aus dem Tessin*, Zürich 1977.

23 Erich Kästner an Friedel Siebert, 30. Mai 1962, in *Tessiner Zeitung* vom 12. Juli 2001.

24 Ilona Durigo (1881-1943), Kammersängerin, war mit Hermann Hesse befreundet.

25 H. Hesse an R. Wenger, 12. November 1921, in: H. Hesse, »*Liebes Herz!*«, a. a. O., S. 135.

26 Dr. Josef Bernhard Lang (1881-1945), Psychotherapeut, Freund und Arzt von Hermann Hesse.

27 H. Hesse an seine Frau Ruth, 14. Juni 1924, in: H. Hesse, »*Liebes Herz!*«, a. a. O., S. 419.

28 H. Hesse an seine Frau Ruth, 28. Mai 1924, ebd., S. 413.
    Bernhard Wieman weilte bei Hermann Hesse zu Besuch und begleitete Hesse vermutlich zu einer Lesung von Klabund im Sanatorium.

29 Vgl. Mario Redaelli und Mario Agliati, *Storia e storie della Collina d'Oro*, a. a. O., S. II 496. Übersetzung durch die Autorin.

30 H. Hesse an Lisa Wenger, 9. März 1923, in: H. Hesse, *Gesammelte Briefe. Zweiter Band 1922-1935*, a. a. O., S. 53.
    Leider ist die Hausschrift *Terrasse* aus dem Jahr 1923 nicht erhalten, so daß es ungewiß bleibt, ob Hermann Hesse seine Lesung gehalten hat.

31 Emmy Ball-Hennings an H. Hesse, [Ende April/Anfang Mai 1926], in: H. Hesse, *Briefwechsel 1921-1927 mit Hugo Ball und Emmy Ball-Hennings*, a. a. O., S. 393 f.

32 Bruno Hesse, *Erinnerungen an meine Eltern*, nicht datiert, a. a. O., S. 22 f.

33 H. Hesse, »Mai im Kastanienwald«, 1927, in SW 14, S. 28.

34 Mario Redaelli und Mario Agliati, *Storia e storie della Collina d'Oro*, a. a. O., S. II 496. Übersetzung durch die Autorin.

35 Peter Weiss, *Cloe. Caspar Walthers nachgelassene Aufzeichnungen. Für Hermann Hesse von P. U. Weiss*, in: H. Hesse/P. Weiss, *»Verehrter großer Zauberer«*, a. a. O., S. 146 ff. Weitere Informationen zu Peter Weiss siehe auch Spaziergang 3.

36 Ebd., S. 147.

37 P. Weiss an H. Hesse, Dezember 1942, ebd., S. 122.

38 Foto 16 im Bildteil des Briefwechsels, ebd.

Dritter Spaziergang

1 Hesse spielte im »Tessiner Lebenslauf« auf die Familie an. Sie wird darin »Familie Giustini« genannt. Vgl. H. Hesse, »Ein Tessiner Lebenslauf«, um 1932, in: SW 5, S. 585 ff.

2 H. Hesse, »›Chinesische Mauer‹ in Montagnola«, 1924, in: H. Hesse, *Spiel mit Farben. Der Dichter als Maler*, a. a. O., S. 119.

3 H. Hesse an P. Weiss, 22. Dezember 1937, in: H. Hesse/P. Weiss, *»Verehrter großer Zauberer«*, a. a. O., S. 58.

4 Ebd. S. 59. Der alte Begriff »Gant« bedeutet soviel wie »öffentliche Versteigerung« und wird in der Schweiz noch heute in diesem Sinne verwendet.

5 H. Hesse an P. Weiss, 22. Dezember 1937, in: H. Hesse/P. Weiss, *»Verehrter großer Zauberer«*, a. a. O., S. 60.

6 Ebd., S. 61.

7 H. Hesse, »Nachbar Mario«, 1928, in: SW 14, S. 111 ff.

8 Vgl. H. Hesse/P. Weiss, *»Verehrter großer Zauberer«*, a. a. O., S. 146 ff.

9 P. Weiss, *Briefe an Hermann Levin Goldschmidt und Robert Jungk 1938-1980*, S. 11.

10 Olga Jacques (1878-1949), geb. Hübner, Schauspielerin und Bohemienne, war die geschiedene Frau des luxemburgischen Schriftstellers Norbert Jacques (1880-1954), des Autors von *Dr. Mabuse*. Sie beherbergte und betreute Künstler in ihrem großen Haus in Carabietta. Olly Jacques war mit Hugo und Emmy Ball seit den gemeinsamen Zeiten in der »Galerie Dada« in Zürich befreundet. Beide waren 1920 einige Tage bei ihr zu Gast, bevor sie nach

Agnuzzo zogen. Eintragungen im bisher unveröffentlichten Gästebuch von Lisa Tetzner und Kurt Kläber bezeugen, daß Balls und Olly Jacques auch gemeinsam im Künstlerkreis von Carona verkehrten.

11 P. Weiss an H. Hesse, [Februar 1939], in: H. Hesse/P. Weiss, »Verehrter großer Zauberer«, a. a. O., S. 96.

12 P. Weiss an seine Eltern, Weihnachten 1938, in: ebd., S. 88 f.

13 Ebd. S. 85. Der Brief ist illustriert mit Zeichnungen vom Haus, Atelier und Garten.

14 H. Hesse an P. Weiss, [September 1938], in: H. Hesse/P. Weiss, »Verehrter großer Zauberer«, a. a. O., S. 75.

15 P. Weiss an seine Eltern, Weihnachten 1938, ebd., S. 85.

16 H. Hesse an R. Wenger, 4. Juli 1922, in: Hermann Hesse, »Liebes Herz!«, a. a. O., S. 210.

17 H. Hesse an R. Wenger, 5. Februar 1922, ebd., S. 67.

18 Bruno Hesse, *Erinnerungen an meine Eltern*, nicht datiert, Privatdruck, S. 9. Überarbeitet und gekürzt veröffentlicht in: *Bruno, Heiner und Martin Hesse. Erinnerungen an unseren Vater Hermann Hesse*, a. a. O., S. 24 ff.

19 H. Hesse, »Blick nach Italien«, 1920, in: SW 10, S. 269.

20 Heinrich Wiegand, *Aus Tagebuchnotizen vom März 1933*, in: *Hermann Hesse in Augenzeugenberichten*, a. a. O., S. 149 f. »Sassalto« (»hoher Felsen«) ist eine alte Tessiner Bezeichnung für den Monte Caslano.

21 H. Hesse an Ruth Wenger, [Dezember 1922], in: H. Hesse, »Liebes Herz!«, a. a. O., S. 253.

Vierter Spaziergang

1 H. Hesse, »Der kleine Weg«, 1919, in: SW 13, S. 403 ff.

2 H. Hesse an Hugo Ball, 5. Juli 1922, in: H. Hesse, *Briefwechsel 1921-1927 mit Hugo Ball und Emmy Ball-Hennings*, a. a. O., S. 145.

3 Vgl. A. Mario Redaelli und Mario Agliati, *Storia e storie della Collina d'Oro*, Neuauflage Lugano 2008, S. 396 ff. Ernst Wiegand widerspricht dieser Zuordnung in seinen Tagebuchnotizen von 1926, indem er den »kleinen Weg« mit dem Weg nach Agnuzzo identifiziert. Vgl. Heinrich Wiegand, »Ein Tag mit Hermann Hesse. Tage-

buchnotizen vom 22. Juli 1926«, in: *Hermann Hesse in Augenzeu-genberichten*, a. a. O., S. 114 f. Tatsächlich ist es wahrscheinlich, daß Hermann Hesse schon 1919 beide Wege kannte und in seine Betrachtung hat einfließen lassen.

4 H. Hesse, »Der kleine Weg«, 1919, in: SW 13, S. 404.

5 Ebd., S. 404 f.

6 Das Werk *I promessi sposi* (früher *Die Verlobten*, in der neuen Übersetzung *Die Brautleute*) von Alessandro Manzoni (1785-1873) gilt nach Dantes *Göttlicher Komödie* als das bedeutendste Werk der klassischen italienischen Literatur. Es erschien in der ersten Fassung 1827, die endgültige Fassung wurde 1840-42 gedruckt.

7 H. Hesse, »Klingsors letzter Sommer«, 1919, in: SW 8, S. 301.

8 H. Hesse, »Sommertag im Süden«, 1919, in: SW 13, S. 393.

9 H. Hesse, »Rückkehr aufs Land«, 1927, in: SW 14, S. 17.

10 H. Hesse an Felix Braun, März 1940, in: H. Hesse, *Gesammelte Briefe. Dritter Band 1936-1948*, a. a. O., S. 150.

11 H. Hesse, »Bericht an die Freunde«, April 1959, abgedruckt in der *Neuen Zürcher Zeitung* vom 26. April 1959, in: H. Hesse, *Gesammelte Briefe. Vierter Band 1949-1962*, a. a. O., S. 335.

12 H. Hesse, »Sommertag im Süden«, 1919, in: SW 13, S. 394.

13 H. Hesse, »Strand«, 1921, in: SW 13, S. 416.

14 Siehe Spaziergang 3.

15 Silver Hesse, März 2006. Unveröffentlichte Erinnerung. »Zvieri« ist ein Schweizer Ausdruck für einen nachmittäglichen Imbiß.

16 H. Hesse, *Spiel mit Farben. Der Dichter als Maler*, a. a. O., S. 16.

17 H. Hesse an Ruth Wenger, 15. April 1922, in: H. Hesse, *»Liebes Herz!«*, a. a. O., S. 187.

18 H. Hesse an Lisa Wenger, Ende März 1924, ebd., S. 392.

19 Vgl. Audioguide *Spaziergang »Auf den Spuren von Hermann Hesse und andere Wanderwege«*, a. a. O.

20 Vgl. ebd.

21 H. Hesse, »Klingsors letzter Sommer«, 1919, in: SW 8, S. 291. Mit »Louis der Grausame« ist der Maler Louis Moilliet (1880-1962) gemeint, »Cartago« steht für Certenago und »Laguno« für Lugano.

22 Vgl. Spaziergang 3.

23 Vgl. Spaziergang 1.

Fünfter Spaziergang

1 Die Malerin Margherita Osswald-Toppi (1897-1971), der Maler Paolo Osswald (1883-1952), die Malerin Anny Bodmer (1882-1930) und der Arzt Hermann Bodmer (1876-1948). Diese Personen sind in den Charakteren »Ersilia«, »Agosto«, »die Malerin« und »der Doktor« im Kapitel »Kareno-Tag« in *Klingsors letzter Sommer* wiederzuerkennen, vgl. dazu: Eva Zimmermann, »›Ich arbeite und bin glücklich‹. Die Bildhauerin und Malerin Margherita Osswald-Toppi«, in: *Begegnungen auf der Collina d'Oro. Hermann Hesse. Maria Holzleitner. Margherita Osswald-Toppi. Elisabeth Rupp*, hg. von Regina Bucher, Montagnola 2009, S. 54.

2 Die Erzählung wurde Ende August 1919 vollendet und erschien 1920.

3 Laut den Erinnerungen von Ruth Wenger aus dem Jahr 1975 waren sich die beiden bereits vorher einmal im Hause des Ehepaars Margherita und Paolo Osswald begegnet. Sie hatte Hermann Hesse in seiner Wohnung besucht, und er lud sie ein, ihn zu den Osswalds zu begleiten. Vgl. H. Hesse, »*Liebes Herz!*«, a. a. O., S. 602.

4 H. Hesse, »Liebeslied«, 1920, in: SW 10, S. 274.

5 H. Hesse, »Piktors Verwandlungen«, 1922, in: SW 9, S. 188 ff.

6 Ruth Hesse an H. Hesse, 30. April 1924, in: H. Hesse, »*Liebes Herz!*«, a. a. O., S. 401.

7 H. Hesse, »Klingsors letzter Sommer«, 1919, in: SW 8, S. 296.

8 Ebd., S. 306.

9 Ebd., S. 301.

10 Ebd.

11 Ruth Wenger, »Meine Liebe und meine Ehe mit Hermann Hesse«. Niedergeschrieben im Jahre 1975. Ruth Haußmann, geb. Wenger, gesch. Hesse, in: H. Hesse, »*Liebes Herz!*«, a. a. O., S. 617.

12 Hugo Ball an Annemarie Hennings, 6. August 1921, in: H. Hesse, *Briefwechsel 1921-1927 mit Hugo Ball und Emmy Ball-Hennings*, a. a. O., S. 82.

13 H. Hesse an Fritz Leuthold vom 16. Juli 1925, in: H. Hesse, *Gesammelte Briefe. Zweiter Band 1922-1935*, a. a. O., S. 115.

14 Ruth Wenger, »Meine Liebe und meine Ehe mit Hermann Hesse«, a. a. O., S. 631.

15 Ebd., S. 601.

16 H. Hesse, »Klingsors letzter Sommer«, 1919, in: SW 8, S. 302 ff.

17 Ruth Wenger, »Meine Liebe und meine Ehe mit Hermann Hesse«, a. a. O., S. 603.

18 Casa Pantrovà bedeutet »Haus des gefundenen Brots«. Pan Perdü heißt übersetzt »verlorenes Brot«.

19 Die aus Deutschland stammenden Künstler Lisa Tetzner (1894-1963) und ihr Ehemann Kurt Kläber (1897-1959). Beide machten sich einen Namen als Jugendschriftsteller: Kurt Kläber schrieb unter dem Pseudonym Kurt Held das berühmte Buch *Die rote Zora*; Lisa Tetzner wurde bekannt mit *Die schwarzen Brüder*.

20 H. Hesse an Ruth Hesse, 24. Oktober 1925, in: H. Hesse, »*Liebes Herz!*«, a. a. O., S. 505.

21 Ruth Hesse an H. Hesse, 22. Oktober 1925, ebd., S. 504.

22 H. Hesse an Lisa Tetzner-Kläber, Dezember 1959, in: H. Hesse, *Ausgewählte Briefe*, erweiterte Ausgabe, zusammengestellt von Hermann Hesse und Ninon Hesse, Frankfurt am Main 1974, S. 499.

23 Vgl. H. Hesse an Lisa Tetzner, 1. Mai 1961, in: H. Hesse, *Gesammelte Briefe. Vierter Band 1949-1962*, a. a. O., S. 399.

24 Vgl. Informationsschrift des Vereins Casa Pantrovà.

25 H. Hesse, »Madonna d'Ongero«, 1923, in: SW 13, S. 427.

26 Ebd., S. 430.

27 H. Hesse an Ruth Wenger, 12. Mai 1921, in: H. Hesse, »*Liebes Herz!*«, a. a. O., S. 92.
»Nagasaki« ist eine Anspielung auf *Klingsors letzter Sommer*.

28 H. Hesse an Ruth Haußmann, [März 1952], ebd., S. 578 f.
»Hüsi« war der Spitzname von Lisa Wenger.

29 H. Hesse, »Klingsors letzter Sommer«, 1919, SW 8, S. 302 ff.

30 Ruth Wenger, »Meine Liebe und meine Ehe mit Hermann Hesse«, a. a. O., S. 605.

31 H. Hesse, »Bäume«, 1919, in: SW 11, S. 20 f.

32 Vgl. Spaziergänge 2 und 3.

33 H. Hesse, »Madonna d'Ongero«, 1923, in: SW 13, S. 431.

34 Ebd., S. 430 f.

35 H. Hesse, »Madonnenfest im Tessin«, in: SW 13, S. 438 f.

36 Ebd., S. 440 f.

37 Ebd., S. 439.

38 Ebd., S. 440.

39 H. Hesse, »Klingsors letzter Sommer«, 1919, in: SW 8, S. 300.

40 Ebd., S. 300 f.

Sechster Spaziergang

1 H. Hesse, »Aquarell«, 1926, in: SW 13, S. 465.

2 Abgebildet in: *Hermann Hesse als Maler in der Natur*, hg. von Volker Michels und Ambrogio Pellegrini, Mailand 1999, S. 74 und S. 79.

3 Bruno Hesse, *Erinnerungen an meine Eltern*, nicht datiert, Privatdruck, S. 8. Überarbeitet und gekürzt veröffentlicht in: *Bruno, Heiner und Martin Hesse. Erinnerungen an unseren Vater Hermann Hesse*, a. a. O., S. 24 ff.

4 H. Hesse an Ruth Wenger, 15. April 1922, in: H. Hesse, »*Liebes Herz!*«, a. a. O., S. 186.

5 Beide Aquarelle sind in Privatbesitz und wurden in einer Ausstellung im Hermann Hesse Museum in Montagnola von März bis Juni 2000 gezeigt.

6 Vgl. Faksimile von Hesses Fotoalbum im Museum Hermann Hesse Montagnola. Das Original befindet sich im Deutschen Literaturarchiv.

7 Vgl. H. Hesse, *Vom Wert des Alters*., hg. von Volker Michels, Frankfurt am Main 2007, S. 105.

8 Archiv der Fondazione Hermann Hesse Montagnola, aus dem Nachlaß von Bruno Hesse. Rückseitig beschriftet: »Papi, Hanna u. Bertha b. Kapelle b. Cademario, Frühl. 1955« und »Castelrotto Nov. 1960«.

9 Ninon Hesse an Margrit Wassmer, 14. Juli 1948, in: Ninon Hesse, »*Lieber, lieber Vogel.*« *Briefe an Hermann Hesse*, hg. von Gisela Kleine, Frankfurt am Main 2000, S. 488.

10 Vgl. Spaziergang 5.

11 H. Hesse, »Kirchen und Kapellen im Tessin«, 1920, in: SW 13, S. 408.

12 Vgl. Spaziergang 3.

13 Vgl. Spaziergang 4.

14 Vgl. Spaziergang 3.

15 Vgl. Spaziergang 5.

16 H. Hesse an Ruth Wenger, [April 1921], in: H. Hesse, »*Liebes Herz!*«, a. a. O., S. 88.

17 H. Hesse, »Kapellen und Kirchen im Tessin«, 1920, in: SW 13, S. 410.

18 Vgl. *Hermann Hesse als Maler in der Natur*, a. a. O., S. 87.

19 H. Hesse, »Mai im Kastanienwald«, 1927, in: SW 14, S. 26.

20 H. Hesse an Ruth Hesse, 25. Mai 1925, in: H. Hesse, »*Liebes Herz!*«, a. a. O., S. 480.

21 H. Hesse an Heiner Hesse, 26. Mai 1927, unveröffentlicht, Privatbesitz.

Siebter Spaziergang

1 H. Hesse, »Rückkehr aufs Land«, 1927, in: SW 14, S. 16.

2 H. Hesse an Josef Bernhard Lang, 8. Oktober 1919, in: H. Hesse, »*Die dunkle und die wilde Seite der Seele*«, a. a. O., S. 115.

3 Werbebroschüre des Hotels »Schweizerhof«, ca. 1913, Privatdruck Lugano, S. 12.

4 H. Hesse, »Klingsors letzter Sommer«, 1919, in: SW 8, S. 292. Bei der Seilbahn handelt es sich vermutlich um die Standseilbahn, die von der Piazza Cioccaro im Zentrum zum Bahnhof fährt und heute noch in Betrieb ist. Man kann bei einer ausführlicheren Stadtbesichtigung eine Fahrt mit der Bahn mit dem Besuch der Kathedrale San Lorenzo verbinden. Damals gab es noch eine zweite Bahn, die Passagiere vom See in die Via Motta beförderte und die heute nicht mehr fährt. Auf welche der beiden im *Klingsor* angespielt wird, läßt sich nicht mit Sicherheit sagen. Der Park, von dem die Rede ist, ist heute noch ein beliebter Aufenthaltsort in Lugano, man sieht ihn auf der Schiffahrt nach Gandria am Ufer liegen.

5 H. Hesse an Ruth Wenger, 19. April 1923, in: H. Hesse, »*Liebes Herz!*«, a. a. O., S. 311. Der Opernbesuch fand vermutlich im renommierten Apollo-Thea-

ter am See statt, in dem sich heute das Spielcasino von Lugano befindet.

6 H. Hesse an Josef Bernhard Lang, [22. Dezember 1919], in: H. Hesse, *»Die dunkle und die wilde Seite der Seele«*, a. a. O., S. 150.

7 Vgl. H. Hesse an seine Schwester Marulla, 4. Juli 1920, in: H. Hesse, *Gesammelte Briefe. Erster Band 1895-1921*, a. a. O., S. 452 ff.

8 H. Hesse, »Rückkehr aufs Land«, 1927, in: SW 14, S. 16 ff.

9 H. Hesse an Josef Bernhard Lang, [August 1939], in: H. Hesse, *»Die dunkle und die wilde Seite der Seele«*, a. a. O., S. 379.

10 H. Hesse an Joachim Maass, 28. April 1946, in: H. Hesse, *Gesammelte Briefe. Dritter Band 1936-1948*, a. a. O., S. 350.

11 H. Hesse an Hans Popp, 21. November 1955, in: H. Hesse, *Gesammelte Briefe. Vierter Band 1949-1962*, a. a. O., S. 254. Der Zirkus Knie kommt bis heute jedes Jahr im November für Vorstellungen nach Lugano.

12 H. Hesse, »Wie die Betrachtung ›Über das Alter‹ entstand«, 1953, in: SW 12, S. 246 f.

13 H. Hesse an Ernst Morgenthaler, [Oktober 1959], in: H. Hesse, *Gesammelte Briefe. Vierter Band 1949-1962*, a. a. O., S. 356.

14 H. Hesse, »Kaminfegerchen«, 1953, in: SW 8, S. 495.

15 Ebd., S. 492 f.

16 Nach Aussage der Enkelin Susanne Reposo führte ihr Großvater Ernst Fuchs das Geschäft ab Beginn der 30er Jahre bis zu seinem Tod Mitte der 60er Jahre. Die Erinnerungen an Hermann Hesse sind von ihrer Mutter Annamaria Fuchs, verheiratete Reposo, überliefert. Die Buchhandlung Wega hat auch heute noch vorwiegend deutschsprachige Bücher im Sortiment.

17 H. Hesse, »Kirchen und Kapellen im Tessin«, 1920, in: SW 13, S. 411.

18 Zur Geschichte des Hotel Palace vgl. Andreas Heller, »Hotelträume. Die schillernde Vergangenheit des Lugano Palace«, NZZ Folio 8/95, Zürich 1995.

19 Aus der Familie der Hotelbesitzer Kienberger, welche heute noch das Hotel »Waldhaus« in Sils-Maria im Engadin betreiben.

20 H. Hesse, »Winterbrief aus dem Süden«, 1919, in: SW 13, S. 396 ff.

21 Vgl. »Aus dem Tagebuch von Romain Rolland. Eintragungen von August/September 1922«, in: *Materialien zu Hermann Hesses »Siddhartha«, Erster Band*, hg. von Volker Michels, Frankfurt am Main 1986, S. 173.

22 H. Hesse an Helene Welti, 29. August 1922, in: H. Hesse, *Gesammelte Briefe. Zweiter Band 1922-1935*, a. a. O., S. 28 f.

23 H. Hesse, »Besuch aus Indien«, 1922, in: SW 13, S. 422 ff.

24 H. Hesse an Ruth Wenger, 24. Januar 1923, in: H. Hesse, »*Liebes Herz!*«, a. a. O., S. 279.

25 Ruth Wenger an H. Hesse, 25. Januar 1923, ebd., S. 280.

26 *Die Südschweiz*, 3. Jahrgang, Nr. 8 vom 31. Januar 1923, S. 3. Der Leser bezieht sich vermutlich auf *Klingsors letzter Sommer*, es folgt in dem Beitrag auch eine Interpretation von *Siddhartha*.

27 H. Hesse an Frederik van Eeden, 3. Februar 1923, in: H. Hesse, *Gesammelte Briefe. Zweiter Band 1922-1935*, a. a. O., S. 48.

28 H. Hesse, »Die Fremdenstadt im Süden«, 1925, in: SW 13, S. 379 ff.

29 Abgebildet in: H. Hesse, *Spiel mit Farben. Der Dichter als Maler*, a. a. O., S. 144.

30 Bruno Hesse, *Erinnerungen an meine Eltern*, nicht datiert, Privatdruck, S. 23. Überarbeitet und gekürzt veröffentlicht in: *Bruno, Heiner und Martin Hesse. Erinnerungen an unseren Vater Hermann Hesse*, a. a. O., S. 24 ff.

31 Siehe Spaziergänge 1 und 2.

32 H. Hesse, »Zwischen Sommer und Herbst«, 1930, in: SW 14, S. 159.

33 H. Hesse an Ruth Hesse, 8. Juni 1924, in: H. Hesse, »*Liebes Herz!*«, a. a. O., S. 417.

34 Adele Gundert, Bleistiftzeichnung, beschriftet »Gandria, 23. Aug. 26«, unveröffentlicht.

35 Abgebildet in: H. Hesse, *Spiel mit Farben. Der Dichter als Maler*, a. a. O., S. 150 *Castello*; S. 157; S. 159 *Albogasio*; S. 117 und S. 165 *San Mamete*.

36 H. Hesse, »Klingsors letzter Sommer«, 1919, in: SW 8, a. a. O., S. 288.

1 H. Hesse, »Zu ›Die Morgenlandfahrt‹«, Informationsblatt des S. Fischer Verlages Berlin, Juni 1932, in: SW 12, S. 223 f.

2 Max Herrmann-Neiße über *Die Morgenlandfahrt*, undatiert, in: H. Hesse, *Die Morgenlandfahrt*, Frankfurt am Main 1982, Umschlagtext.

3 H. Hesse, »Die Morgenlandfahrt«, 1932, in: SW 4, S. 539.

4 Ebd., S. 540.

5 Ebd., S. 546 f.

6 Morbio Inferiore ist seit dem Altertum bewohnt und liegt ca. 320 m über dem Meeresspiegel. »Morbio« geht auf den lateinischen Ausdruck »morbidus« zurück, der soviel wie »kränklich, weich, nachgebend, fett« bedeutet und vermutlich wegen der Qualität des Bodens entstand. »Inferiore« heißt »unterer, niedriger«, bezugnehmend auf das ca. 100 Meter höher gelegene Dorf »Morbio Superiore«.

7 Ebd., S. 562 f.

8 Ebd., S. 580.

9 Ebd., S. 581.

10 Ebd., S. 580.

11 Ebd., S. 574.

12 Ebd., S. 587.

13 Ebd., S. 589.

14 Ebd., S. 590 f.

15 Die Worte des Mädchens werden in einer Besprechung der *Morgenlandfahrt* von Wilhelm Schussen im *Stuttgarter Neues Tagblatt*, 3. Mai 1932, wiedergegeben. Zit. n. Volker Michels, *Kommentar zu Die Morgenlandfahrt*, in: SW 4, S. 620.

16 Eine ausführliche Erklärung zu den in der *Morgenlandfahrt* verwendeten Namen und Ortschaften findet sich in: Martin Pfeifer, *Hesse-Kommentar zu sämtlichen Werken*, Frankfurt am Main 1980, S. 256 ff.

17 H. Hesse an Ruth Wenger, [April 1921], in: H. Hesse, »*Liebes Herz!*«, a. a. O., S. 88.

18 Vgl. H. Hesse an Ruth Wenger, 5. März 1923, in: ebd., S. 301.

19 H. Hesse an Hugo Ball, 25. Oktober 1926, in: H. Hesse, *Brief-*

wechsel 1921-1927 mit Hugo Ball und Emmy Ball-Hennings, a. a. O., S. 413.

20 Hugo Ball an H. Hesse, 16. Dezember 1926, ebd., S. 426.

21 Volker Michels, *Kommentar zu Die Morgenlandfahrt*, in: SW 4, S. 613.

22 Vgl. Informationsbroschüre »Der Park der Breggia-Schluchten«, herausgegeben von der Fondazione Parco delle gole della Breggia, undatiert.

23 Vgl. ebd.

24 Emmy Ball-Hennings, »Die Seligsprechung oder das Wunder von Riva San Vitale«, undatiert, in: Emmy Ball-Hennings, *Geliebtes Tessin*, Zürich 1976, S. 34.

Neunter Spaziergang

1 H. Hesse an Ruth Wenger, [September 1920], in: H. Hesse, »Liebes Herz!«, a. a. O., S. 47.

2 Vgl. Hildegard Jung-Neugeboren, »In Hildes Winkelchen«, 1973, in: *Hermann Hesse in Augenzeugenberichten*, a. a. O., S. 73.

3 H. Hesse an Walter Schädelin, 21. April 1917, in: H. Hesse, *Gesammelte Briefe. Erster Band 1895-1921*, a. a. O., S. 346.

4 H. Hesse, »Die Nürnberger Reise«, 1927, in: SW 11, S. 143 f.

5 Vgl. Hermann Hesse/Karl Kerényi, *Briefwechsel aus der Nähe*, herausgegeben und kommentiert von Magda Kerényi, München und Wien 1972, S. 154.

6 Ida Hofmann, »Monte Verità. Wahrheit ohne Dichtung«, 1906, in: Benedetta Giorgi, »Der Hügel der Utopie«, *Tessiner Zeitung*, Locarno 29. November 2000.

7 Ida Hoffmann 1901, in: Robert Landmann (Pseudonym für Werner Ackermann), *Ascona – Monte Verità. Auf der Suche nach dem Paradies*, 1930, von Ursula von Wiese überarbeitete und ergänzte Ausgabe, Frauenfeld, Stuttgart, Wien 2000, S. 44.

8 Erich Mühsam, *Ascona*, Locarno 1905, S. 82.

9 H. Hesse, »In den Felsen. Notizen eines ›Naturmenschen‹«, 1907, in: SW 11, S. 319 f.

10 H. Hesse, »Doktor Knölges Ende«, 1910, in: SW 7, S. 369.

11 Notiz von Hermann Hesse von 1907, in: SW 11, S. 763.

12 H. Hesse an Paul Gundert, 9. März 1918, in: H. Hesse, *Gesammelte Briefe. Erster Band 1895-1921*., a.a.O., S. 374. Hesse spielt auf die Sandwüste um Theben in Ägypten an, welche lange von christlichen Einsiedlern bewohnt wurde. Seine »Drei Legenden aus der Thebais«, geschrieben 1909, basieren auf diesen überlieferten Geschichten von den Eremiten. Vgl. H. Hesse, SW 9, S. 268 ff und S. 640.

13 H. Hesse, »In den Felsen. Notizen eines ›Naturmenschen‹«, 1907, SW 11, S. 318.

14 H. Hesse, »Bei Arcegno«, 1918, SW 10, S. 247 f.

15 Es ist der Schriftstellerin Eveline Hasler und ihrem Ehemann Paolo zu verdanken, daß der »Eremitensteig« gefunden wurde. Das Ehepaar lebt in dieser Gegend und kennt sie deshalb gut. Eveline Hasler ließ sich hier zu ihrer fiktiven Erzählung »Die Felshöhle des jungen Hermann Hesse« inspirieren, die von ihr gelesen und von Harry White mit dem Saxophon begleitet auf CD erschienen ist (Deutsche Grammophon Literatur, Hamburg, 2002). Die Felshöhle Gusto Gräsers wird bereits in *Das Klappern der Zoccoli*, hg. von Beat Hächler, Zürich 2000, erwähnt.

16 *Monte Verità Ascona. Die Brüste der Wahrheit*, hg. von Agentur für geistige Gastarbeit, Harald Szeemann, Civitanova Marche und Tegna, und electa Editrice, Mailand 1980, S. 59.

17 Adolf Grohmann, »Die Vegetarier-Ansiedlung in Ascona und die sogenannten Naturmenschen im Tessin«, 1904, in: ebd., S. 88.

18 H. Hesse, »In den Felsen. Notizen eines ›Naturmenschen‹«, 1907, SW 11, S. 320 f.

19 Vgl. Hermann Müller, *Der Dichter und sein Guru*, Schelklingen 1979.

20 Vgl. *Hermann Hesse. Sein Leben in Bildern und Texten*, hg. von Volker Michels, Frankfurt am Main, 1987, S. 100.

21 Hermann Müller, *Der Dichter und sein Guru*, a.a.O., S. 52.

22 Ebd., S. 83.

23 Uli Münzel, »Erinnerungen an Hermann Hesse«, 1987, in: *Hermann Hesse in Augenzeugenberichten*, a.a.O., S. 283.

24 Hildegard Jung-Neugeboren, »In Hildes Winkelchen«, a.a.O., S. 74.

25 Gunnar Decker, *Begegnung mit Heiner Hesse*, 2002, in: *Bruno*,

Heiner und Martin Hesse. Erinnerungen an unseren Vater Hermann Hesse, a. a. O., S. 150.

26 Michael von Santen, *Auf den Spuren von Hermann Hesse. Notizen einer Tessin-Reise*, September 1987, Privatdruck, S. 49.

27 H. Hesse an Josef Bernhard Lang, [25. September 1919], in: H. Hesse, »*Die dunkle und wilde Seite der Seele*«, a. a. O., S. 105. Es handelte sich um Elisabeth Gräser (1876-1955), Ehefrau von Gustav Gräser.

Praktische Hinweise

Reisen mit öffentlichen Verkehrsmitteln · Größere Ortschaften sind im Tessin mit den Schweizerischen Bundesbahnen zu erreichen (Fahrpläne unter ⟨www.sbb.ch⟩ abrufbar).

Um in kleinere Dörfer zu gelangen, sollte man die gelben Postbusse (Auto Postale) benutzen, die selbst die engsten und steilsten Straßen meistern (Liniennetz ⟨www.autopostale.ch⟩; Fahrpläne ⟨www.quadriorario.ch⟩). Allerdings fahren die Busse eher selten, so daß es unbedingt ratsam ist, sich vorher über die Zeiten zu informieren.

Reisen mit dem Auto · Der Kanton ist für den Straßenverkehr gut erschlossen, auch wenn manche Verkehrswege sehr eng sind. Parken ist in der ganzen Schweiz durch ein etwas kompliziertes System farbig markierter Parkplätze geregelt. Es gibt rote (Parkdauer mit Parkscheibe maximal 15 Stunden), blaue (Parkdauer ist angegeben; maximal 1 ½ Stunden, Parkscheibe erforderlich) und weiße Parkplätze. Letztere sind entweder kostenfrei oder mit Parkautomaten versehen, wo die stundenweise Nutzung bezahlt werden muß (Kleingeld erforderlich).

Unterkunft · Man findet im Tessin Unterkünfte aller Preisklassen, vom Fünf-Sterne-Hotel bis zur einfachen Pension, außerdem Ferienhäuser und -wohnungen. Engpässe gibt es manchmal zu Ostern und während großer Veranstaltungen, wie dem Filmfestival in Locarno oder dem Musikfestival in Lugano. Weitere Informationen unter ⟨www.ticino-tourism.ch⟩, Tel.: +41 (0)91 825 70 56.

Für das Luganese: ⟨www.lugano-tourism.ch⟩, Tel.: +41 (0)91 911 04 04, für die Region Lago Maggiore: www.maggiore.ch, Tel.: +41 (0)91 791 00 91 und für das Mendrisiotto: ⟨www.mendrisiottotourism.ch⟩, Tel.: +41 (0)91 641 30 50.

Essen und Trinken · Neben Restaurants aller Preisniveaus sind im Tessin Grotti zu empfehlen, die meist einfache und schmackhafte lokale Küche anbieten. Grotti sind ehemalige Felsenkeller zur Lagerung von Wein und liegen deshalb oft im Wald, was im Sommer sehr angenehm ist. Man sollte unbedingt die saisonalen Öffnungszeiten beachten. Manche Grotti sind von November bis März geschlossen, andere nur an bestimmten Tagen geöffnet. Grundsätzlich wird im Tessin, mit wenigen Ausnahmen, warmes Essen lediglich zwischen 12 und 14 Uhr und ab 19 Uhr serviert. Manche Lokale schließen nachmittags und öffnen erst wieder ab 17 Uhr. Auch die Sitte, im Monat August in den Urlaub zu fahren und das Restaurant bzw. Grotto für mehrere Wochen zu schließen, ist noch verbreitet. Deshalb ist es zu empfehlen, sich vorher über die Öffnungszeiten zu erkundigen.

Andernfalls sollte man auf jeden Fall etwas zu trinken und Proviant auf die Spaziergänge mitnehmen.

Informationen zu den einzelnen Spaziergängen

Spaziergänge 1 bis 4

Anfahrt · Mit dem Postbus Nr. (4)36 von Lugano Richtung Agra, Haltestelle Piazza Brocchi Montagnola.

Mit dem Auto: Ausfahrt Autobahn Lugano-Süd, am Kreisverkehr Richtung Lugano, dann zweimal nach links Richtung Flughafen/Ponte Tresa, an der Kreuzung in Sorengo wieder links Richtung Collina d'Oro. Ca. zwei Kilometer geradeaus bis zur Piazza Brocchi.

Parkplätze hinter der Schule und unterhalb der Piazza Brocchi.

Essen und Trinken · Auf der Collina d'Oro existiert eine große Auswahl an Restaurants und Grotti, von denen hier die in den Wanderungen erwähnten genannt werden. In Agnuzzo, Carabietta, Barbengo Alto, Orino und Pianroncate gibt es dagegen weder Restaurants noch Bars. Lediglich auf dem Spaziergang 3 findet man auf halbem Weg, gegenüber dem Badestrand in Casoro, ein Lokal.

Das **Literaturcafé Boccadoro** gehört zum Museum Hermann Hesse und bietet durchgehend kleine Speisen, frische Salate und hausgemachten Kuchen an. Hauptsächlich lokale Produkte (auch Weine). Tages- und Wochenzeitungen auch in deutscher Sprache stehen zur Verfügung, ebenso wie eine gutsortierte Hessebibliothek und eine Spielecke für Kinder. Kostenlose Benutzung von Computer mit Internetzugang, WLAN-Anschluß.

(www.hessemontagnola.ch), Tel.: +41 (0)91 993 37 50.

Im Restaurant Bellevue in der Nähe der Casa Camuzzi kann man auf der Terrasse mit wunderbarem Blick auf den See und den Monte Lema speisen, wie es schon Hermann Hesse getan hat. Im angeschlossenen Hotel haben damals häufig seine Gäste übernachtet, darunter auch Thomas Mann.

(www.bellevue-bellavista.ch), Restaurant Tel.: +41 (0)91 994 17 58 oder (0)91 985 89 12; Hotel Tel.: +41 (0)91 985 89 00.

Das **Grotto Cavicc** und das **Grotto Circolo Sociale** liegen auf halbem Weg nach Agnuzzo und wurden von Hermann Hesse in *Klingsors letz-*

ter Sommer beschrieben. Sie sind insbesondere an lauen Sommerabenden zu empfehlen:

Grotto Circolo Sociale, Via Canvetti, ⟨www.grottocircolosociale.ch⟩, Tel.: +41 (0)91 994 69 19, ⟨paolocodoro@bluewin.ch⟩

Grotto Cavicc, Via Canvetti, www.grottocavicc.ch, Tel.: +41 (0)91 994 79 95.

Das **Grotto Flora** in Bigogno bietet lokale Küche in einem schönen, ruhig gelegenen Palazzo im Ortskern. Zimmervermietung. ⟨www.grot toflora-bnb.ch⟩, Tel.: +41 (0)91 994 1567.

Das **Ristorante-Pensione Agra** lockt mit einer großen Terrasse und wunderschönem Blick auf den San Salvatore und den gegenüberliegenden Hügelzug. Zimmervermietung. Piazza San Tommaso, Agra, Tel.: +41 (0)91 994 13 71.

Im **Ristorante San Gottardo** gibt es gutbürgerliche Küche zu angemessenen Preisen. Auf der kleinen Terrasse hat schon Erich Kästner gesessen und geschrieben. Zimmervermietung. Via Pradello, Agra, Tel. +41 (0)91 993 28 36.

Bei der Posmonte-Wiese im Wald von Agra liegt das **Grotto Posmonte**, Tel.: +41 (0)91 994 11 11.

In Casoro (Spaziergang 3) gegenüber dem Badestrand ist die **Osteria degli amici** mit einem guten Preis-Leistungsverhältnis zu empfehlen. Tel.: +41 (0)91 995 15 18.

Außerdem · Das Museum Hermann Hesse

Ra Cürta 2, Montagnola (neben der Casa Camuzzi)

In diesem Museum, das heute zu den meistbesuchten im Tessin gehört, kann man Hermann Hesses Zeit im Tessin mit Originalexponaten (auch Aquarellen) nachspüren, an Hörstationen seine Stimme hören und Filme anschauen. Dazu wird ein reiches Programm geboten. Außerdem kann man im Museum Audioguides ausleihen, die in die nähere Umgebung auf den Spuren Hermann Hesses und zu Sehenswürdigkeiten führen. ⟨www.hessemontagnola.ch⟩, Tel. +41 (0)91 993 37 70.

Von März bis Oktober täglich von 10 bis 18.30 Uhr geöffnet, von November bis Februar nur samstags und sonntags.

Die Besichtigung des **kleinen Museums in der Kirche Sant'Abbondio** kann ebenfalls über das Museum Hermann Hesse gebucht werden.

286

Weitere Informationen · Gemeinde Collina d'Oro: ⟨www.collinadoro. com⟩

Zu empfehlende Karten: Carta turistica della Collina d'Oro (€ 2.–) und Flyer zum Audioguide (€ 1.–) sind im Museum Hermann Hesse oder bei der Gemeinde Collina d'Oro erhältlich.

Spaziergang 5

Anfahrt · Mit dem Postbus Nr. (4)34 von Lugano Richtung Carona, bis zur Endstation.

Mit dem Auto von Lugano Richtung Autobahnauffahrt Lugano-Süd oder Paradiso, gut ausgeschildert. Parkplätze am Ortseingang oder am Freibad.

Essen und Trinken · Im **Grotto Pan Perdü**, in der Nähe der Kirche Santa Marta in Carona, kehrte schon Hermann Hesse mit Ruth Wenger ein. Große Terrasse, lokale Küche, Tel.: +41 (0)91 649 91 92.

Das **Restaurant Alpe Vicania** bietet eine anspruchsvolle Karte mit lokalen Spezialitäten und mediterraner Küche. Große Terrasse; De-gustationen von lokalen Weinen. ⟨www.alpe-vicania.ch⟩, Tel. +41 (0)91 980 24 14 und (0)91 996 12 30, ⟨arbostora@bluewin.ch⟩. Da die Alpe Vicania von Vico Morcote auch mit dem Auto zu erreichen ist, großzügige Öffnungszeiten, auch im Winter zeitweise in Betrieb.

Das **Grotto Ciona** kann man auf dem Rückweg von Carona besu-chen, es liegt direkt am Ortseingang und wurde von Hermann Hesse besucht. Tel.: +41 (0)91 649 41 70.

Auch das **Grotto Morchino** in Pazzallo steht in engem Zusammen-hang mit Hermann Hesse, der es schon 1919 in *Klingsors letzter Som-mer* beschrieb. Gute Möglichkeit, auf dem Rückweg von Carona ty-pische Tessiner Küche zu genießen. Via Carona 1, Lugano-Pazzallo, ⟨www.morchino.ch⟩, Tel.: +41 (0)91 994 60 44, ⟨grotto@morchino.ch⟩

Außerdem · Die Casa Pantrovà, ehemaliges Wohnhaus von Kurt Kläber und Lisa Tetzner, wird seit 2005 vom Verein Casa Pantrovà ge-führt, der Künstlern Arbeitsaufenthalte ermöglicht. ⟨www.pantrova. ch⟩, Tel. +41 (0)21 614 32 90.

Weitere Informationen · ⟨www.carona-tourism.ch⟩ und ⟨www.carona. ch⟩, Tel.: +41 (0)91 649 94 44.

Zu empfehlende Karte: Carta Nazionale della Svizzera 1:25 000, Nr. 1353 Lugano.

Spaziergang 6

Anfahrt · Mit der Bahn (Ferrovia Lugano – Ponte Tresa) vom Bahnhof Lugano Richtung Ponte Tresa, Haltestelle Agno. Fahrplan unter: ⟨www.web.ticino.com/ferrovieluganesi/orari.htm⟩.

In Agno umsteigen in den Postbus Nr. 24 Richtung Cademario, Haltestelle Vernate Paese.

Mit dem Auto Richtung Ponte Tresa, in Agno Richtung Bioggio rechts abbiegen, dann gleich wieder links Richtung Cassina d'Agno und Vernate. Parkplätze am Ortseingang.

Essen und Trinken · Die **Osteria del Portico** im Dorfkern von Vernate bietet Tessiner Spezialitäten und russische Gerichte. Zu empfehlen für laue Sommerabende, an denen man von der Terrasse einen atemberaubenden Blick auf die Collina d'Oro und den See hat. ⟨www.osteria delportico.ch⟩, Tel. +41 (0) 91 605 40 10.

Außerdem · Das **Kurhotel Cademario** soll im Frühjahr 2011 renoviert wiedereröffnet werden: ⟨www.swisswellnesshotel.com⟩, ⟨info@swiss wellnesshotel.com⟩.

Weitere Informationen · Tourismusbüro Malcantone, Piazza Lago, Caslano, ⟨www.malcantone.ch⟩, Tel.: +41 (0)91 606 29 86.

Zu empfehlende Karte: Carta Nazionale della Svizzera 1:25 000, Nr. 1353 Lugano

Spaziergang 7

Anfahrt · In Lugano bewegt man sich am besten zu Fuß oder mit dem Stadtbus, Liniennetz und Fahrplan unter ⟨www.tplsa.ch⟩. Kostenlose Parkplätze sind rar und die Parkhäuser teuer.

Fahrpläne der Schiffe unter www.lakelugano.ch, Tel. +41 (0)91 971

52 23. Es lohnt sich oftmals, eine Tageskarte zu lösen, mit der man unbeschränkt den ganzen Tag mit dem Schiff fahren kann (manche Linien fahren bis nach Italien).

Essen und Trinken · In Lugano gibt es zahlreiche Restaurants aller Preisklassen. Auf dem Sentiero di Gandria und im Dorf Gandria verfügen die Lokale meist über eine Terrasse direkt am See.

Außerdem · Das **Museo delle Culture** in der Villa Heleneum beherbergt eine Dauerausstellung mit Kunst aus Asien, Afrika und Ozeanien sowie Sonderausstellungen. Via Cortivo 24/28, ⟨www.mcl.lugano.ch⟩, Tel.: +41 (0)58 866 69 60.

Flyer und Internetseite stehen leider nur auf italienisch zur Verfügung.

Auf dem Rückweg mit dem Schiff von Gandria kann man bei dem **Museo doganale svizzero** (Zollmuseum) auf der gegenüberliegenden Seeseite einen Zwischenstop machen: ⟨www.landesmuseen.ch⟩, Tel.: +41 (0)91 923 98 43.

Weitere Informationen · Tourismusbüro Lugano: ⟨www.lugano-tourism.ch⟩.

Zu empfehlende Karte: Stadtplan Lugano vom Tourismusbüro Lugano, dieses stellt auch Prospekte zum Park der Villa Heleneum und zum Sentiero degli Olivi zur Verfügung.

Spaziergang 8

Anfahrt · Mit der Bahn vom Bahnhof Lugano bis Mendrisio. Von dort Postbus Nr. (5)13 Richtung Chiasso, Haltestelle Castel San Pietro. Der Friedhof, Ausgangspunkt der Wanderung, liegt unterhalb des Dorfes. Nach Riva San Vitale fährt von Mendrisio der Bus (5)31. Um den Fahrplan abzufragen, unbedingt die Schreibweise »Riva S. Vitale« eingeben.

Mit dem Auto: Autobahn bis Mendrisio, dann Richtung Castel San Pietro.

Wer vorher in das Informationszentrum des Parco delle gole della Breggia möchte, verläßt in Chiasso die Autobahn und fährt Richtung

»Centro Commerciale«. Beim dritten Kreisverkehr sieht man links das Hinweisschild »Parco delle gole della Breggia«. Man muß tatsächlich durch eine Tankstelle hindurchfahren, um auf den Parkplatz des Parks zu kommen. Vom Informationszentrum fährt man nach Castel San Pietro zunächst Richtung Lugano und Chiasso, am zweiten Kreisverkehr Richtung Lugano und Balerna und im Dorf Balerna rechts in die Via Monte Generoso Richtung Castel San Pietro. Parkplätze am Friedhof.

Essen und Trinken · Im Parco delle gole della Breggia gibt es keine Verpflegungsmöglichkeiten. Restaurants und Grotti in Castel San Pietro, Morbio Inferiore und Mendrisio.

Außerdem · Deutschsprachige Informationen zum **Parco delle gole della Breggia** unter www.mendrisiottotourism.ch. Die Karte des gesamten Naturparks kann man auf der italienischsprachigen Internetseite ⟨www.parcobreggia.ch⟩ herunterladen (unter »Info« – »da vedere«). Informationsbroschüren bei: Parco delle gole della Breggia, Casella postale 8, CH-6834 Morbio Inferiore, Tel.: +41 (0)91 690 10 29, Fax +41 (0)91 690 10 38, ⟨info@parcobreggia.ch⟩. Das Informationsbüro am Eingang des Parks ist unregelmäßig besetzt, vorher anrufen!

Die **Chiesa Rossa** ist meist abgeschlossen. Wer die Kirche von innen sehen möchte, kann sich an Carlo Fontana wenden, der auch Führungen anbietet: Tel.: +41 (0)91 646 45 25.

Riva San Vitale: Zur Besichtigung der Gebeine des Beato Manfredo sollte man sich vorher anmelden, da der Altar aufgeschlossen werden muß: Centro Interparrocchiale Oratorio Beato Manfredo Tel.: +41 (0)91 648 23 17 oder Casa Parrocchiale +41 (0)91 648 13 12.

Eine mehrsprachige Informationsbroschüre zum Battistero di Riva San Vitale kann man im Tourismusbüro ⟨www.mendrisiottotourism. ch⟩ bestellen oder vor Ort in der Kirche erhalten.

Weitere Informationen · Ente Turistico del Mendrisiotto e Basso Ceresio, Via Lavizzari 2, Mendrisio, ⟨www.mendrisioturismo.ch⟩ oder ⟨www.mendrisiottotourism.ch⟩, Tel.: +41 (0)91 641 30 50. Zu empfehlende Karte: Carta Nazionale della Svizzera 1 : 25 000, Nr. 1373 Mendrisio.

Anfahrt · Mit dem Zug nach Locarno, von dort mit dem Postbus Nr. (3)16 nach Ascona. Am Bahnhof fährt ein Kleinbus zu verschiedenen Destinationen rund um Ascona, auch zum Monte Verità (»Buxi« Nr. 5, Fahrplan unter Tel. 0041 91 791 77 77). Eine Taxifahrt von Locarno zum Monte Verità kostet ca. 16,– Euro).

Mit dem Auto fährt man Richtung Ascona. Kurz vor dem Fahrverbot im Zentrum weisen rechts Hinweisschilder zum Monte Verità. Die Parkplätze neben der Parzifalwiese sind ausgeschildert.

Essen und Trinken · Das Restaurant auf dem **Monte Verità** bietet eine abwechslungsreiche, niveauvolle Karte. Zimmervermietung. ⟨www.monteverita.org⟩, Tel. +41 (0)91 785 40 40.

Im **Zelindo** in Arcegno, auf dem Weg zur Felshöhle, kann man ausgezeichnet essen. Freundliche Bedienung und ein gutes Preis-Leistungsverhältnis. Zimmervermietung. Via Pestalozzi 17, Arcegno, Tel.: +41 (0)91 791 34 46.

Außerdem · Das **Museum auf dem Monte Verità** in der Casa Anatta soll 2012 wiedereröffnet werden. Für Führungen (auch auf dem Gelände) nach Hetty Rogantini fragen. (Kontaktdaten siehe »Essen und Trinken«).

Weitere Informationen · Zu empfehlende Karte: Carta Nazionale della Svizzera 1:25 000, Nr. 1312 Locarno. Ein Plan vom Gelände des Monte Verità ist auf der angegebenen Internetseite abrufbar.

Dank

Unschätzbare Hilfe bei der Zusammenstellung der Spaziergänge haben Marisa Würsch-Balmelli mit ihren Erinnerungen an die Kindheit und Jugend in Montagnola und Bea Schäfer, die im Sanatorium von Agra arbeitete, geleistet. Des weiteren sei Eveline und Paolo Hasler, Silver Hesse, Lucia Umiker sowie allen Gemeindemitarbeitern, ehemaligen Nachbarn und Familienangehörigen der erwähnten Freunde Hermann Hesses gedankt, die sich mit auf »Spurensuche« begeben haben. Die »Internationale Frauenliga für Frieden und Freiheit« half mit Informationen bei den Recherchen für den siebten Spaziergang.

Bildnachweis

Roberto Mucchiut, Collina d'Oro: 3, 16/17, 28, 41, 52, 60, 85, 109, 116, 120, 128, 133, 152, 157, 161, 173, 201, 216, 228, 236, 249, 256.

Archiv der Fondazione Hermann Hesse Montagnola, Fotoalbum von Heiner Hesse: 10 (Foto: Martin Hesse), 52 (Foto: Leonard Zubler, Zürich), 73, 81, 92, 252.

Archiv der Fondazione Hermann Hesse Montagnola: 105, 107, 192, 212 (Foto: Ninon Hesse), 246.

Editionsarchiv Volker Michels, Offenbach am Main: 12, 30, 69, 84, 140, 200.

Deutsches Literaturarchiv Marbach am Neckar, Fotoalbum von Hermann Hesse: 24, 26, 38, 145, 181.

Archiv des Insel-Verlags: 43, 225.

Archiv der Gemeinde Collina d'Oro: 80, 97, 172.

Literarische Reisebegleiter
im insel taschenbuch
Eine Auswahl

Florenz. Ein Reisebegleiter. Von Birgit Hanstedt. Mit farbigen Fotografien. it 3610. Etwa 220 Seiten

Gardasee. Wo der Süden beginnt. Von Franziska Wolffheim. it 3194. 118 Seiten

Hermann Hesse. Bilder aus der Toskana. Von Florenz bis Siena. it 3482. 148 Seiten

Italia! Unterwegs zu den verborgenen Schönheiten Italiens. Von Alice Vollenweider. it 3192. 146 Seiten

Mit Hermann Hesse durch Italien. Ein Reisebegleiter durch Oberitalien. Herausgegeben von Volker Michels. it 1120. 215 Seiten

Oberitalienische Seen. Ein literarischer Reisebegleiter. Von Rainer W. Kuhnke. it 2608. 287 Seiten

Rom. Ein Reisebegleiter. Von Birgit Hanstedt. Mit farbigen Fotografien. it 3338. 331 Seiten

Johann Gottfried Seume. Spaziergang nach Syrakus im Jahre 1802. Herausgegeben von Jörg Drews. it 2780. 455 Seiten

Toskana. Ein Reisebegleiter. Von Barbara Bronnen. Mit farbigen Fotografien. it 3481. Etwa 220 Seiten

Venedig. Salon der Welt. Von Eva Demski. it 3193. 113 Seiten